U0031022

文明的邊疆

從遠古到近世

文明的邊疆

從遠古到近世

張國剛 著

香港中和出版有限公司
www.hkopenpage.com

何問西東

—— 題贈《國際漢學》

張國剛

張騫九死通西域，
利瑪東遊不老情。
諾亞原來華夏客，
伏羲竟是甸中星。
胡僧義譯儒家說，
學士深研曆算經。
郅燕傳書增氣象，
丘園互鑑共文明。

商／青銅人首／國家博物館藏

三星堆出土的青銅人物造像，縱目、寬鼻，形態肅穆。這種藝術風格與美索不達米亞地區的青銅雕像相近，有可能是吸收了西亞文明的因素後改造創新而成

阿富汗黃金之丘出土的飾品「雙龍之神」，融合了明顯的中國文化色彩。神像左右兩側各有一條龍，龍是中國文化的突出符號，代表着封建帝王。這件鎮館之寶證明，位於絲綢之路上的阿富汗自古便是東西方交往的要道

公元 25~50 年 /「雙龍之神」頭飾 / 阿富汗國家博物館藏

公元 25~50 年／「驅龍戰車金踝飾」／阿富汗國家博物館藏

黃金之丘 4 號墓出土的「驅龍戰車金踝飾」，踝飾中心的男子身着希臘式長袍，手上抓住牽引龍的韁繩，驅使雙輪戰車，這種戰車的形制與西漢時期的戰車非常相似

西漢／藍色琉璃杯／長沙博物館藏 ［圖三］

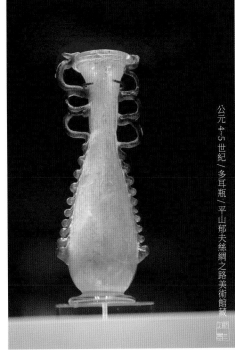

公元4~5世紀／多耳瓶／平山郁夫絲綢之路美術館藏 ［圖四］

西漢與古羅馬在玻璃工藝上都曾達到頂峰，只不過二者在材質、工藝和生產規模上均有不同。漢代的玻璃製品以仿造玉器為主，羅馬的玻璃製品則帶有地中海沿岸的特色。漢代以後，中國的瓷器技藝脫離出來，發展到至臻境界，成為中華文明的代名詞

公元 3 世紀／犍陀羅式彌勒菩薩像／大都會藝術博物館藏

犍陀羅式佛像融合了古希臘、古羅馬、古印度的藝術風格，既寫實典雅，又體現了佛像的神聖慈悲。佛像面額寬廣，具有印歐人的外形特點。張騫通西域之後，犍陀羅藝術傳入中國，成為中國佛教藝術的起源

「飛天」出自佛教天神「天龍八部」之一，原本名叫「天人」，是音樂之神乾闥婆和緊那羅的合體。經由絲綢之路傳入後，與道教的「飛仙」藝術結合，並逐漸受到中原「秀骨清像」的畫風影響，身材變得修長，眉細疏朗，飄帶飛揚，呈現出靈動飛升的仙境意象

初唐／敦煌莫高窟第 329 窟／蓮花飛天藻井

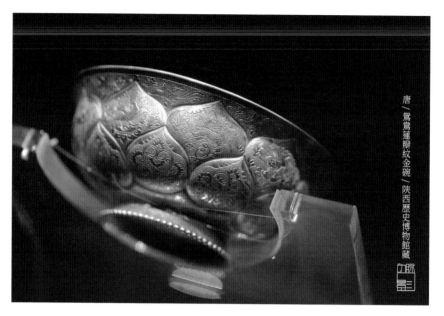

唐／鴛鴦蓮瓣紋金碗／陝西歷史博物館藏

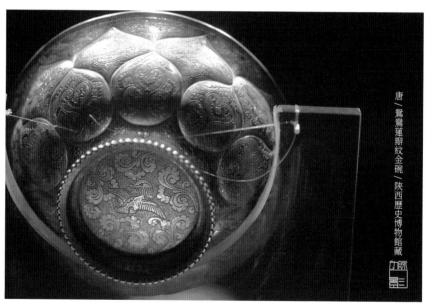

唐／鴛鴦蓮瓣紋金碗／陝西歷史博物館藏

唐時期絲綢之路暢通，中西經濟文化交流空前繁榮，逐漸滲透到社會生活領域。以唐鴛鴦蓮瓣紋金碗為例，它使用了西方金銀器製造的捶揲工藝，並被用作酒具。這一點應該是模仿了西方貴族的生活方式，因為在唐以前的中國，金銀器主要用作裝飾品

唐／鎏金雙獅紋銀碗／陝西歷史博物館藏

唐鎏金雙獅紋銀碗也是中西方藝術風格交融的代表之作。碗底的雙獅、繩索紋與波浪紋借鑑了薩珊銀器徽章式紋樣的工藝，這種工藝在西亞、地中海沿岸與歐洲王室流傳久遠。雙獅中間的如意雲頭紋則是典型的中國傳統紋樣

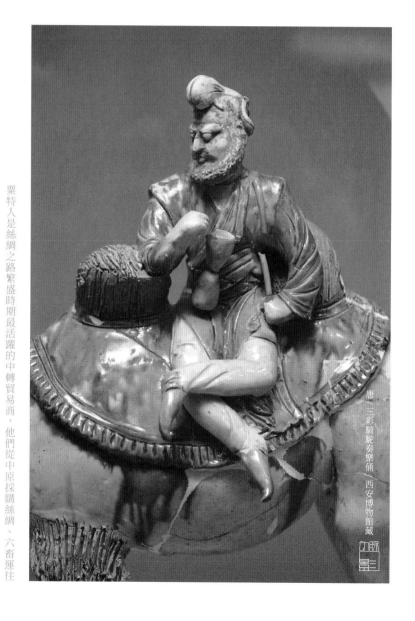

粟特人是絲綢之路繁盛時期最活躍的中轉貿易商，他們從中原採購絲綢、六畜運往西方，再把西方的物質精神文化傳入中國，粟特人不僅成為絲綢之路上傳奇的商業民族，也深度參與了中原王朝的政治事變，廣為人知的就是「安史之亂」

唐／三彩騎駝奏樂俑／西安博物館藏

南宋／龍泉窯青釉鬲式瓷香爐／四川宋瓷博物館藏

香料是宋明士大夫風雅生活的重要組成部分。士大夫最愛熏香，「雲霧蒙蒙……芳馥數日不歇」。香料可以入藥治病，貴族婦人也用香藥沐浴美容，此外還有可以食用的「香藥果子」「丁香餛飩」等

宋／青白釉花口盞與青白釉鏤空盞托／哈佛大學博物館藏

盞托也即茶托，是宋人飲茶的必備用具。景德鎮湖田窯燒製的青白瓷又稱影青瓷，釉質透明如水，有玉器之感，是海上絲綢之路的熱銷精品。

元／青花雲龍紋玉壺春瓶／青州市博物館藏

元代外銷瓷主要是青花瓷，這種瓷器使用一種進口的釉下青料——蘇麻離青，而蘇麻離青的重要原產地是波斯灣沿岸的貿易城市薩邁拉

明〉德化窯白釉持經觀音〉大維德基金會藏

在暢銷海外的中國瓷器中，德化白瓷色澤溫潤光亮，歐洲人簡稱其為「中國白」，是「中國瓷器之上品」。馬可波羅到達泉州港時，曾在遊記中提及德化製造瓷器「既多且美」

清／廣彩人物圓盤／廣東省博物館藏

至清中期，廣州十三行外貿繁榮，取代了澳門離岸貿易貨棧的地位，成為壟斷性對外口岸。在當時的外銷品中，廣彩瓷器頗受歐洲王室貴族的熱捧。圖中是東印度公司來樣加工定製的西洋人物圖盤，有人說圖案繪製的是廣彩瓷的「鐵粉」路易十五和他的情人蓬帕杜夫人

18世紀《皇清職貢圖》／故宮博物院藏

中國與西方的遙遠距離和文化上截然不同的陌生感，使西方世界在很長一段時間內對中國充滿了虛幻的想像。耶穌會士入華，拉開了西方認識真實的東方世界的帷幕，他們將想像從天上拉回人間、從抽象轉向具體、從大美器物上升到政治制度

18世紀《皇清職貢圖》故宮博物院藏

18世紀《雍正皇帝洋裝像》／故宮博物院藏

1910年／「The New Necklace」／波士頓美術博物館藏

18世紀的歐亞大陸，其一端在追崇中國趣味，另一端在流行西洋風尚。「中國趣味」在當時的歐洲達到巔峰。《世界報》稱，中國壁紙在豪宅中極為流行，中國絲綢在英國蔚為風尚，英華園林風靡一時，……處處烙刻的中國圖案，洋溢着歐洲人對異國情調和理想生活的嚮往

清／矩度全圓儀／故宮博物院藏

晚明盛清，紫禁城的西洋風最引人注目的是各式
精巧的科學儀器。啟蒙時代雖然帶來了中歐文明
互鑑之光，但是由於文化、制度的不同，這束光
芒很快就消散了

目 錄

序言

傳統絲綢之路上的動力機制

　　人類文明之間的交流和互動肇始於莽原時代，礙於自然條件，其規模和形式都受到很大限制。進入文明社會，特別是在國家誕生以後，文明的交流和互動便更多受到社會中多重因素的影響。近代以前，規模尤為宏大的文明交流之路，就是亞歐大陸（包括非洲東部地區）之間的陸上絲綢之路和海上絲綢之路。在這個歷史大舞台上，文明交流由東向西、自西徂東，是雙向互動的。

　　距今約一萬年前，中國最早栽培了小米（粟），最早培育了水稻，是稻米的發源地，中國將這兩種農作物傳播到世界。其後，大約 4 000 年前，西方培植的小麥沿着塔里木河、河西走廊傳到了中國。印歐人遷徙用的輪式馬車，很可能也影響了殷商的馬車式樣。中國早期的青銅技術比較粗劣，受到歐亞草原東部青銅文化的影響而取得進步。不同於西方的青銅器往往作為工具來使用，中國商周時期的青銅器更多是作為祭祀等重大典禮活動中的禮器。先秦時期，甘肅地區發現的青銅器不僅明顯受到西來文化的影響，也是冶金技術本土化的範例。到了秦漢時期，中國的冶煉鋼鐵技術已經獨樹一幟，以至於博物學家老普林尼都稱讚，「賽里斯的鋼鐵雄冠其時」。

　　從早期的中西交往而論，戰爭的動力作用不可無視。戰爭是野蠻的，卻也是開拓東西方交流的重要推動力。印歐人的民族大遷徙，既是人類群體的自由流動，也伴隨着戰火紛飛；它促進了東西方文明、農

耕文明和遊牧文明的大交流，也帶來了血與火的殺戮和掠奪。亞歷山大大帝的東征，推動了希臘化文明向東方拓展。所謂希臘化文明，就是古希臘、古羅馬文化與亞洲各地區文化在馬其頓軍團的鐵蹄下融合的產物。波斯帝國時期，絲綢之路的驛站和道路已經修建完畢，到漢武帝開通西域，正好實現了對接。

　　人類對財富與成功的渴望，以及對創造美好生活的追求，始終是絲綢之路上東西文明交往的不竭動力。野蠻時代訴諸戰爭，隨着文明時代的推進，這種動力機制變得多元而且複雜，戰爭本身也不完全出於經濟或財富目的。

　　首先是出於政治、外交（包含中央王朝對周邊少數民族政權的外交）的需要，這是絲綢之路動力機制的第一個維度。無論是西漢武帝時期張騫出使西域（前 138 年），還是東漢和帝時期西域地方政府派甘英出使大秦（羅馬），都肩負着政治、外交使命。海上出使也是如此，無論是唐德宗貞元元年（785 年）楊良瑤海路西行，還是始於明成祖朱棣時期的鄭和七下西洋（1405－1433 年），都是出於政治和外交交往的目的。

　　秦漢以來，北部疆域的最大威脅來自匈奴。秦修長城，漢公主和親，都是從防守層面保衛邊疆。到漢武帝時期，經過漢初六十年的休養生息，漢朝國力足以主動出擊，保護邊民與疆土的安全，因此漢武帝命張騫出使西域，尋求與同樣曾遭受匈奴侵犯的大月氏人結盟，共同抗擊匈奴，這才有了「鑿空」的壯舉。安史之亂後的唐朝，西北邊地兵力後撤，給吐蕃進犯的機會，唐代宗時期甚至打到了長安。繼位的唐德宗命楊良瑤出使大食（阿拉伯帝國），就是希望對吐蕃形成牽制，緩解唐朝西部邊境的軍事壓力。

　　絲綢之路的經略歷來是中原王朝國家安全的重要組成部分。從張

鑿通西域打開中西交往的官方通道之後，中原王朝與周邊政權關係的
穩定與互信，為絲綢之路暢達提供了保障，也是和睦西部與邊疆地區胡
漢關係、維護邊境地區軍事安全的必要條件。

　　漢武帝設置河西四郡，鞏固了漢朝往西部投送力量的能力。漢宣
帝時期設置了西域都護府（治所在今新疆輪台，西域都護秩比二千石，
相當於副郡級單位），任命鄭吉為西域都護；其後，呼韓邪單于前來歸
附並和親，「漢之號令班西域矣」。漢代採取移民實邊之策，蠶桑業在
河西走廊發展起來，居延漢簡裡多次出現「桑」「帛」等字，漢酒泉郡祿
福縣出產的絲綢被稱為「祿帛」。唐朝安史之亂之後，戰亂使河西走廊
地區的蠶桑業迅速走向衰頹，經濟環境的惡化也是導致陸上絲綢之路
逐漸衰落的重要原因。

　　隋唐時期對於西域的經營更是不遺餘力。貞觀四年（630 年），西
北各族君長尊唐太宗為「天可汗」，並修築「參天可汗道」，既是尊重唐
朝的宗主國地位，也是為了加強和便利與唐朝的交通往來。也正是從
這時候開始，唐太宗進一步在周邊和域外地區推行羈縻府州新體制。
與羈縻府州相輔而行的是冊封制度。羈縻府州的首領在被封為刺史、
都督的同時還對內稱王，這個王在名義上是被唐朝冊封的。這種冊封
是一種政治主導地位的宣示。藉助軍事、經濟和文化更先進的唐朝的
權威，域外政權對內可加強和鞏固自己在當地的統治，對外則可防範強
鄰的侵犯，同時也可以從朝貢貿易中獲得經濟利益。

　　不過，安全與互信也取決於朝廷對國家安全狀況的評估，這以明
代嘉靖時期最為典型。嘉靖皇帝朱厚熜在位 45 年，崇道煉丹，在北方
拒絕邊境互市，在南方嚴格施行海禁，原因是他對於邊境安全狀況存在
嚴重的誤判。高拱、張居正執政時期，在戚繼光、俞大猷、李成梁等
名將的守護下，北方有「隆慶和議」，俺答汗以順義王的名義歸附，南

方有漳州月港重新開海，海盜轉變為海商。事實證明，在國家安全得到保障的前提下，絲綢之路才會物暢其流，實現發展與繁榮。

絲綢之路動力機制的第二個維度是經濟與財政需求。從根本上說，中國巨大的經濟實力是絲綢之路發展繁榮的重要前提。就總體情況而言，從人口和經濟規模來說，漢唐時期中國西部地區的經濟影響力有限。漢唐時期所謂的「和親」，是中原王朝與少數民族政權之間政治和解的代名詞；五代至宋代不再有「和親」，因為中原王朝處於弱勢地位，時或納貢稱臣。無論是「和親」，還是納貢稱臣，雙方博弈的目的都是尋求中原方面開放邊境互市。在中原王朝與少數民族政權的政治關係中，若中原王朝處於強勢地位，通常將雙方的經貿關係稱為「朝貢」，否則就稱為「互市」。唐朝在安史之亂之後與回紇的互市貿易，對於回紇來說是獲得經濟利益，對於唐朝來說則是維繫政治關係。邊境互市和開放海禁對於沿海地區的百姓生計影響巨大，但是對於整個中原王朝的經濟影響則相對較小。

與朝貢貿易不同，宋元以後的市舶貿易展現出比較純粹的經濟訴求。唐朝在廣州設有市舶使，宋代以後成為市舶司。市舶貿易是宋元政府和私人海商之間存在的貿易關係，以追求經濟利益為主要目的。宋代市舶貿易通過對商品的「抽解」和「博買」，為政府帶來了十分可觀的經濟收入。我們很難對海上貿易進出口總額進行精確統計，但可以作一些推算，比如宋高宗時，廣泉兩州加兩浙路每年貿易總額應在千萬貫以上。宋紹興二十九年（1159 年），歲賦總入應在一億貫左右，進出口總額約佔 1/5，超過兩千萬貫。據王應麟《玉海》卷一百八十六所載，南宋政府每年總收入不過四千萬貫，市舶收入竟佔 1/20。①

① 黃純豔，《宋代海外貿易》，北京：社會科學文獻出版社，2003 年，第 175 頁。

　　宋朝出於財政經濟目的，鼓勵民間商人和海外商人的貿易。民間商人從事貿易受到的限制條件相對寬鬆，貿易成績顯著者還能得到獎勵，甚至被授予相應官職。這些鼓勵政策使中國沿海民間商人紛紛投向海上貿易，使唐中葉以前中外海上貿易主要控制在波斯和阿拉伯外商手中的局面徹底發生改變，也使政府使節附帶進行的貿易行為顯得微不足道。此外，宋朝政府政治上的收縮和對朝貢貿易的限制，也導致把貿易領域更多地留給民間海商。正是這些為利益奔波的廣大民間商人掀起了宋朝海上貿易的高潮，泉州地區至宋朝方才形成顯著的出海貿易風習。除了五代時期閩國政府的鼓勵之外，有學者認為，10 至 12 世紀泉州地區的大批穆斯林商人（阿拉伯人和波斯人）對該地區海貿習俗的形成有重大影響，且一旦成為習俗，就代代傳揚，終成該地區的基本特色。①

　　總之，巨大的經濟能量是中國在中西交往中的優勢。絲綢、瓷器、茶葉是海上和陸上絲綢之路最主要的出口商品。其中，絲綢和瓷器是典型的製造業產品。雖然茶葉的原料出自農業，但是其製成品也屬於加工製造業。漢唐時期的出口產品主要是質量上乘的絲綢，宋元以後則加上了精美的瓷器，明清時期又加入了茶葉。傳統的熱銷產品不斷拓展新市場，而不同時期又都有新的熱銷產品加入絲路貿易中來。

　　絲綢之路動力機制的第三個維度是科技對於絲路交往的重大促進作用。以海上絲綢之路而言，只有海洋地理學知識以及航海動力技術、造船技術、導航技術發展到一定程度，才有可能進行遠洋航行。對信風週期規律的發現與運用，對亞洲季風環流規律的發現與應用，都是開闢海上絲路極為重要的因素。5 世紀初，法顯就是乘坐海船從斯里蘭

---

① 張彬村，《宋代閩南海貿習俗的形成》，刊《海交史研究》，2009 年第 1 期，第 1–10 頁。

卡回到廣州的。中國的指南針以及領先的造船技術，也支撐了宋元時期海上絲綢之路的發展。到了 15 世紀初鄭和下西洋以及 15 世紀末歐洲進入大航海時代，人們對於海洋的認識以及海圖繪製技術都提出了更高的要求，同時，這些知識的進步也促進了海上絲綢之路的進一步發展。

絲綢之路動力機制的第四個維度是宗教熱情和知識追求。穆罕默德說，「學問雖遠在中國，亦當求之」。可見知識對人的吸引力。漢唐時代，無數僧侶排除艱難險阻，東來弘法，西行求經，不絕於途。

釋迦牟尼創立的佛教，早在漢代以前就已經傳入西域，新疆地區的考古依據充分證實了這一點。正史記載，兩漢時期，佛教傳入中土，而且是以朝廷准許的方式在中國傳播開來。但是，佛教真正大行其道是在漢末、魏晉南北朝時期。早先是胡僧入華傳教，支婁迦讖、竺法護、佛圖澄、鳩摩羅什是其彰彰著名者；後來有中土僧人西行求法，朱士行、法顯、玄奘、義淨是其中成就卓著者。大量佛教經典被翻譯成漢文，使得漢傳佛教成為世界上重要的佛教寶藏。佛教音樂、雕塑、繪畫大大豐富了中古世俗文化與藝術。三夷教 (即祆教、景教和摩尼教) 在隋唐時期入華，也成為中古時期中外文化交流的獨特景觀。

對於域外世界的好奇同樣牽引着仁人志士奔競於途。張騫通西域之後，帶回了關於西域和南亞地區的新知識，引發之後朝廷多次遣使，漢武帝甚至號召民間使團以官方的名義出使西域。鄭和下西洋的真正宗旨，雖然迄今仍眾說紛紜，但是政治、外交目的必定是首要的，而獲取海外資訊也是題中應有之義。費信的《星槎勝覽》、馬歡的《瀛涯勝覽》等實地考察記錄帶來了大量海外信息，也豐富了時人對世界的認知。與此同時，鄭和下西洋帶回的物料和工藝、技術方面的交流，促進了國內手工業生產水平的進步。比如，海外硬木材質入華，使明代工

匠積累了製作硬木傢具的經驗，對於明代傢具工藝的進步有重要影響。
進口陶瓷原料蘇麻離青（或稱蘇勃泥青），深刻影響了永樂、宣德時期
青花瓷的樣式和風格；也有觀點認為景泰藍的工藝發展也受到鄭和下
西洋的影響，對這些工業原料的追求刺激了中西之間的貿易往來。

　　毫無疑問，有關絲綢之路上的各種活動，中央政府的考量、地方
政府的出發點、民間貿易的積極性是有很大差別的。政治穩定和國家
安全是開展邊境互市貿易、官方朝貢貿易（勘合貿易）的首要訴求。民
間商業活動則以利益獲取為主旨。也有許多仁人志士懷抱宗教熱忱或
者追求知識的理想，奔競於海上絲綢之路和陸上絲綢之路上。不同的
利益訴求共同促進了絲路的繁榮與發展，而科技的進步則在其中扮演
了不可或缺的重要角色。

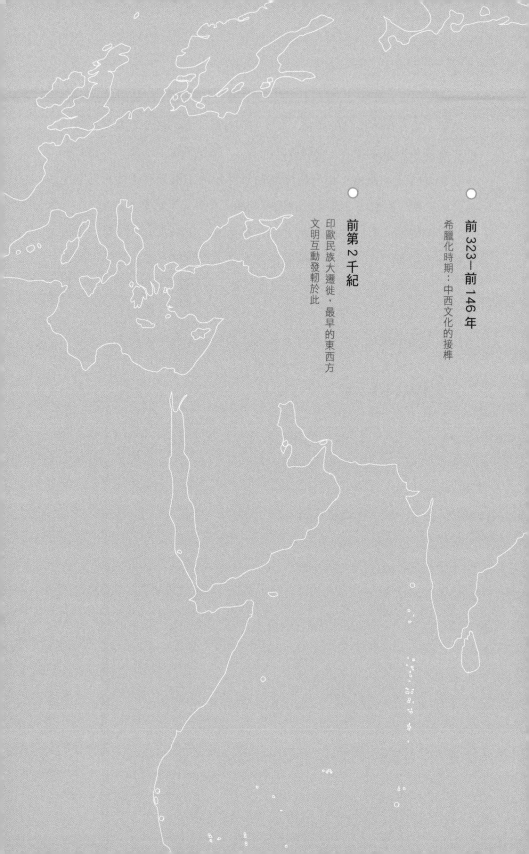

前 323─前 146 年

希臘化時期：中西文化的接榫

前第 2 千紀

印歐民族大遷徙，最早的東西方
文明互動發軔於此

第一篇

鑿空之舉

從文明的邊疆到西眺羅馬

○ 1至2世紀
絲路兩端的東漢與羅馬帝國

○ 前139年
張騫出使西域

第一章

人類的童年與文明的邊疆

遠古時期，人類走出非洲，播遷於世界各地，最終形成了以五大文明為代表的人類古文明。童年時代的人類文明無一例外都是農業文明，誕生在適合發展農業的地區。

在歐亞大陸，這些古文明猶如星星點點的綠洲，總是遭受周邊遊牧部族的威脅。或者因為氣候的變化給山地和草原牧民帶來災難，或者出於對文明國家財富的垂涎，在綿亙東西的北方草原上，從公元前第 2 千紀開始，發生了一場持續千年的民族大遷徙，遷徙者絡繹不絕。然而東西流動只是通道，南下侵入文明城邦或國家才是目的。世界五大古老文明在印歐民族大遷徙的衝擊下，或涅槃重生（如印度與中東文明），或孤苦伶仃以待新生（如地中海的希臘文明），或交融互補進而發揚光大（如商周時期的中華文明）。

一、人類的誕生與文明的起源

人類的歷史已經進入公元後第三個千年的第三個十年。

追根溯源，人類的先祖大約在 250 萬年前出現在我們這個星球上；而這一劃時代的事件，本身又是億萬年中大自然萬物進化的結果。

早期的人類先祖雖然能夠直立行走，但是腦容量比較小，肢體還帶有猿的特徵，所以被稱為猿人。在漫長的進化過程中，大約在 50 萬

年前或更早的時候，人類的先祖逐漸發明和掌握了三大生存技能，即石器打擊技術、人工取火技術、分節語言能力。雖然生活資源依然來自採集和狩獵，但是隨着工具的進一步改進，他們開始將火用於取暖、照明、燒煮食物。

到了距今 25 萬年的舊石器時代晚期，人類進化到了智人階段。智人階段的人類有更強的遷徙能力，當他們第三次也是最後一次走出非洲，於 5 萬至 6 萬年前到達大洋洲，於 3 萬年前到達亞洲，於 1 萬多年前到達美洲時，已經屬於現代人類了。為了適應各地不同的地理環境，人類逐漸分化為不同膚色和體型的群體。現代人的生存能力大大增強，他們躲過了第四紀冰川的劫難，在距今 15 000 年左右進入新石器時代。這個時候，威脅人類生命的兇猛動物大大減少，人們的經濟活動也有了新的變化。尤其是 12 000 年至 10 000 年前全新世到來後，地球的氣候逐漸轉暖，更加適合農作物的生長，於是，採集逐漸發展成農耕，狩獵也演進為畜牧業，這些變化被稱為農業革命。距今 6 000 年左右，地球進入全新世大暖期的盛期，氣候和環境更加有利於農業生產的發展。也就是在這個時候，文明之花首先在適合農耕的兩河流域、埃及尼羅河流域、南亞印度河—恆河流域以及東亞黃河流域綻放。人類文明進入了茁壯成長的「童年時代」。

農業革命是人類古文明誕生的前提。例如：西亞是小麥、大麥的故鄉，其種植大約發生在 9 000 年前；東亞有粟、黍、水稻、蠶桑，中國北方黃河流域的粟、南方長江流域的水稻栽培，距今都有近萬年的歷史；美洲在公元前 7000 年就培育了土豆、玉米、紅薯等。總體來看，世界上最古老的文明都是在溫暖濕潤、適合農耕的河流附近誕生的，其形成時間距今 8 000 年到 5 000 年。

蘇美爾文明最早在兩河流域誕生，古巴比倫文明也是兩河流域文

明的重要組成部分。楔形文字、完整的城市排水系統、《漢謨拉比法典》等是其熠熠生輝的表徵。關於兩河流域的文明史，從形式上看，表現為來自北方的印歐人和來自南方的閃米特人爭相搶奪這塊肥沃的農業資源。

與蘇美爾文明同期或稍後，尼羅河流域誕生了古埃及文明，金字塔、象形文字、成熟的王朝管理系統是其璀璨的成果。在古巴比倫和古埃及文明世界的邊緣地帶坐落着兩個國家：南亞的印度和南歐的希臘。印度河流域的本土文明哈拉巴文化（早於公元前 2000 年）、希臘愛琴海周邊的米諾斯文明（約前 2850－前 1450 年），在與中東上古文化的交流互鑑中，產生了變異與創新，逐漸成長為新穎別緻的新文明形態。

在遙遠的中國，則誕生了偉大的華夏文明。2019 年，良渚文化（距今約 4 300－5 300 年）被聯合國教科文組織列為世界文化遺產。中華文明具有五千年歷史，這已成為國際公認的事實。距今約 4 300 年的石峁文化時期，大約就是《史記》中記載的「五帝」時代。司馬遷筆下的「五帝」（黃帝、顓頊、帝嚳、堯、舜），構建起華夏文化的血緣譜系，夏商周三代乃至春秋戰國的各個諸侯國都自稱黃帝的後裔。此外，黃河流域的仰韶文化、遼河流域的紅山文化、長江流域的凌家灘文化等，也體現出中華各地域文化的原創性特徵。現代考古學家用「滿天星斗」和「多元一體」來形容新石器時代晚期中華文明的宏大格局。

二、古印歐人的遷徙與文明的匯流

世界五大古文明在歷史長河中命運多舛，重要原因就在於，這些文明的周邊始終環繞着對農耕民族虎視眈眈的眾多遊牧民族。

公元前第 2 千紀，歐亞大陸的東西方古文明，在遊牧民族遷徙的推

動下出現過一次大規模的交流。從東部蒙古高原逾阿爾泰山脈、準噶爾盆地進入中亞北部哈薩克草原，再經裡海北岸與黑海北岸到達多瑙河流域，這條由草原鋪就的綠色通道就是當時歐亞文明交流的大舞台。遊牧民族大遷徙帶來了衝擊，也帶來了新的變化，各個文明互相汲取、互相融合，在戰爭與和平交替中成長。

在這個舞台上活躍着的遊牧民族，從語言上劃分，有漢藏語系的羌人（即後來的吐蕃人），有阿爾泰語系的蒙古人，還有印歐語系的印歐人。釐清不同語言的遊牧民族的族屬，辨別其留下的歷史痕跡，是不同時代的學者致力研究的課題。然而直到今天，人們從語言學、考古學、遺傳分子生物學、歷史文獻學角度進行的多方面探討，也尚未達成完全一致的意見。

以印歐人為例。印歐語系十分龐大，大體被分為印度—伊朗語支、日耳曼語支、羅曼語支、斯拉夫語支等等，其中印度—伊朗語支又可以分為印度—雅利安語支和東伊朗語支。希羅多德筆下的塞人（印歐人的一支）講東伊朗語。吐火羅語也屬於印歐語系，但與塞人的東伊朗語支不同。

最早的印歐人是誰？他們從哪裡來？目前學術界有兩種主流觀點：一種認為他們來自高加索地區，另一種則認為來自近東地區。也有人認為這兩種觀點或許沒有絕對的區別，因為近東的印歐人也許曾經在裡海與黑海以北的草原上生存。

問題的焦點集中在所謂「吐火羅人」及其前身「原吐火羅人」身上。「原吐火羅人」即遷徙到中亞腹地之前說吐火羅語的印歐人。作為古印歐人的一支，「原吐火羅人」最早出現在蘇美爾楔形文字中，被稱為古提人。古提人是赫梯人的近親，後者曾在安納托利亞（今土耳其境內）建立強大的赫梯王國。這裡曾是人類最早的冶金中心之一，其代表性

文明成果是高超的青銅器和鐵器工藝。早在公元前 21 世紀，古提人就活躍在近東，也許他們曾經從南俄草原攻入古巴比倫，也許他們本來就是近東的原住民——古巴比倫國王漢謨拉比曾驚異於其語言怪異。離開古巴比倫的吐火羅人經過長途遷徙，來到了亞洲腹地——中國新疆塔里木盆地的綠洲地區，甚至遊牧於敦煌、祁連山（此祁連山當即天山）之間。中國史書稱其為大月氏人。

公元前 18 世紀以及隨後幾個世紀中，大約對應在中國的夏商時期，印歐人的民族大遷徙所導致的擴張，使東西方文明之間產生了交流與互動。導致民族大遷徙的原因也許與氣候變化有關，夏商時期地球經歷了一次小冰期，使得北方遊牧民族的草場經濟形勢惡劣，過去本以農耕為主的長城地帶的戎狄部落（戎狄非胡）也紛紛南下，也許與南方農耕民族內部腐朽為北方民族帶來了可乘之機有關，也許兼而有之。

本土文明的生長，加上包括印歐人在內的民族大遷徙帶來的外來刺激，促進了歐亞大陸古代文明的發展與變奏，其結果比較複雜：有的因之而泯滅，有的因之而異化，有的因之而提升。最早的東西方文明互動就部分發軔於印歐人，特別是吐火羅人的民族大遷徙。

印歐人拖家帶口，坐着當時最先進的戰車，兵分數路，一支侵入南歐的希臘，一支侵入兩河流域，一支向東南地區侵入印度，還有一支經中亞地區遷徙到中國北方。這樣的遷徙並不是一朝一夕完成的，而是在長達千年的時間內分批完成的。到公元前 500 年，從印度河流域到不列顛群島，整個歐亞大陸都被帶入青銅與鐵器時代。

其中，向希臘方向遷徙的古印歐人覆滅了米諾斯文明的繼承者邁錫尼文明，使希臘在公元前 1200 年到公元前 800 年進入了「黑暗時期」，直到荷馬史詩時代，希臘轉為奴隸制城邦國家。兩河流域保持着文明的延續，因為進入這個地區的蠻人是「半文明人」，他們推倒了先

前的政權，但是繼承了其文明與制度。公元前 1500 年陸續進入南亞的
印歐人自稱雅利安人，印度本土的哈拉巴文化步入衰亡，新入者帶來了
吠陀文化，最早的文本為《梨俱吠陀》。他們將原住民貶斥為低等種姓，
創造了新的印度文明。

　　中國的情況則與此不同。中國境內誕生過數以萬計的區域性新石
器文化，經過夏商周三代，統一為以黃河中下游地區為核心的華夏文化
共同體。商代建立之前，先民的遷移就非常頻繁，而商代在政權鞏固和
領土擴張的過程中，經常同西北方向的戎狄部落發生戰爭，促使他們
繼續向北遷徙。學者們從出土文物和墓葬遺骸中發現，敦煌以東至河
西走廊主要是羌人活躍之地，敦煌以西到塔里木盆地是月氏人遊牧地，
阿爾泰山地域則是塞人遊牧地。因此，中國北部邊境的諸多古代民族
長期在草原和綠洲一帶活動，共同構成了草原之路和綠洲之路文明交
流的媒介。

　　殷墟卜辭中經常提到「鬼方」「羌方」，表明商朝在高宗武丁時期，
曾與西北遊牧民族羌方、鬼方持續進行戰爭。《周易‧既濟》卦九三有
爻辭云：「高宗伐鬼方，三年克之。」(《後漢書‧西羌傳》作「征西戎、
鬼方」。)《周易‧未濟》卦九四：「震用伐鬼方，三年，有賞於大國。」
大約在公元前 13 世紀，商高宗武丁發動大規模討伐鬼方的戰爭，歷時
三年，始獲成功。武丁的妻子婦好也曾率領超過一萬人的武裝擊敗羌
方。商朝的西部邊境於是得以安寧。

　　羌方大約在陝西、甘肅以西地區，鬼方則在西北部草原，有可能
是西進中的印歐人。羌方既然活躍在陝西、甘肅以西地區，與月氏人
為鄰，在文化上就受到影響。有證據表明，中文的「蜜」字，其發音就
來自印歐語；天山也叫作祁連山，唐代譯作祁羅漫山、折羅漫山、初
羅漫山，而天山的譯音可能來自瑣羅亞斯德教（中國史書稱之為「祆

教」），或者吐火羅語「神聖」一詞。

　　考古發現也證明了草原之路上的中西文化往來，比如歐亞草原東部塞伊瑪—圖爾賓諾文化（前 2200－前 1800 年）出土的青銅銎斧和倒鉤銅矛也曾在中國出現。該文化崛起於阿爾泰山，隨即在歐亞草原擴散，特別是在南西伯利亞地區廣泛傳播，西經烏拉爾山，直迄烏克蘭草原，並大舉侵入中國西北邊陲乃至黃河中下游的華夏文明核心區域。中國境內發現的塞伊瑪—圖爾賓諾文化青銅器有倒鉤青銅刀、弧背刀、空銎斧等，分佈在青海、陝西、山西、河南等地，其中倒鉤銅矛有十件之多。它們被考古學家分為 A、B、C 三個類型，大體説來，A 型 I 式相當於陶寺文化時期（前 2200－前 2000 年），是從塞伊瑪—圖爾賓諾文化傳入的舶來品。對照一下同一時期中國境內甘青地區和中原內地兩處青銅器類型，可以明顯發現，塞伊瑪—圖爾賓諾文化的 A 型青銅器的水準要高出很多。至於 B 型 II 式青銅器則相當於夏文化時期（前 1900－前 1800 年），C 型相當於殷墟時期（前 1300－前 1100 年）。這兩類青銅倒鉤矛形制上明顯受到塞伊瑪—圖爾賓諾文化的影響，但是卻是在中原地區製造的。換句話説，夏文化時期以及殷墟時期，中國青銅文化已經足以消化吸收外來青銅工藝水平。

　　總之，商朝與包括塞人、吐火羅人在內的使用戰車作戰的印歐民族有過接觸，也有過衝突。但是，與南歐的希臘、南亞的印度和西亞地區的遭遇不同，商朝擊敗了印歐人的入侵，同時吸取了他們的文化與文明。1972 年，甘肅靈台白草坡發掘了一座西周墓，出土三百多件青銅器，有虎形鉞、象首銅器、鏤空帶鞘短劍，特別是其中一件青銅兵器，發掘報告稱之為「人頭形銎青銅戟」。戟上的人頭像長顱、深目、高鼻、窄面、薄唇，頭戴護耳尖帽，有研究者推測是鬼方首領的頭像。

　　《詩經・商頌・長發》有言：「相土烈烈，海外有截。」相土是商朝

始祖契的孫子，據說他曾經馴服野馬為戰馬。安陽殷墟出土的馬車的形制以及青銅器的風格，與西亞卡拉蘇克文化十分相似。相土的年代大約在公元前 2000 年，比武丁又要早近 700 年。武丁時期的戰車、戰馬技術已經非常成熟，而相土可能是商部族最早馴服和引進馬的人。

三、華夏邊地與文明的邊疆

夏商周時期中原王朝控制的地區還很有限。新疆地區、四川平原等屬於華夏文化的邊地。

新疆地區的地貌特徵有三山兩盆地之說：三山是北邊的阿爾泰山、中間的天山、南邊的崑崙山，兩盆地是阿爾泰山與天山之間的準噶爾盆地、天山與崑崙山之間的塔里木盆地。吐火羅人遷徙到塔里木盆地，組成了許多城邦，《後漢書・西域傳》所謂西域三十六國是也。現代學者認為吐火羅語有焉耆語、龜茲語、佉盧語（發現於尼雅，即古樓蘭），甚至月氏語也是方言的一種。

從考古學的調查來看，約在公元前第 3 千紀後半葉，新疆北部最早的史前遺存便與南西伯利亞的原始文化相關，來自南西伯利亞的部分高加索人族群，即吐火羅人，進入塔里木河流域。公元前第 2 千紀前半葉，在阿勒泰、伊犁河谷、烏魯木齊、焉耆盆地、塔里木河流域、塔什庫爾幹等地，廣泛發現了安德羅諾沃文化的遺址，其分佈範圍遍及新疆的中西部地區，並在新疆中部一帶與東來的文化因素發生交互。到公元前 12、13 世紀，南西伯利亞的卡拉蘇克文化興起，持續對新疆地區施加文化影響。這一趨勢一直持續到公元前 8－前 7 世紀的塔加爾文化階段。隨着新疆境內本土文化的成長壯大，來自北部的文化影響漸次式微。

　　與甘肅地區主要是羌人的活動地盤不同,新疆地區的古墓葬中不乏印歐人的遺骸。1979 年,新疆樓蘭遺址附近的古墓溝墓地的 42 座墓葬中,人頭骨具有北歐人體質特徵,推測其年代距今 3 400 年左右,大約在商周時期。樓蘭位於塔里木盆地,這裡是崑崙玉的出產地。1976 年,河南安陽殷墟墓葬中出土了數以千計的文物,其中 750 餘件玉雕都是產自新疆的和田玉。

　　這種情況也發生在四川平原。三星堆的兩個坑中出土了大量的青銅器,其中青銅雕像和金屬權杖便是文明交流的見證。一方面,一號坑出土的以青銅人像為主的器物群表現的是祖先崇拜;另一方面,二號坑出土的以太陽形器、神樹、眼形器、鳥等為主的器物群表現的則是太陽崇拜。這是王權和神權並存的反映。這一信仰特點也明顯出現在稍後的金沙遺址中,且有異於商周文明。三星堆文化的青銅合金術,無論其選料、配比、熔煉技術還是合金類別及其用途,都自成體系,與商文化有一定區別。

　　此外,三星堆代表性文物之一的金屬權杖,其杖首是青銅龍頭;二號坑所出的大型青銅立人,其衣飾的主體部分是龍紋。這些跡象又顯示出三星堆文化與華夏文化的淵源。龍在中原新石器文化遺址中多有出現,紅山文化、凌家灘文化、良渚文化等都有龍形玉器,但權杖本身卻不是中原文物的特徵。在中國西北甚至遼西的赤峰也曾發現權杖之類的文物,研究者一般認為它們受到西方的影響。三星堆的權杖不排除受西亞、埃及文化的影響。

　　總之,正如路易斯・亨利・摩爾根在《古代社會》中所指出的,人類是同源的,有着相同的智力原理,因此人類在各地創造的物質文明既具有根本上、宏觀上的相似性,又在工藝、性質、用料等方面表現出區域性和差異性。這種文化交流的特徵,在後來的歷史長河中表現得

更為鮮明。三千年中西文化關係史，本質上是各種文明要素接觸、碰撞、組合與變奏的歷史。

走筆至此，令人突然遐想。如果從浩渺的蒼穹俯瞰，地球真的就是「小小寰球」。從這小小寰球上進化出人類這一生物，人類改造大自然，創造了自己的文明。文明從童年時代發展到今天只不過用了數千年，可是人類的孕誕卻需要生物世界花費數百萬年。人類今天依然處於童年或少年時代。歷史告訴未來，人類自設藩籬的文明邊疆必將逐步開放，人類命運共同體將在文明的交流互鑑中迎來更燦爛的青春時代。

第二章

遠古神話中的東方與西方

在先秦時期，中原與西方世界之間肯定已經存在某種物質和文化上的聯繫，斯基泰人活躍於北方草原之路的事實是此種聯繫得以產生的基礎。在一些先秦文獻中就有關於西方世界的描述，儘管現在看起來不乏荒誕與離奇，但卻反映了先秦居民對西方世界的最初認識。在這些荒誕與離奇背後，必然是當時東西方之間業已存在某種聯繫的事實。

一、商周神話中的西方世界

黃河流域是中華民族孕育發祥之地，遠古的先民對日落之地——西方總是充滿了遐想。在上古神話傳說中，西方世界是神仙居住的地方，有烈焰蒸騰的火焰山，有羽毛都浮不起來的弱水，有盛產玉石的崑崙山，還有多情好客的西王母等。畢竟，人類總是習慣賦予未知的世界以各種離奇神秘色彩，這表達了遠古先民對西方世界的渴望與嚮往，也正是這些渴望與嚮往，鼓舞他們不斷對日落之地進行探索。

關於華夏一族對「西方」的認識，要數上古神話中夸父逐日、西王母、崑崙山的故事最為典型。公元前 6 世紀末成書的《山海經》記載了夸父逐日的故事，大家對此耳熟能詳。《山海經》卷八《海外北經》記：「夸父與日逐走，入日。渴，欲得飲，飲於河、渭，河、渭不足，北飲

大澤。未至，道渴而死。棄其杖，化為鄧林。」《大荒北經》中也有類似的故事。在神話外表背後，有人以為這很可能反映了遠古部族溯黃河、渭河而上，向西北遷徙的經歷。有人更確切地認定其為對嬴秦部族西遷的反映，最遠所到之地在今甘肅中部積石山。還有人認為應從象徵角度理解夸父逐日的故事，即它反映了黃河流域的華夏族先民因為對西方世界充滿好奇與嚮往，極力想要了解它並不惜為此與自然鬥爭。①

　　周穆王西巡相會西王母的故事流傳更廣，成書於春秋時代的《國語》《左傳》，以及成書於西漢的《史記》對此都有描述。西晉太康二年（281年），因盜發戰國魏襄王墓而出土的《穆天子傳》，對此記述最為詳細。② 周穆王是西周立國後的第五位天子，據傳活了105歲。據《穆天子傳》的記載及註本的詮釋，周穆王於即位的第十三年（前989年）帶領大批隨從，攜財寶、絲織品、手工藝品，從鎬京出發，西行巡遊，觀崑崙丘、舂山於青海湖頭，巡骨仟、重黎、巨蒐等部落於武威地區，會西王母於張掖南山，休獵於疏勒河、北山地區，涉流沙於居延海、巴丹吉林大漠，進而驅馳於陰山、蒙古高原、塔里木盆地、蔥嶺（地域範圍包括今帕米爾高原、西崑崙山、喀喇崑崙山和興都庫什山）、中亞，共計行程19萬里（此為周里，比今里小）。周穆王來到傳說中的日落之地弇山，此地屬西王母管轄。西王母豹尾虎齒、威力無比，善於呼嘯，然

---

① 也有更具實證主義精神的人，以為夸父飲河的故事是傳說中虹霓飲水寓言的擬人化。參見：丁山，《古代神話與民族》，北京：商務印書館，2005年，第225−227頁。

② 有學者對於《穆天子傳》及其所記載周穆王遠遊行程的可靠性提出質疑。清人姚際恆經過考證，認為《穆天子傳》源出《左傳》《史記》，多用《山海經》語，體例頗似後世起居注，應當是漢朝以後好事者的偽作。有一些疑古派學者則斷定其為晉人偽作。法國學者沙畹甚至以為穆天子並非指周穆王，而是指秦穆公，故《穆天子傳》與《山海經》一樣荒誕不經，毫無史料價值。我們在這裡也只是把該文獻作為反映遠古中西之間聲聞相通的一個傳說來理解，並不作為實證資料來看待。

而其所轄之地卻是幸福樂土。並且，這位長相猙獰的西王母對周穆王極盡客誼，與周穆王把盞酬唱，最後灑淚而別。據説穆王還在弇山之頂寫下「西王母之山」五個大字，命人刻石立碑。

以上故事發生的時間不能確考，但肯定歷史較為久遠。《穆天子傳》中優美而飽含浪漫色彩的故事可能曲折地反映出一些歷史事實。清代四庫館臣們提出，西王母是西方一國君。後人進一步研究認為，西王母是西方貘族人的圖騰神。西，表示方位；王，有神的意思；母，即貘的音轉。西王母即西方的神貘。《穆天子傳》所謂「西膜」，即這一族人，穆王所見的西王母，就是當時西膜的君長。有人甚至將《穆天子傳》與西方典籍相引證，言之鑿鑿地認為西王母乃阿拉伯南部古代示巴國的女王，因為《聖經·舊約·列王記》裡有示巴女王見以色列王所羅門的故事，其時代正約略與周穆王時代相當。但此説立刻遭到反駁，因為據《史記·大宛列傳》，西王母活動於條支一帶，跡近地中海岸。據《漢書·地理志》，則西王母石室位於祁連山南麓，西王母不可能指遠在阿拉伯半島的示巴女王。另有人提出，西王母可能是東周時期從中原周邊地區傳入的神靈。儘管對於西王母的身份眾説紛紜，對於《穆天子傳》所述事件的真實性也頗多疑問，但這個故事卻説明黃河流域的華夏族對中亞及西亞地區已經有了一些歷史地理知識，也反映出黃河流域與蔥嶺以西地區早在公元前 10 世紀就已經有了比較牢固的聯繫。據説周穆王西巡時帶去了大量絲綢、銅器、貝幣，贈予所到之處的酋長，各地酋長也以馬、牛、羊、酒和玉石之類回贈，這可能反映出當時中西之間的一種貿易方式。

崑崙山是中國上古神話中又一個典型的西方世界。最早的記載見《尚書·禹貢》：「織皮崑崙、析支、渠、搜，西戎即敍。」意思為崑崙、析支、渠、搜四國，其民皆穿皮，總稱西戎。《山海經·海內西經》稱：

「海內崑崙之墟，在西北，帝下之都。」《莊子》中稱黃帝曾登崑崙，《穆天子傳》和《列子》則記載了穆天子登崑崙之巔，以觀黃帝之宮殿。此後《史記・大宛列傳》試圖把「崑崙山」這個意象具體化：「漢使窮河源，河源出于闐⋯⋯天子案古圖書，名河所出山曰崑崙山。」根據上述記載，有學者認為崑崙山就在現在的青海，因為「青海」在蒙古語中為「Koko Nor」，極有可能就是漢語「崑崙」的音轉。有學者則認為「崑崙」與嬴秦部族西遷的歷史相關，所以它不能遠過陝甘之間的隴山，這一帶是西部諸戎活動的主要區域。我們還可以從古代的文獻記載中看到「崑崙」有多種含義，時而是民族之稱，時而是地名，而漢唐時期還常把販賣至中國的非洲黑奴和東南亞黑奴也稱為「崑崙奴」，越南的一個外島漢名就是「崑崙山」。《史記・大宛列傳》對崑崙山的定位則完全是為了附和古時傳說，不足以為實證。

　　無論是否能夠從地理上找出一個與「崑崙」相對應的地方，我們都應該承認，崑崙山神話的意義首先在於它與希臘神話中的奧林匹斯山、印度神話中的須彌山（又譯作蘇迷盧）一樣，代表眾神所居之地。大約同一時期在歐洲、南亞、東亞出現了內涵相似的傳說，或許體現了東西方文化在某些原初觀念上的相似性，甚至可能暗示了遠古時期文化交流的可能性。① 在漢代緯書中，西北極遠之地的崑崙山意味着大地之軸心，並與西王母的居處緊密結合，又與西方求仙思想相結合，愈發充滿神奇魅力。

----

① 有學者甚至認為，這三個傳說有極大的同源性，而其原型來自今土耳其東部的阿勒山，此地被認為是《聖經》中洪水過後諾亞方舟的停留之地。還有人引《說文》云：崑為古渾切，崙為盧昆切。大約是音譯「Kuhura」其後一字而成（且此實為阿勒山，波斯人呼之為「Kuh-i-nuh」，則音與崑崙更近）。

二、上古文獻中的西方國家

夸父、西王母、崑崙山的傳說更多反映了黃河流域華夏先民對西方未知世界的嚮往與渴望，其內涵引起多方猜測。然而古代文獻中對西周之國、軒轅之國、沃民國、懸圃等的記載，卻能在幾乎同一時期的西方文獻中找到頗相一致的內容，這或可視為關於遠古時期中西方之間實際聯繫的雪泥鴻爪。

《山海經》記載的西周之國、軒轅之國的開國傳說與古波斯頗為吻合。《大荒西經》記載，西北海之外有西周國，其國姬姓，食穀，從事農業生產。又據《穆天子傳》，周太王古公亶父曾將嬖臣長季綽封在舂山（即蔥嶺）東側，在此建立起周族移民國家。《海外西經》記軒轅國，在窮山（即舂山）之際，女子國之北，此地還有一座頗具亞述、巴比倫壇塔風格的方丘，稱作軒轅之丘，女子國則被認為是克什米爾境內的蘇伐剌拏瞿呾羅。

而在古波斯的開國傳說中，早期君主曾活動在廣及中亞阿姆河和新疆天山南麓的吐蘭國境，和當地的吐火羅人通婚。公元 10 世紀的波斯詩人菲爾杜西根據古史創作的史詩《列王記》（又稱《王書》），敘述了季夏曾在中印邊境遊牧，娶了馬秦國王馬王的女兒為妻。「馬王」的意思是「大王」，就是周太王古公亶父。這和《穆天子傳》中古公亶父封長季綽，又「妻以元女」的記載正相吻合。羯盤陀（今塔什庫爾幹）的開國傳說中則記載了中國人與波斯人共同建國，據說波斯國王因娶中國公主自于闐（今新疆和田）歸國，途遇戰爭，將公主留在該地。中國公主因感懷日神而得子，就地立國。羯盤陀君主因其父是日天之神，母是漢土之人，具有神通的本領，能飛行虛空、駕馭風雲，其後裔自稱漢日天神。上述兩方面的故事可能同時反映了華夏文化在商代末已開始進

入蔥嶺地區。

此外，中國古代文獻中還透露出對兩河流域的初步了解。《大荒西經》和《海外西經》描述了一個「沃民國」，處於比西王母山還靠西的壑山、海山以西很遠的地方。其地土地肥沃，盛產甘華、甘柤、白柳、視肉、三騅、璇瑰、瑤碧、白木、琅玕等，多銀鐵。其國鸞鳥自歌，鳳鳥自舞，民食鳳鳥卵，飲甘露漿，人們的生活都很美滿幸福，是人類的理想家園。這些記載儘管有些荒誕，但反映了當時中國對兩河流域的最初了解。根據學者的研究，《大荒西經》中的西王母山當屬廣義的崑崙山脈，崑崙山脈以西的壑山，當是興都庫什山脈的另一譯名，庫什 Kush 是波斯語中的山 Koh，譯為壑山。翻越興都庫什山脈即進入伊朗高原，在錫斯坦的哈蒙湖上有科·伊·胡瓦賈神山，因伊朗傳說中光明山落入海中而升起胡瓦賈神，故此地有海山之說。再往西就進入底格里斯河和幼發拉底河之間的美索不達米亞。這樣看來，沃民國的大體位置只能是美索不達米亞。在古代，這裡農牧俱興，百貨薈萃，是少有的沃野。沃民國人人食用鳳鳥卵、甘露漿，這些可與西亞的鴕鳥蛋、甘露樹對應；沃民國還出產香料、水果、肉類、良馬、寶石，這些也都可以在美索不達米亞找到對應的特產。沃民國的另一個特徵是「其人兩手操卵食之，兩鳥居前導之」，而鳥形人和大鳥的圖像更是遠古時期西亞的常見圖案，曾是亞述的民族標誌，在公元前 8 世紀即已出現，波斯阿契美尼德王朝時期也非常流行這種有翼天神圖案。

《穆天子傳》中稱：「舂山之澤，清水出泉，溫和無風，飛鳥百獸之所飲食，先王所謂縣圃。」據此，則判斷縣圃位於舂山腳下。《離騷》中記載：「朝發軔於蒼梧兮，夕余至乎縣圃……路不周以左轉兮，指西海以為期。」這裡的「不周」，或認為即《山海經》中提到的位於華山西 7 760 里處的不周山，後代學者多認為就是蔥嶺；「西海」則或是今鹹海

或黑海，或今波斯灣、紅海、阿拉伯海，總之在蔥嶺之西；而「縣圃」即懸圃，必定也在這一地區附近。《淮南子》對「懸圃」有更多描述，稱從崑崙山的疏圃再往西，就可以到達一個叫「懸圃」的地方。一到那裡，便可以呼風喚雨，駕馭自然，隨心所欲，從懸圃再往上走便可登天，天上是太帝所居，人到達那裡便能成仙。這些記載很容易使人聯想到空中花園和傳說中的巴別通天塔。也許那些到過巴比倫城的遠方來客將這座古代世界最偉大城市的輝煌景象傳揚至四方，並輾轉到達中國。①

三、神秘的希伯波里安人

與黃河流域流傳的「西王母」故事類似，地中海沿岸的古希臘也有一段關於遠東的希伯波里安人的動人傳說。傳說中的主人公阿里斯特進行了一次傳奇的東方旅行。

根據傳說，阿里斯特居住在巴爾幹半島與小亞細亞之間馬爾馬拉海中的一個美麗小島，曾寫下敘事長詩《阿里瑪斯培》，記述他的一次遠東旅行，其中提到了許多東方民族，還有怪異的動物，獅身鷹首的金庫守衛神等。他筆下的希伯波里安人生活在最東部，那是遙遠的北風吹來之地。他們神聖、純潔而善良。那裡群山環抱，氣候宜人，沒有仇殺，沒有戰爭，人們都長生不老。詩人說，主神宙斯之子洛格里斯就是從希伯波里安人那裡獲得能使人長生不老的金蘋果的。除了神仙和

---

① 關於懸圃，《山海經》《淮南子》《穆天子傳》都有所記述。大體是說崑崙山（或稱崑崙山附近的槐江山）上有黃帝時代的園林懸圃（又稱玄圃、平圃）。因為地理位置很高，看似懸掛在雲中的花圃，故名懸圃。登上懸圃，人就有了靈氣，可以呼風喚雨。主管懸圃的神人英招，人面馬身鳥翼，通體有虎紋。本書並不認為可以完全坐實懸圃即古巴比倫的空中花園，但此例或許可以說明遠古時代東西方之間曾有可能分享某些共同的歷史傳說和

英雄，凡夫俗子是無法進入這片樂土的。被妒火攻心的天后赫拉驅趕的宙斯的情人伊娥，也只能到希伯波里安人的西鄰阿里瑪斯培那裡去，無法再遠行。儘管阿里斯特的這首敘事長詩早已散佚，僅剩零片斷簡，但他所介紹的故事卻因為古希臘歷史學家希羅多德的轉述而廣為世人所知。

關於詩人阿里斯特，眾說紛紜，評價不一。但是比較一致的看法是，阿里斯特生活在公元前 7 世紀後半葉，而希伯波里安人的故事在他之前很可能就已經流傳。公元前 8 世紀以《田功農時》《神譜》等詩作而聞名的古希臘詩人赫西俄德就提到過希伯波里安人，後來，著名敘事詩人平達也將希伯波里安人的故事追溯到公元前 7 世紀之前。

關於希伯波里安人的認知，近兩個世紀以來取得了重大進展。19 世紀晚期就有學者大膽提出，善良溫和的希伯波里安人就是古代的中國人。20 世紀 60 年代，一些英國學者通過系統整理阿里斯特的敘事長詩，進一步證實阿里斯特的東方之旅確有其事，並認為他很有可能是光明之神阿波羅的一名祭司，前往東方旅行的目的就是到幸福的希伯波里安人那裡去進行一次「朝聖之旅」。[①] 因為古希臘神話說阿波羅神要到那裡度過冬天，並享受 100 頭驢的隆重祭典，然後再乘坐天鵝御輦回到天堂。史詩記載，阿里斯特在神的召喚下首先來到了俄羅斯，在北風之神的指引下，頂着西伯利亞的寒流，繼續往東行，一直走到東亞腹地。

20 世紀 90 年代，又有德國學者在研究早期中歐關係時，再一次肯定了阿里斯特筆下希伯波里安人的故事是歐洲關於中國的最早認知。[②]

① J. D. P. Bolten, *Aristeas of Proconnesus*, Oxford: Oxford University Press, 1962.

② Folker Reichert, *Begegnung mit China,* Sigmaringen, 1992, S. 15-22.

人們在解釋希羅多德記述的公元前 7 世紀又一場民族大遷徙時說，所有的遊牧民旅都捲入了那場亞歐民族間的流動，唯獨安靜的希伯波里安人例外，原因就在於他們是安分的農耕民族，與斯基泰人那樣的遊牧民族不同，並考證出與希伯波里安人相鄰的阿里瑪斯培人是蒙古種族，史詩中所提到的伊塞頓人就是中國文獻中出現的烏孫人。總之，從史詩中可以看出，希伯波里安人就在離詩人不遠的地方，但伊塞頓人向他編造的許多恐怖的故事，使他最終無緣進入那片幸福樂園。這很容易讓後人想到，是那些居間牟利的商人不願放棄東西方貿易的壟斷中介地位時才想到的詭計，就如東漢時期甘英出使大秦時在安息（帕提亞帝國）經歷的那樣。

四、秦那的傳說

希伯波里安人的傳說仍然像一個美麗的神話，而此後不久在西方出現的「秦那」或「秦奈」「(Cina)」這一名稱，則被學術界公認為對中國的稱呼。這無疑體現了隨着中西之間交往日益頻繁和了解日漸深入，東方的中國對西方人來講已經不再僅僅是個美麗的神話，而開始有了具體、清晰的內容。

在現代歐洲對中國的稱謂中，葡萄牙文、西班牙文、荷蘭文、英文和德文都寫作 China，法文作 Chine，意大利文作 Cine，皆源於約公元前 1 世紀出現的希臘文詞彙 Thinae 或之後出現的拉丁文譯名 Sinae / Sina，而這個希臘文詞彙還可追溯至更古老的時期。

公元前 550 年，波斯貴族居魯士建立了阿契美尼德王朝，在大流士統治時期（前 521－前 485 年），波斯帝國的領土西起埃及，東至印度西北和粟特，東北邊疆已和蔥嶺以西的斯基泰遊牧區接壤。大約公元前 5

世紀，波斯古文獻中已載有其東邊的文明國家「中國」的名稱——「支尼」(Čini / Saini)，這同古代波斯文對中國的其他稱呼 Čin、Činistan、Činastan 等源出一體，也都和粟特文中的 Čyn 相近，發音亦近似於「秦那」。

和波斯人一樣，印度人最早也稱中國為「秦那」。現存最早稱中國為秦那的印度載籍是公元前 5 世紀的《摩奴法典》和史詩《摩訶婆羅多》，隨後是公元前 320 年至公元前 315 年成書的《考鐵利亞》，但《摩奴法典》和《摩訶婆羅多》後來遭遇增改，所以可信度反而不如《考鐵利亞》。「秦那」這個名稱可能就是通過波斯或印度傳入希臘的，同時傳入的還有關於這個國家的知識。

「秦那」作為西方對古代中國的最早稱呼，到底是如何形成的？目前學術界基本有兩種觀點。一種認為該詞彙為「秦」的譯音。此説最早由明末入華耶穌會士衞匡國在其 1655 年於阿姆斯特丹出版的《中國新地圖集》中提出，並得到 20 世紀許多學者的贊同，如伯希和、季羨林、饒宗頤，但是他們作了一點修正，認為此「秦」應指戰國時的秦國，而非一統中國的秦朝。這個觀點的主要根據是，春秋戰國時期位於中國西北方和西南方的某些少數民族極有可能已經知道「秦」這一名稱。據《史記·秦本紀》記載，秦穆公時，「秦用由余謀伐戎王，益國十二，開地千里，遂霸西戎」。秦的名聲有可能從此傳向中亞，並由中亞繼續傳向南亞乃至歐洲。戰國時，匈奴人、月氏人、烏孫人都與秦國相鄰，也都有可能成為「秦」這一國名的傳播媒介。而在中國西南方，據《史記·秦本紀》和《史記·秦始皇本紀》記載，秦國將領司馬錯曾於公元前 216 年伐蜀並滅之。至嬴政繼秦王位時，「秦地已併巴、蜀」，而近代的許多考古發現證明，蜀人在春秋戰國時期即與外界（包括南亞）有過物質交流關係，那麼蜀地歸秦之後，稱蜀人為「秦」這個名稱傳至印

度也是自然之事。①

　　另一種觀點認為「秦那」是絲織品之名的譯音，與中國當時外輸的絲綢有關，確切來講，就是「絲」之譯音。印度古籍《考鐵利亞》除提到 Cina 這個地方外，還記載 Cina 有絲捲運至印度銷售，其中用來指絲捲的詞是 Cinapattaśca 和 Cinabhumijāh 。這種物品的名稱與其產地之名有直接關係。印度人差不多在認識中國名產的同時認識了這個國家，由此以名產「絲」之名代稱其國。那麼「絲」之音如何轉變為 Cina ？有人分析，絲的古音是 Si 或 Ci ，傳至中亞時，因當地語言慣於在單數詞尾加 r，在複數詞尾加 n，於是 Si 或 Ci 的單數變為 Sir 與 Cir，複數變為 Sin 與 Cin 。可作為輔證的是，古康居文稱中國為 Cynstn，去除表示「地」的後綴 stn，剩下的 Cyn 與 Cin 實為同一詞的異寫。傳至印度後，進一步增加了收聲音符 a，於是絲的複數變成了 Sina 或 Cina 。後來這個以「絲」之複數稱中國的詞又從印度傳入希臘。而大約公元前 4 世紀出現在希臘文獻中的另一個對絲國的稱呼 Seres ，則是「絲」的單數稱呼從中亞傳入希臘後的演變結果。②

---

① 有關論述可參見：饒宗頤，《蜀布與 CinaPatta：論早期中、印、緬之交通》，載《梵學集》，上海：上海古籍出版社，1993 年。

② 此觀點的代表性論述見：韓振華，《支那名稱起源考釋》，收於陳佳榮、錢江編《韓振華選集》之一《中外關係歷史研究》，香港：香港大學亞洲研究中心，1999 年，第 1–12 頁。還有人將「Cina」一詞視為「綺」的譯音，理由如下：商周以來製造的絲織品以文綺最為普遍和精緻，所謂織彩為文曰錦，織素為文曰綺，錦出現在公元前 8 世紀，而綺則商代已有。春秋戰國時期的綺更加精益求精，織法新穎，花式繁複，當時輸出境外的極有可能是這種綺，所以中亞和印度最早知道的就是產綺之國——「綺國」。波斯文和梵文中都有錦、絹、綢、綾、繡、絲等專名，卻獨無「綺」字，概因「綺」就由國名「Cina」代表。關於此問題的概要描述見：沈福偉，《中西文化交流史》，上海：上海人民出版社，1985 年，第 27–29 頁。此論顯然沒有解釋「Cina」這個詞的來源，以及何以要將產綺之國叫作「Cina」。

五、「賽里斯」的故事

如果說學術界對於「秦那」的原意還有爭議，那麼對於西方另一個有關中國的稱呼「賽里斯」（Seres），則大家都普遍認同就是指中國絲綢。這個名稱據說最早見於公元前 416 年到公元前 398 年擔任波斯宮廷醫生的希臘人克特西亞斯的《印度記》。書中記載，遠東的賽里斯人和印度人一樣身材高大，壽逾 200 歲。不過這段材料的實際來源是公元前 4 世紀初馬其頓國王亞歷山大東征時期的將領翁尼雪克里圖。亞歷山大的另一位將領尼阿庫斯，據說在屯駐北印度時見過賽里斯人製作的衣袍。所以，比較可靠地說，歐洲文獻中關於賽里斯的最早記載應該歸於亞歷山大時代。亞歷山大進行的東征是東西交往歷史上一件開天闢地的大事，它第一次使歐洲與亞洲腹地發生了密切聯繫，其軍隊前鋒最遠曾到達阿姆河和錫爾河之間的粟特地區以及印度河流域。此次東征的成果是建立起一個從地中海沿岸跨至印度北部的大帝國，儘管這個龐大帝國的政治結構隨着亞歷山大去世而迅速分裂，但是在歐亞大陸的這一廣大區域裡產生了歷時長久的「希臘化」運動，疆土從地中海東岸延伸至印度北部的塞琉西王國（中國史書稱之為「條支」），就是這場「希臘化」運動的醒目見證。大批希臘人移居埃及、伊朗高原和印度西北部，帶去了希臘的經濟和文化，今天的阿富汗、巴基斯坦、印度、中國新疆地區都發現了希臘文化的遺跡。亞歷山大東征的成果無疑也應包含讓西方人進一步了解東方、了解中國這一層意義，「賽里斯」這個名稱就是一種體現。

提到賽里斯國或賽里斯人的，還有斯特拉波寫於公元前後的《地理學》和《古典名著選》，公元 1 世紀末馬利努斯的《地理學知識》和梅拉的《地方志》，以及老普林尼寫於公元 77 年的《自然史》（又譯《博物

志》）。公元 2 世紀的古羅馬傑出地理學家托勒密在其《地理學》中對賽里斯的描述可稱為古典時期對這一地區認識的總結，除了對賽里斯人的一般性介紹外，他還詳細描述了賽里斯國的位置和範圍，甚至推算出從位於帕米爾高原塔什庫爾幹的石塔地區到賽里斯的都城塞拉的距離為18 100 希臘里。托勒密的這些記載儘管仍有許多錯誤，但表現出中國在西方人的觀念中逐漸變得清晰起來。托勒密的記載還長期作為歐洲人認識中國的基本依據，16 至 18 世紀仍有歐洲人據此來判斷傳教士對中國的描述是否屬實。公元 2 世紀的希臘地理學家帕薩尼亞斯提到希臘人用 Seres 作為國名，而其國出產的提供紡織原料的小蟲被稱為 Ser，他說當地人對這種小蟲的稱呼不是 Ser，而是完全不同的稱呼。

　　Seres 和 Ser 顯然是外人對中國某種物產的稱呼，現在人們多同意二者是與絲有關的名詞的音譯。有些學者認為希臘詞 Seres 和拉丁詞 Sericum 的語源當為 Sir。Sir 的來歷，或如上文提到的觀點，是「絲」之音在中亞地方被加上單數後綴的結果。英國語言學家亨寧提供了一個可支持此說的證據，即「賽里斯」在粟特文中被寫作 Sry，也是指絲綢。學者們更舉了諸多例子表明中國以西諸地對「絲」的稱呼有相似的詞源，如在阿爾泰語中，蒙古語稱為 Sirghek，滿語稱為 Sirghe，朝鮮語稱為 Sir，可見「絲」之轉為 Sir 與阿爾泰語有淵源。又，波斯語稱「絲」為 Saragh Sarah，亞美尼亞語稱 Seram，希臘語稱 Ser，希臘語對「絲」的稱呼經過中亞、西亞、小亞細亞轉化而來。[1] 還有人認為，Sir 是「繒」、「絹」或「蠶」的對音。

　　上述稱呼無論如何都與絲綢有密切關係。從歷史情境來考察，這

---

[1] 白鳥庫吉《西域史的新研究》一文於此論述最詳，收於《塞外史地論文譯叢》第二輯，王古魯譯，長沙：商務印書館，1940 年。

些絲綢產自亞歷山大所征服之領土的東面，希臘人因此把這個出產絲綢的國度稱為「賽里斯」，意即「絲國」，這並不違背古人對一個地方的命名習慣，即以其特產為其地之名。公元前 130 年至前 87 年，阿帕洛杜勒斯曾記述，巴克特里亞（即大夏，前 245 年從塞琉西王國中分裂出來的希臘化國家）的領土在公元前 201 年已擴展到和賽里斯接壤之處，這些賽里斯人據說是碧眼紅髮。這裡所說的賽里斯人應該是講東伊朗語的斯基泰人或月氏人，他們是除印度人之外另一個向希臘人傳遞中國知識的渠道。

　　從 Cina 和 Seres 的流傳來看，無論是從印度傳到希臘，還是經中亞傳到希臘，中國和絲綢總是被西方作為合二為一的概念，可見在漢武帝有意識地發展政府間往來之前，中國與中亞及南亞的民間貿易和文化交流早就有一定規模，中國最古老的神奇特產——絲織品，成為西方人對中國最華麗的印象。弔詭的是，源出「絲」字的 Cina 之稱在近代早期的歐洲演化為 China 之後，又於指稱國家之外被用來稱呼當時歐洲人為之傾倒的另一種舉世無雙的中國特產——瓷器。雖然如今學術界傾向於用 Stoneware 來稱呼中國人發明的硬質瓷器，但 China 作為這種物品的流行俗稱始終提醒我們，歐洲人曾經為中國的瓷器癲狂。類似的是，古代中國人以寓意「玉之地」的詞語「于闐」或「禺氏」稱呼崑崙山附近那個美玉的出產地，阿拉伯語以 Kabulah 一詞命名東南亞出產白豆蔻的一個地方，於是它得名哥谷羅國。此外還有香料群島、胡椒海岸，諸如此類。將特產之名和出產地之名混用看來是人們的一種常見做法，也強有力地表達了人們對一種遠方物品甚至對異域的嚮往之情與想像之心。

第三章

希臘化時期：絲路之前的中西文明交流

在全球史開拓者威廉・麥克尼爾的《西方的興起：人類共同體史》構建的全球譜系中，公元前 500 年之後，即中國進入戰國時期之後，世界進入歐亞平衡的時代。這個時代切分始點與雅斯貝爾斯構建的「軸心時代」相契合。後者認為，以這個時間為主軸，古希臘的先哲、猶太人的先知、印度的佛陀以及中國以老子、孔子為代表的先賢，都出現在這一時代。繼農業革命、金屬工具（青銅和鐵器）廣泛使用之後，人類各大文明都實現了精神上的超越。換句話說，世界各大文明的文化個性更加鮮明。在歷史上，這一段時期也被稱為「帝國時代」，從西到東分別是繼承了希臘文明遺產的羅馬帝國、繼承了波斯帝國遺產和亞歷山大帝國遺產的帕提亞帝國、貴霜帝國、匈奴帝國、秦漢帝國。公元 1 世紀全球人口約有 2.5 億，其中羅馬帝國統治 5 000 萬，漢帝國官方統計人口為 6 000 萬。①

在亞歐大陸四個高度文明的地區中，中東文明版圖最廣，位於古老的、已部分受到侵蝕的中東高原。從波斯帝國之後多少有些衰落的世界主義中可以識別出中東遠古文化的遺產。與中東文明相鄰的兩個文明較為年輕，也較為凌亂：一個以愛琴海為中心，它的枝丫一直伸展到

---

① 拉烏爾・麥克勞克林，《羅馬帝國與絲綢之路》，周雲蘭譯，廣州：廣東人民出版社，2019 年，第一章第 1 頁。

意大利和西西里，另一個分佈於印度北部的印度河和恆河流域。麥克尼爾有一句話概括中國：「中國文明幾乎是孤立地屹立在遙遠的東方，正在向它成熟後的獨特形式發展。」這種均勢始終是搖擺不定的，尤其是在中東。亞歐文明中的三個 (希臘、中東、印度) 在這裡交匯，其北面草原是遊牧民族的發源地。遼闊的中國處於世界性的交匯地區之外。

連接亞歐主要文明的另外兩條路線是：(1) 穿過中亞綠洲的商路。自公元前 2 世紀起，由於幾個帝國的組織、保護和設立稅卡，形成從中國到黎凡特的「絲綢之路」，從此，商旅絡繹不絕。 (2) 穿越開闊的亞歐草原的商路，稍晚出現但依然十分古老。在這條商路上，草原遊牧部落時而與南方開化的近鄰通商，時而搶劫它們。

沿着這些商路的貿易變動無常，作為貿易副產品的文化交流，其意義也因此變動無常。一般説來，除因軍事行動而造成各個文明交接地帶邊界的變動之外，亞歐文明相互的借鑑是有選擇的、自發的，相對而言作用並不明顯。只要任何一個主要文明處於與其他文明大致相同的水平，人們就很難看到為接受外來新奇事物而放棄祖先傳統的理由。只有當外來征服和內部衰落嚴重威脅到既有制度時，文明的傳人才會顯示出對異己文明的深刻理解。

一、希臘化時期之前新疆地區的文化交流

中國與西部世界的交往，最早自然是從新疆開始的，但是，對於中原華夏政權統治下的史家、作家和文獻編者來說，新疆就是他們所稱的「西部」，《史記》及《漢書》中的「西域」的主體部分就是新疆。而新疆地區所見的中西交往，則必須向當今的考古學家求教。

考古學家告訴我們，最早進入新疆腹地的歐洲人群體，以孔雀河

古墓溝墓地遺存為代表的原始歐洲人類型為主。由於這一墓地遺存中尚未見到東來文化因素，所以我們還不能肯定在距今 3 800 年前的羅布泊地區是否已經開始了東西文化的首次接觸。

在東疆地區，東來文化因素最早進入該地區的時間是在距今 3 300 年前後形成的焉不拉克類遺存時期，或是稍早一些的雅滿蘇礦林場辦事處墓地（簡稱雅林辦墓地）遺存早期階段。與此同時，北來的歐洲人群體及其文化因素也進入了這一地區。在北疆北部地區，從距今 4 000 年的阿凡納謝沃文化到安德羅諾沃文化早期階段，北來的歐洲人群體就已分佈在這一帶，由此繼續東進，來到了東疆東部地區。在伊犁河谷地區，這種文化接觸過程發生的時間相對較晚。

在南疆西南部地區，從距今約 3 000 年開始，繼續向西發展的蒙古人種群體及其東來文化因素，沿天山南坡地帶推進到焉耆盆地，在此與東進的地中海東支類型人種群體發生接觸和融合，形成了混合型文化 —— 察吾乎溝口墓地遺存類文化。

在稍後一段時間裡，東來的蒙古人、北來的原始印歐人、西來的中亞兩河類型人和地中海東支類型人的不同群體，在天山中部地區進行了廣泛的交流和接觸，形成了包含四種文化成分的混合類型文化 —— 魚兒溝墓地遺存類文化，從而完成了中西文化最初階段的文化交融過程。這一過程的完成比絲綢之路的開闢早 300~400 年，而這一文化接觸、交流、融合的全過程大約進行了 1 000 年時間。正是這些早期中西文化交流的長期發展，使其後更大範圍的中西文化交流，即絲綢之路的開闢，成為歷史發展的必然結果。[①]

---

① 水濤，《新疆青銅時代諸文化的比較研究 —— 附論早期中西文化交流的歷史進程》，羅豐主編《絲綢之路考古》第 1 輯，第 45–75 頁，北京：科學出版社，2018 年。

　　東西方文化在新疆的傳播路線，體現了人與環境相互作用的結果。大多數傳播路線是沿着易於通過的自然地理通道向前推進的，具體地講，從東向西傳播的文化因素有兩條主要的路線：一是沿河西走廊北山的山前地帶，西進到哈密巴里坤地區，如馬廠類型遺存和四壩文化；另一條是沿祁連山南坡的山前地帶經一些山口進入哈密南部和羅布泊北部，這應是卡約文化向西發展的路線。這兩條路線在東疆交會後繼續西進，經吐魯番盆地和阿拉溝越過天山進入南疆。

　　新疆地區的塞人文化無疑會傳達到河西文化，與這裡的西戎文化對接。

　　1972年，甘肅靈台白草坡發掘了一座西周墓，裡面的「人頭形鋬青銅戟」屬於白種人。類似的頭像還見於1980年在陝西扶風一處西周宮殿遺址出土的兩件蚌雕，表現出白種人的體質特徵：長顱、高鼻、深目、窄臉、薄唇。這兩個頭像也戴着尖頂帽子，但尖頂被鋸掉。帽頂鋸出的平面上刻着田字符號。他們很可能屬於同為白種人的吐火羅人。在樓蘭、焉耆和龜茲（今新疆庫車）等吐火羅各支系中他們更可能屬於月氏人的形象。因為月氏人實際控制着塔里木盆地至鄂爾多斯草原的廣大地區。在河西走廊，他們很可能與戎狄、羌人部落發生衝突。

　　在此不能不提具有亞歐草原風格的甘肅天水市張家川回族自治縣馬家塬墓地出土的文物。馬家塬類型被定義為東周西戎文化的一種類型。馬家塬類型的年代被推定為春秋晚期至戰國晚期，除甘肅漳縣墩坪墓地的年代可早至春秋晚期至戰國中期外，其餘墓地的年代集中於戰國中晚期。

　　馬家塬戰國晚期墓地出土的一種釉陶杯，從杯子的風格看，有西戎文化特徵，有學者認為來自中亞。馬家塬類型的隨葬品以北方系青銅器為主，主要器物為車馬器、車馬飾件及人體裝飾，陶器數量極少，

部分墓葬有車作為隨葬品。各遺址出土的隨葬品在數量、器類、製作水平上存在差異，如陳陽川墓地出土器物數量少、種類單一，並不似馬家塬墓地出土的隨葬品精美奢華，這種差異應是等級差別造成的。

考古工作者在陳陽川墓地採集到一件獅噬羊的銅牌飾，與馬家塬墓地出土銅帶飾極其相似，這種獅子吞噬羊的裝飾題材，在北方草原地帶的牌飾中十分常見。但是，馬家塬和陳陽川的銅牌飾不同之處在於，獅子的鬃毛和尾巴是否在背部彎曲成相背的鳥首。有學者認為這種背上有鳥首的圖案可能來源於斯基泰和巴澤雷克文化，[①]從中可以感受到西域文化東向的影響力。

甘肅張家川馬家塬墓地 M1 號墓出土過一個銀杯套，也屬於戰國晚期西戎文化。這個銀杯套用大約 0.05 厘米的薄銀片捲成，高 8.4 厘米，口徑 6.6 厘米，杯的手柄兩側各嵌有一段長銅條，用於把捲起的銀杯鉚接起來。杯套內可能有竹木製作的內膽。這種杯具無論是材質還是用途，都反映出歐亞草原風格。

學者對馬家塬戎人造車的細節及其整車結構作過細緻的分析。首先是根據型制分出不同類型。馬家塬墓地所出土的古車形式各異，但是也可以看出，其整車設計思路和製作工藝細節都有一定的規律性。

二、希臘化時期西域的文化交流

公元前 4 世紀亞歷山大大帝東征，滅亡了古波斯阿契美尼德王朝，

---

① 參見：王輝，《張家川馬家塬墓地相關問題初探》，《文物》2009 年第 10 期；張寅，《東周西戎文化馬家塬類型來源初探》，《考古與文物》2019 年第 2 期。

佔領巴克特里亞之後，南下印度，未曾及於新疆。公元前 323 年亞歷山大大帝由於過度酗酒，死於波斯王宮，帝國隨即陷於分裂，但是，希臘文化和制度卻影響了所征服地區，西亞與南亞、中亞被帶入希臘化時代，在新疆的西部出現了一個希臘化文化圈。

比如，亞歷山大率軍入侵印度，留下部分軍隊在阿富汗阿伊‧哈努姆築城而居。其遺址於 20 世紀 60 年代被法國考古學家挖掘，是希臘最北部的城市建築遺址。這裡出土了大量青銅器，其中有一尊銅像，高 18 厘米，寬 9 厘米，厚 3 厘米，是希臘神話中的大力神赫拉克勒斯。同一地方還發現了科林斯柱頭、赫爾墨斯柱希臘風格的建築殘存。年代在公元前 3 世紀到公元前 2 世紀，相當於戰國末到西漢前期。[1]

希臘化文化圈的文明是互動的。東方的宗教也傳播到西方，大大促進了羅馬帝國和中世紀歐洲的轉變。希臘的藝術、宗教也影響到了東方，希臘化文明是一種混合物，而不是來自其他地區的移植物。換一句話說，不要以為希臘化僅僅是希臘文化單方面對於其他文明的「入侵」，相反，希臘文化元素就像一個觸媒，它的摻入引發、激活了所在地區文明的變奏。希臘化的結果是「第三者」。

從地緣政治上說，橫跨歐亞非的亞歷山大帝國分裂之後，其中波斯及其以東地區為部將塞琉古控制，公元前 304 年，塞琉古稱王，建立塞琉西王國，傳至安條克二世（前 261－前 246 年在位）發生內亂，斯基泰人的分支帕爾尼人擁立阿爾薩西斯在帕提亞稱王，脫離塞琉西王國獨立，建立了統治 470 餘年的帕提亞帝國（前 247－224 年），中國史書稱之為「安息」，其存在時間與秦始皇統治時期至兩漢時期大體相當。

---

[1] 敦煌研究院編，《絲路秘寶：阿富汗國家博物館珍品》，北京：文化藝術出版社，2017 年，第 12－15 頁。

波斯再次獨立是在薩珊王朝（224－651 年）統治時期，薩珊王朝遠紹古波斯的一些傳統，同時受到希臘和安息的影響。因此，薩珊波斯與古波斯是不完全一樣的，從某種意義上說，薩珊波斯是希臘化時代催生出來的一種新的波斯文化。

考古工作者最近十年的發掘和研究不斷印證着希臘文明的這些因素如何在絲綢之路上重現光芒。

1983 年，在伊犁哈薩克自治州新源縣境內鞏乃斯河畔發現了一批青銅器，時代定在戰國至秦漢年間（前 5－前 3 世紀）。其中有一尊青銅武士像。武士頭戴希臘式頭盔，帽頂像雞冠高聳，屈身下蹲，右腿跪地，左腿曲蹲，左腳尖觸地。眼睛凝視遠方，雙手懸空，左手置於膝上，右手置於腿部，原本手中或許握有弓箭或者刀矛之類武器。有學者認為，這就是希臘神話中的阿瑞斯戰神。阿瑞斯是古希臘神話中的戰爭與武力之神，與宙斯、赫拉、雅典娜、阿波羅等同為奧林匹斯十二主神之一。這尊阿瑞斯戰神像是遠東地區最早見到的立體塑像，雖然戰神本身是希臘神話人物，但其製作工藝有斯基泰文化或塞人文化的因素。

同墓還出土了一件對翼獸銅環。有人認為是斯基泰人絞殺犧牲的刑具，戰國時期塞人在伊犁河流域活動的遺物。新疆尼勒克縣發現被塞人開採的銅礦遺址，時代相當於東周時期。更有人推測，這批青銅器可能是塞人的祭壇，同樣反映了對於希臘戰神阿瑞斯的崇拜。銅環首的兩隻翼獸相對而臥，從獸的頭部看，像是「斯芬克斯」之類。①

有一件在新疆阿拉溝出土的銅盤，也是戰國時期塞人文化的遺物，

---

① 葛嶠、齊東方主編，《異寶西來：考古發現的絲綢之路舶來品研究》，上海：上海古籍出版社，2018 年，第 72－78 頁。

時代在前 5 世紀到前 3 世紀。銅盤由鏤空的錐形高方底座和寬平折沿的長方盤焊接而成，焊接處粗糙，方盤中央有兩個瑞獸，抬頭面朝同一方向。這件器物具有明顯的宗教意義，只是具體用途不詳。

新疆伊吾縣出土了一枚帶柄銅鏡。鏡呈圓形，鏡的上方焊接一個大角鹿，構成手柄。銅鏡高 16 厘米，直徑 7.7 厘米。這種帶柄青銅鏡主要出土於東疆地區，在新疆烏魯木齊、吐魯番、伊犁州、和靜縣、輪台縣等地，主要流行於戰國至秦漢年間。帶柄銅鏡在埃及、希臘、羅馬等地中海周邊國家出現很早，新疆的這面銅鏡被認為是匈奴人的仿製品。[1]

新疆鄯善洋海古墓 M90 號墓地出土一件豎琴，琴身為木質，長 61 厘米，寬 9.8 厘米，琴弦或為羊腸製作，僅存一根，弦桿 22 厘米。年代大約在春秋戰國之際。學者找到了這把豎琴的歷史文化聯繫，在扎滾魯克古墓群（位於新疆且末縣）、巴澤雷克（位於俄羅斯阿爾泰地區）、奧爾比亞（黑海北岸）都有類似的豎琴出土，這些豎琴都有 5 根琴弦，與亞述豎琴 9 根琴弦不同，也與後來隨佛教傳入的中亞箜篌不一樣。也就是説，這件豎琴與西邊更早的亞述豎琴有異，與更晚的中原豎琴也有不同。文明的交流就是在無意誤讀與有心創造中發展與變異的。

三、「鑿空」前後的文化交流：黃金之丘的寶物

公元前 2 世紀張騫出使西域的目的地就是大夏，即今日之阿富汗。

---

[1] 葛嶷、齊東方主編，《異寶西來：考古發現的絲綢之路舶來品研究》，上海：上海古籍出版社，2018 年，第 90–92 頁。

此後兩漢時期中國內地與西域的交往不絕,在新疆地區設置了西域都護府,管理東西方絲路貿易。考古學家在敦煌地區所出的懸泉漢簡中發現了大月氏通漢簡牘多達 17 枚,且簡文顯示,希臘化的大月氏政權與漢之間關係十分密切。

希臘化時期大月氏的考古發現,為我們提供了絲路文化交流的許多新證據。

考古學家告訴我們,四千年以前第一個農業部落就出現在巴克特里亞平原上,並且建造了祆教廟宇。在以後的千年裡神廟被重建了多次。當它的泥磚牆坍塌後,被一個低土包掩埋。六百年後,在這個長期被遺忘的廟宇遺跡上,一個小村莊發展起來了。但這個小村莊的命運也不長,不久就變成了廢墟。它可能延續了四百年之久,直至公曆紀元左右。此時,當地權貴建造了幾座黃金墳墓,隨後被突然的戰爭或者其他災難掩埋而遭廢棄。這個地方現在叫作「蒂拉丘地」。

隨着蒂拉丘地變為廢墟,巴克特里亞先後遭到了波斯阿契美尼德王朝和亞歷山大的希臘裔後繼者的打擊。公元前 175 年前後,來自中國新疆地區的大月氏人佔領了該地。

1978 年,考古學家在蒂拉丘地,即所謂的「黃金之丘」墓地裡,出土了 20 000 多件工藝品,主要是黃金和寶石製品,還有絲綢、漢鏡、羅馬金幣、西伯利亞匕首、驅龍戰車等,反映出東西方廣泛貿易的現象。

黃金之丘墓地的年代在公元前後幾十年,相當於中國的兩漢之際,距離張騫第一次來到這裡探險已經一百餘年。墓地遺址距大夏都城藍市城 (今阿富汗馬扎里沙里夫附近) 約 70 公里,黃金之丘墓地的主人應當是張騫會見過的大月氏人的後裔。

考古隊總共發現 8 座墓地,有 6 座被發掘。其中只有 4 號墓地的墓主是一位男性,身高達 2 米,穿左衽上衣,有腰帶,下着褲。陪葬品

中有殉葬的馬頭骨和小骨頭，還有長鐵劍、金製短劍鞘，劍鞘紋飾精美，另有鐵製小刀、箭筒和三翼形鐵鏃等兵器。有一枚印度金幣。這些出土文物顯示出墓主生前可能是一位佩劍的將軍，這些墓地很可能就屬於他的王家墓地。出土文物中還有一副黃金腰帶，腰帶長 96.6 厘米，寬 4.19 厘米，有人認為金腰帶上騎着神獸的人物是希臘的酒神狄奧尼索斯。

1、2、3、5、6 號墓安葬的都是女性。1 號墓安葬的女性，年齡 25~30 歲，穿長筒袖上衣，下着褲。陪葬的黃金飾品較其他墓少。

2 號墓女主人年齡 30~40 歲，上穿馬甲，下着裙。陪葬的各種裝飾品比較奢華，有所謂的「雙龍守護國王金頭飾」，騎海豚丘比特圖案的金領別針，半裸的阿佛洛狄忒黃金藝術品等，鑲有獸頭的手鐲，還有腳鐲、雅典娜戒指之類。我們可以設想一下這個貴婦下葬時的場景：一件金盤構成的光閃閃的覆蓋物緊裹着她的身體，身上穿着四五件衣服，它們都具有自己華美而豐富的風格；一根手指上戴着印章戒指；下頜緊套着一個金質的寬大領托；胸前放着一面中國式銅鏡；一隻金手鐲仍舊套在骨骸上，另一隻手鐲躺在她的手臂下面，兩隻都現出明顯戴過的痕跡。

3 號墓主是一位年輕少女，身着窄袖束腰長裙。陪葬品有黃金鉢、顎飾、足形黃金薄片、黃金項圈、戒指等，有帶柄銅鏡和漢鏡，還有羅馬金幣、安息銀幣等。

5 號墓主是一位青年婦女，出土藝術品有黃金護顎、牙柄銅鏡、黃金腳鐲等。較少的裝飾品反映了她較低的地位。

6 號墓主是頭戴王冠的王妃，年齡 25~30 歲。王冠的形狀有些塌斜。出土藝術品有步搖金冠、阿佛洛狄忒神像垂飾、獸頭黃金手鐲、腳鐲、鑲嵌寶石的戒指、漢鏡、帶柄銅鏡、羅馬玻璃小壺等，最為引人注目的是，該墓主右手有一根長 35 厘米的權杖。錢幣方面則出土了

安息金幣和銀幣。

　　蒂拉丘地發現的當地藝術，顯示了多種文化的影響。其中希臘化風格比較突出，如古希臘奧林匹斯十二主神之一阿佛洛狄忒金像；希臘神話中的勝利女神圖案飾物；丘比特騎海豚金像、丘比特耳夾金飾品；雅典娜圖案的吊墜、雅典娜圖章戒指。也有「龍」的圖案：戴着王冠的君王左右兩側各飾有一條龍，驅龍戰車圖案，龍圖案飾板，雙龍造型劍鞘。當然，這些文化要素都已經融為一體了。龍不再是中國原版的龍。阿佛洛狄忒也不再是希臘原版的阿佛洛狄忒，如源自希臘的小巧圓胖的阿佛洛狄忒金像，卻插上了大夏式的翅膀以示其神性，額上居然有印度式前額印記，象徵其已婚身份。①

　　至於出土文物中的西漢銅鏡、羅馬金幣、安息銀幣以及飾以雅典娜像、刻有希臘文銘記的金戒指、斯基泰式金劍鞘等，不僅有大月氏特徵，也有希臘羅馬、古代中國、遊牧民族、古代印度等的外來風格；不僅有典型的外來原樣器物（如漢鏡），也有多文化元素的融合。它們混搭在一起，顯示出墓主人生前生活的多重色彩，是阿富汗境內多文化交光互影的歷史見證。

　　阿富汗東北部帕爾萬省有一處貝格拉姆考古遺址，西南距喀布爾約 60 公里。② 在貝格拉姆新王城 II 號發掘區的 10 號、13 號房間發現了古代封閉的儲藏室，室內的大陶罐中裝有各種珍貴藝術品，木器箱櫃上嵌有精細的象牙雕刻。罐藏物品有羅馬的玻璃杯盤碗瓶、希臘羅馬的青銅人物鑄像以及按照希臘神話題材的銀器複製的石膏浮雕圓板，

① 敦煌研究院編，《絲路秘寶：阿富汗國家博物館珍品》第三部分《蒂拉丘地》，北京：文化藝術出版社，2017 年，第 46−153 頁。本書所定墓葬文物為公元 25−50 年，即東漢光武帝時期。

② 羅帥，《阿富汗貝格拉姆寶藏的年代與性質》，《考古》2011 年第 2 期，第 68−80 頁。

還有埃及製造的石瓶和石皿，中國東漢時期的彩繪漆器。上述象牙雕刻則出自印度。這裡可能是貴霜王迦膩色迦的夏都，所發現的文物年代在公元 1 世紀前後，即東漢前期。有學者推測，這裡應當是絲路上商人的貨棧倉庫。

　　文物製作風格體現了東西方文化的交流。10 號密室有象牙雕刻的高達 55.8 厘米的河流女神像，還有高達 26.7 厘米的維納斯石膏雕像。13 號密室文物比較豐富，石膏雕刻作品表現了塞勒涅與恩底彌翁的愛情題材。他們的愛情故事在希臘神話裡非常有名。塞勒涅愛上了美少年恩底彌翁，眾神賜予恩底彌翁青春永駐，但必須在山洞裡永遠長眠。每夜塞勒涅與他在睡夢中幽會，據說塞勒涅給恩底彌翁生育了 50 個女兒。石膏圓盤上的內容是塞勒涅在恩底彌翁睡夢時做愛的場景。

　　青銅雕像則有塞拉比斯，希臘化時期的埃及神祇；鷹身女妖哈耳庇厄，希臘神話中的怪物；哈伯克拉底，希臘羅馬神話中的沉默之神。希臘神話說，維納斯與戰神馬爾斯私通，生下丘比特，為了不讓母親的家醜外揚，丘比特給了沉默之神哈伯克拉底一束玫瑰花，讓其對此事保持沉默。這個密室裡的半身雕像有維納斯、馬爾斯、丘比特以及哈伯克拉底，故事中的人物悉數在場。

　　此外，青銅器上還刻有墨丘利的形象，他是羅馬神話中的通商、畜牧之神，對應希臘神話中的赫爾墨斯；有密涅瓦的半身像，她是羅馬神話中的智慧、戰爭、月亮和記憶女神，也是手工業者、學生、藝術家的保護神，羅馬十二主神之一，對應希臘神話中的雅典娜女神。希臘女神雅典娜傳到羅馬，與當地的女神密涅瓦混合。①

---

① 敦煌研究院編，《絲路秘寶：阿富汗國家博物館珍品》第四部分《貝格拉姆與「絲綢之路」》，北京：文化藝術出版社，2017 年，第 156−230 頁。

　　總之，以上這些來自東西南北各地的貨物，表明當時這裡是通往東西方和南亞的交通要衝。有研究者認為，貝格拉姆新王城 II 號發掘區的 10 號、13 號房間當初很可能是帕提亞帝國時期羅馬人經營的一處商站，現在見到的文物是該商站的最後一批存貨。帕提亞國王岡德菲斯去世後，貴霜王國的創立者丘就卻，即迦德菲塞斯一世趁機率領貴霜軍隊攻打貝格拉姆城，從而導致商家逃離，商站廢棄。[①]

四、中西文化的接榫

　　上一節我們討論了希臘化時期阿富汗作為文明交流的要道而展現出東西方商品和文化的匯聚。下面我們再結合考古發現，談談兩漢時期新疆地區所展現的文化接榫，即西部世界的文明果實如何沿着絲綢之路東行，被接引到天山地區和塔里木河流域，乃至河西走廊地區。結合考古學家的發掘報告，舉如下數例。

　　新疆交河溝墓地出土的金項飾，年代被定為西漢。同墓出土的還有金戒指、金耳環等。這個金項飾只有殘存部分，既像金冠又像金項圈，裝飾主題很可能是兩隻動物搏擊。形狀與哈薩克斯坦東部七河地區發現的金項飾略微相似。

　　甘肅省靈台縣博物館收藏的帶西文字母紋飾的鉛餅。鉛餅重 110~118 克，出土時共有 274 枚，總重約 31.806 千克。其形制、圖案和西文紋飾大致相同，凸面是龍形浮雕，凹面是西文字母。同時出土的還有漢代的瓦片。類似的鉛餅在陝西西安、甘肅禮縣甚至安徽六安市都有出土，時間在西漢到東漢間。這些鉛餅究竟是帕提亞傳入的產品，

---

① 羅帥，《阿富汗貝格拉姆寶藏的年代與性質》，《考古》2011 年第 2 期，第 78 頁。

還是中國境內鑄造的？學者還有分歧。就其上的希臘文字母而論，顯然是西風所致，就其龍形浮雕而言，肯定是中國元素，結合蒂拉丘地的龍形圖案，更顯示出鑿空後東西方文化元素的互動。這其實代表了絲路開通前後，在西部地區這一文明的邊疆所發生的文化交流與互鑑的實態。大約先有帕提亞或巴克特里亞等中亞風格的鉛餅傳入，然後為西戎文化所吸收，進行模仿和改造。

蠟染印花棉布（殘片）。現藏於新疆維吾爾自治區博物館，是新疆和田市民豐縣尼雅遺址出土。尼雅即古樓蘭遺址。時代被推定在東漢時期。棉布畫面的主題是人獅搏鬥。其中的女性圖像最值得討論。高鼻樑、大眼睛、小嘴巴，袒胸露乳，正面微微向左側視。有人認為是貴霜錢幣或犍陀羅雕像中的豐收女神。

出土於和田的東鄰洛浦縣的褲子及其圖案。褲子殘餘部位有綴織的馬人和武士形象。武士面部輪廓分明，大眼、方耳、黑髮，高鼻厚唇，手持長矛，向右前方凝視。武士上面的圖案則是另外一幅半人半馬的馬人形象，馬的身體，人的頭部，馬蹄飛起，向左側奔跑，人身手扶着管型樂器作吹奏狀。人馬圖案底色是黑色，馬身褐紅色，人身淺黃色，周圍環繞着四瓣花形，圖案右側上方殘留着一角天使的翅膀。學者認為這幅圖案與斯坦因發現的米蘭佛寺壁畫主題十分相似，年代定位於兩漢時期。

玻璃杯。出土於尉犁縣的營盤古墓，尉犁縣即漢初西域三十六國之一的渠黎。位於塔里木盆地北部靠東古絲綢之路的中路邊緣，東北是吐魯番，東南是古樓蘭，西邊是輪台。此地出土的乾屍有歐洲人種體質特徵，也有一些蒙古人種元素。還有佉盧文文書、紡織品、黃銅飾品、玻璃杯等，這些文物出自中原和西域，顯示出當地中西絲路交通要道的特徵。特別要指出的是這個玻璃杯，出土於 1995 年發掘的一座

男女合葬墓中。玻璃杯是由模具吹製而成，外形為半圓錐形，高 8.8 厘米，口徑 10.8 厘米，底徑 3.2 厘米，猶如半個碩大的鵝蛋。年代大約是 4 世紀以前。林梅村認為這是帕提亞時的作品，徐蘋芳定義其為薩珊玻璃杯。①

　　紅地罽袍。發掘者認為是巴克特里亞製作的精美毛織物，也出土於尉犁縣的營盤古墓，出土時穿在一位 25 歲左右的男子屍身上。從體質特徵看男屍是歐洲人種，但是也有蒙古人種元素。紅色罽袍最大寬 185 厘米，長 110 厘米，織物的紋樣左右對稱，兩組不同的男性形象裸身披袍，頭髮卷曲，作格鬥狀表演。對獸也有兩種，公羊和山羊。另外就是一棵樹，分杈成兩枝，每枝各帶若干片樹葉。學者判斷其年代在東漢至兩晉時代。

　　嵌寶石金戒指。新疆伊犁哈薩克自治州下轄的尼勒克縣自古就是塞人、烏孫人、大月氏人遊牧之地。在尼勒克喀什河谷的一個墓地出土了這枚金戒指。墓葬群的時代為戰國至漢晉時期。在大約長 4.8 厘米、寬 2.8 厘米的戒面上，刻着一位坐姿女性，手持花朵，額頭上用橢圓形髮帶束髮，並在腦後搭接。女性形象不完全像希臘肖像，但是帶有一些希臘化元素。有學者認為是古波斯傳說中的水神阿納希塔。戒指兩端各有一個對稱設計的魚頭，突眼張嘴，每個魚頭的兩眼各鑲嵌一顆紅色寶石。②

---

① 徐蘋芳，《絲綢之路考古論集》，第 103 頁，上海：上海古籍出版社，2017 年。

② 葛嶷、齊東方主編，《異寶西來：考古發現的絲綢之路舶來品研究》，上海：上海古籍出版社，2018 年，第 93–155 頁。

五、後論

　　希臘化文化在東西方文化交流過程中扮演了十分重要的角色。我們除了以新疆及張騫探險之地阿富汗為例之外，最典型的還有犍陀羅文化。

　　犍陀羅是公元前 6 世紀已經存在的南亞國家，法顯《佛國記》（又名《法顯傳》）、玄奘《大唐西域記》中都有記述，統治區域位於今巴基斯坦北部和阿富汗東部，是亞歐大陸的心臟地帶。這個地方曾經是亞歷山大帝國的一部分，後來又被印度孔雀王朝統治。孔雀王朝的阿育王（前 303－前 232 年）將佛教文化推廣至此，逐漸形成獨特的犍陀羅文化。這一文化就是希臘、印度、波斯文化的複合體，而且還影響到中國佛教藝術。

　　以佛教雕刻為例，它吸取了古希臘後期雕刻手法，比如人體直立狀態下，試圖將人體的重心移至一足，使另一足能表現出現實生活中人物的各種自然狀態或運動感。這種佛像雕刻被稱作犍陀羅風格。犍陀羅風格的佛像造型體格雄偉，近似歐洲人；面額寬廣，鼻樑直通額部，近似希臘人；下顎寬而突出，眼大唇薄，頭髮結為波狀或螺旋狀；身着薄衣，身體線條強健，背光不加裝飾，作圓盤形，佛座也極少用蓮花座。犍陀羅佛教雕像兼具古希臘、古羅馬之寫實典雅，又融進了古印度之慈悲神聖，整個佛教雕像顯得大氣而優美，崇高而不失精緻。從公元前 4 世紀到公元 4 世紀，犍陀羅不僅是佛教藝術中心，也是最典型的世界各大文明的交匯之地，是文明的大道通衢。①

---

① 孫英剛、何平，《犍陀羅文明史》，北京：生活・讀書・新知三聯書店，2018 年。

第四章

鑿空之舉：張騫出使西域

　　張騫（前 164-前 114 年），一位來自漢中的漢子，司馬遷稱他「為人強力，寬大信人」。在 27 歲那年，他踏上了前途未卜的西行之旅。他的這次出行開創了一段驚天地、泣鬼神的偉大歷史。

　　公元前 141 年正月，漢景帝駕崩，太子劉徹即位。西漢初年因為國困民貧，對匈奴的入侵多採取防禦政策。經過幾十年休養生息，漢武帝劉徹開始考慮對匈奴採取反擊。漢武帝獲悉，曾有大月氏國居於河西走廊之敦煌、祁連山之間，但已被匈奴驅逐而西遁。大月氏與匈奴有世仇，漢朝想與之結為盟友，攜手夾擊共同的敵人 —— 匈奴。時任郎官（相當於實習生，通過承擔各種任務獲得出使資質）的張騫，響應漢武帝的招募，第一次出使西域。

一、不辱使命：張騫的「鑿空」之旅

　　公元前 139 年，張騫帶領一百多人組成的使節隊伍離開長安，經隴西向西進發，但不久就在今甘肅境內被匈奴俘虜。

　　匈奴人憤怒地對張騫說：「月氏在吾北，你們漢朝使節怎麼能夠穿越吾境而行？我們匈奴人要出使越地，你們放行嗎？」匈奴單于長期監禁張騫，並為之娶妻成家，甚至撫育了一個孩子。但張騫不失漢節，伺機逃脫，在十一年之後趁匈奴放鬆警惕，終於和隨行人員逃出，再次踏

上西行之路。

張騫一行向西越過蔥嶺，經過幾十天長途跋涉後抵達大宛（今中亞費爾幹納盆地地區）。大宛是一個城邦國家，富庶康樂。大宛國王對於漢朝的富庶也早有所聞，無由得通。《漢書‧張騫傳》記載：「聞漢之饒財，欲通不得。」得知張騫是漢朝的使臣，大宛國王喜出望外。張騫則被大宛的駿馬吸引，這些駿馬被稱為「汗血馬」。大宛國王派人護送張騫前去康居（今巴爾喀什湖與鹹海之間，大體與唐代的粟特地區重合），再由康居到達大月氏。

月氏本是活動在河西走廊的遊牧民族 ①，被匈奴人所逼，遷徙到了西域地區。然而大月氏王已死，新王即位（《史記‧大宛列傳》說立其太子為王，《漢書‧張騫傳》說立其夫人為王）。大月氏所在的中亞地區土地肥沃，周邊環境安全，它後來還越過阿姆河，吞併了希臘化國家大夏，已然安居樂業，無心再向匈奴尋仇。

張騫在此住了一年多，不得已而東返。為了避免匈奴攔截，張騫未走原路而沿塔里木盆地南緣進入柴達木盆地，繞道青海歸國，但不幸又被匈奴捕獲。所幸一年以後，匈奴因單于去世發生內亂，張騫得以逃脫，終於帶着胡妻和一位隨從回到了長安。時為漢武帝元朔三年（前126 年）。

張騫第一次出使西域歷時 13 年，雖然沒有達到同大月氏結成聯盟的政治目的，卻了解到西域地區的政治、經濟、地理、文化、風俗等

① 關於月氏族屬，學術界有不同意見。梁啟超、王國維、胡適等對月氏的族屬作過討論。公元前 177 年，月氏人擊敗敦煌附近的遊牧部族烏孫，佔有其地。不久受到匈奴人的攻擊，故向西遷徙。向西遷徙的這一部分被稱為大月氏，現在一般都認為他們是印歐人的一支 —— 吐火羅人。也有西方學者認為他們是粟特人，其後建立的貴霜王朝被稱為印度 —— 粟特貴霜帝國。留在中國境內的稱為小月氏，逐漸與羌人混合為一。

情況，為以後中原加強同西域的聯繫奠定了基礎。不久，張騫就利用他對西域的了解參與了衛青出擊匈奴的戰爭，為此次軍事行動的勝利立下大功，被封博望侯。

在張騫第一次出使西域的同時，西漢王朝也對匈奴展開一系列打擊，其中具有決定作用的是三次戰爭。公元前 127 年，衛青大敗匈奴，收復了河南之地（今河套以南地區）；公元前 121 年，匈奴在霍去病的打擊下發生分化，渾邪王降漢，河西走廊完全為漢朝控制；公元前 119 年，衛青、霍去病又分道出擊匈奴，匈奴單于大敗遠遁，從而將匈奴進一步驅逐至漠北。經過這三次大規模的反擊，西漢王朝在對匈奴的鬥爭中已經掌握了主動，前往西域的道路也基本暢通，這為張騫第二次出使西域、此後絲綢之路的安全暢通以及西域諸國同西漢王朝的友好往來，創造了有利條件。

然而西漢王朝的反擊戰只是肅清了匈奴在漠南及河西走廊的勢力，西域各國仍被匈奴控制，這依然威脅着西漢王朝西北邊境的安全。於是，漢武帝再度派遣張騫出使西域，目的是聯絡西域各國，建立抗擊匈奴的聯盟。這一次出使隊伍浩大，隨員三百，牛羊萬頭，攜錢幣、絹帛「數千巨萬」。張騫到達烏孫（今伊犁河與伊塞克湖一帶）時，正值烏孫因王位之爭而政局不穩，烏孫方面無意與漢朝結盟抗擊匈奴。但在烏孫期間，張騫分別派遣副使到中亞、西亞和南亞的大宛、康居、大月氏、安息、身毒（古印度的音譯）、于闐各國，與之廣加聯絡。公元前 115 年，張騫回國，烏孫遣導譯相送，並派使者來長安。使者見到漢朝「人眾富厚」，回去廣加宣揚，漢朝在西域的威望大大提高。不久，張騫所派副使也紛紛回國，並帶回許多所到國的使者。從此，中西之間的交通正式開啟，西漢王朝與西域及中亞、西亞、南亞地區的友好往來迅速發展，西來使者相望於途。

　　據說，自西漢西行的使團一年之中多則十幾個，少則五六個，使團規模大則數百人，小則百餘人，所訪之地遙遠，出訪一次需要數年。與使節相得益彰的是一群群胡商販客，「日款於塞下」。此後，中西之間的陸路交通繼續向西延伸，一直到奄蔡（今鹹海至裡海一帶）和條支等國。

　　張騫最初的使命是聯合西域各城邦和遊牧國家共同抗擊匈奴。從這個角度講，他未能完成使命。可是，這兩次西行實際上卻在客觀上起到了開拓長期被匈奴阻塞之東西陸路交通的作用，加強了東西方經濟與文化往來，也建立起中原與西北邊疆各地區的友好聯繫，開闢出中國與西方各國直接交流的新紀元。從這個角度講，張騫確實不辱使命。張騫出使西域的開創性意義如此重大，在歷史上被譽為「鑿空之旅」。

二、《史記‧大宛列傳》：張騫帶來的信息

　　張騫初次回國不僅帶回了大月氏的信息，而且詳細報告了他在西域的見聞。其中比較重要的信息涉及大宛、康居、安息、條支等國。《史記‧大宛列傳》不是僅僅描繪大宛，而是主要依據張騫兩次出使帶來的信息，給我們描繪了公元前 2 世紀的西域地區。

　　張騫報告說，大宛位於匈奴西南，在漢朝正西，離漢朝大約一萬里。大宛有城廓房屋，人們耕種田地，種稻子和麥子，盛產葡萄酒（原作「蒲陶」，據西方學者夏德說，漢語「葡萄」一詞來自希臘語音譯）。有良馬，馬出汗帶血。大宛管轄的大小城鎮有七十多座，民眾大約有幾十萬。大宛的兵器是弓和矛，人們騎馬射箭。據《後漢書‧西域傳》，大宛的都城為貴山，有人考證是在塔吉克斯坦的苦盞。此地靠近亞歷

山大在錫爾河南岸建立的「最遠的亞歷山大里亞」。塞琉古一世重建時號稱「斯基泰的安條克」。①當年希臘軍隊東征，在這裡曾發生激烈反抗，馬其頓士兵傷亡很大，亞歷山大本人也負重傷，被一塊巨石擊中頸部，幾乎失去知覺。

大宛的北邊是康居，西邊是大月氏，西南是大夏，東北是烏孫，東邊是扞罙（《漢書》作扞彌，在今新疆和田東北）、于闐。于闐西邊的河水都向西流，注入西海（今青海湖）。于闐東邊的河水都向東流，注入鹽澤（今新疆羅布泊，古時又稱蒲昌海）。鹽澤的水在地下暗中流淌，它的南邊就是黃河的源頭。

樓蘭（故址在今新疆若羌縣北）和姑師（後稱車師，國都遺址在今新疆吐魯番西北。該地東南通敦煌，南通樓蘭、鄯善，西通焉耆）的城鎮都有城廓，近鹽澤。鹽澤離長安大約五千里。

烏孫在大宛東北大約兩千里，是遊牧國家，逐水草而居，和匈奴的風俗相同。控弦之士有幾萬，勇敢善戰。原先服從於匈奴，待強盛後，就取回被束縛在匈奴的人質，不肯去朝拜匈奴。

康居在大宛西北大約兩千里，是遊牧國家，與月氏的風俗大多相同。控弦之士有八九萬，同大宛是鄰國。國家小，南邊臣服於月氏，東邊臣服於匈奴。此地曾是亞歷山大駐蹕之所。公元前 327 年，亞歷山大在一次醉酒後，就在這裡殺死了曾在其父手下效力的老臣克雷塔斯。②張騫從大宛去大月氏，康居為必經之地。

奄蔡在康居西北大約兩千里，是遊牧國家，與康居的風俗大多相

---

① 楊巨平，《傳聞還是史實 —— 漢史記載中有關西域希臘化國家與城市的信息》，《西域研究》2019 年第 3 期，第 24–25 頁。

② 阿里安，《亞歷山大遠征記》卷四，李活譯，北京：商務印書館，2016 年，第 147–148 頁。

同，控弦之士有十多萬。

大月氏在大宛西邊兩三千里，處於媯水（今阿姆河）之北。它的南邊是大夏，西邊是安息，北邊是康居。人們隨着放牧的需要而遷移，同匈奴的風俗一樣。控弦之士有一二十萬。從前強大時，輕視匈奴，等到冒頓（前 234－前 174 年）立為單于，打敗月氏；到了匈奴老上單于（？－前 160 年）時，殺死了月氏王，用月氏王的頭骨當飲酒器皿。初始，月氏居住在敦煌、祁連之間，被匈奴打敗後，大部分人就遠遠離開這裡，經過大宛，向西去攻打大夏，擊敗，令其臣服於月氏，於是建都在媯水之北，作為王庭。據考證，王都最有可能是阿姆河北岸的坎佩爾。大月氏人要征服大夏的全境，就必須渡過阿姆河向南進軍。大月氏人於此建立統治中心，有利於統治阿姆河兩岸的大夏領地。未西遷的月氏人仍遊牧於南山和羌人居住之地，被稱為小月氏。

安息在大月氏西邊大約幾千里的地方，是農耕民族，種植水稻和小麥，出產葡萄酒。它所管轄的大小城鎮有數百座，國土方圓數千里。臨近阿姆河，有集市，人們為了做生意，用車和船裝運貨物，有時運到附近的國家或者幾千里以外的地方。他們用銀作為錢幣，錢幣鑄成像國王容貌的樣子，國王死去，就改換錢幣，這是因為要依照國王的面貌鑄幣。他們在皮革上畫橫作為文字。它的西邊是條支，北邊是奄蔡、大秦。

條支在安息西邊數千里，臨近西海。那裡天氣炎熱潮濕。人們耕種田地，種植水稻。那裡出產一種大鳥，它的蛋就像甕壇那樣大。人口眾多，地方往往有小君長，而安息役使管轄他們。條支的人擅長魔術。安息的老年人傳說條支有弱水和西王母，卻不曾見過。

大夏在大宛西南兩千餘里的阿姆河南面。人們定居一處，有城鎮和房屋。當地風俗與大宛相同。沒有大君長，往往是每個城鎮設置小

君長。這個國家的軍隊軟弱，害怕打仗。人們善於做買賣。待大月氏西遷時，大夏被打敗並被統治。大夏的民眾很多，大約有一百多萬。在張騫到達之時，它已經成為大月氏的藩屬，而且內部四分五裂，張騫觀察到的就是「無大王君長，往往城邑置小長」。張騫還觀察到這裡有貿易市場，販賣各種物品，看見過來自四川的邛竹杖、蜀布，他特別吃驚。

張騫對於蜀地的物產十分熟悉。他被告知，這些物品是大夏商人從一個叫作身毒的國家買來的。身毒國在大夏東南大約幾千里，定居城鎮，風俗大致與大夏相同，只是地勢低濕，天氣炎熱。身毒國人打仗騎着大象。該國更南的地域臨近大水（當指印度洋）。張騫估計，大夏離漢朝一萬二千里，處於漢朝西南。「今身毒又居大夏東南數千里，有蜀物，此其去蜀不遠矣。」張騫提供的這些信息，激發了漢武帝進一步打通西域的雄心。

張騫離開大夏東返，「並（傍）南山」。張騫的山區之旅勢必沿着阿姆河河谷而行，途經另外一座更典型的希臘化城市，即今阿伊‧哈努姆遺址。遺址位於阿姆河與科克蘇河的匯合處，要從大夏到帕米爾高原和塔里木盆地必經此地。出土文物表明，阿伊‧哈努姆遺址有希臘式的體育館、劇場、柱頭、雕塑和造幣場，還有希臘語石刻銘文和希臘語文獻的遺跡。張騫沿阿姆河河谷返程途中，有可能在這座城市補給或者歇息。在這座城市中，希臘人或希臘化的印歐人的活動大約持續到了公元前 1 世紀中葉。①

---

① 楊巨平，《阿伊‧哈努姆遺址與「希臘化」時期東西方諸文明的互動》，《西域研究》2007 年第 1 期，第 96−105 頁；楊巨平，《傳聞還是史實 —— 漢史記載中有關西域希臘化國家與城市的信息》，《西域研究》2019 年第 3 期，第 24−25 頁。

三、西域都護：絲路暢通的保障

　　張騫的兩次出使雖然對開通絲綢之路有重大意義，但因這時期匈奴的勢力並未完全退出西域，西域與中原之間的交通依然長期受阻。絲綢之路真正得以繁榮和暢通，應歸功於西漢政府對匈奴的打擊和設立西域都護府。

　　西漢王朝趁着對匈奴戰爭的一系列勝利，先後於公元前 121 年和公元前 111 年在河西走廊設立武威、酒泉、張掖、敦煌四郡（俗稱河西四郡），割斷匈奴與羌族之間的聯繫，保證絲綢之路咽喉地帶的暢通。此後匈奴勢力只好向西發展，開始了同西漢王朝爭奪西域的長期鬥爭，最終西漢王朝取得重大勝利。

　　元封三年（前 108 年），漢朝軍隊擊敗匈奴的耳目樓蘭（漢樓蘭古城位於今羅布泊西北）、車師（今吐魯番）；太初四年（前 101 年），李廣利討伐大宛獲勝；征和四年（前 89 年），漢朝軍隊在樓蘭等西域六國軍隊的配合下再敗匈奴所支持的車師，車師王投降，大大動搖匈奴在西域的統治。本始二年（前 72 年），匈奴攻打烏孫，烏孫向西漢求援，西漢遣五將軍率十五萬大軍與烏孫東西夾擊匈奴，大獲全勝。匈奴經此一戰，元氣大傷，很長時間再無力同西漢在西域爭雄。宣帝神爵二年（前 60 年），匈奴發生內訌，西邊日逐王先賢撣降漢，被西漢封為歸德侯，自此匈奴勢力全部退出西域。

　　西漢王朝在西域設置官吏，始於貳師將軍李廣利討伐大宛勝利之後。當時所設稱為西域使者校尉，其任務是率領士卒在車師、樓蘭（漢昭帝元鳳四年更名鄯善，王治在今新疆若羌）等地屯田，以供給和保護來往於絲綢之路上的各國使節。宣帝元康二年（前 64 年），又命鄭吉為衛司馬，「使護鄯善以西南道」（《漢書·鄭吉傳》），也稱為「護鄯善以

西使者」。至公元前 60 年匈奴日逐王來降後，以鄭吉「並護車師以西北道」，這就是「都護」一名的由來。

自此西域都護府正式出現，其治所在烏壘城（今輪台縣治東北之策大雅），所管理的範圍大體為今天敦煌以西，巴爾喀什湖、費爾幹納盆地和帕米爾高原以東，喀喇崑崙山以北，阿爾泰山以南的廣大地區。這個地區在西漢時期據稱有 36 國，而至東漢已達 55 國。西域都護的主要任務是統領西域諸國，聯合起來共同抗擊匈奴的侵擾，特別是保護西域南北兩道的安全和暢通，這也是「都護」一詞的原意。如在宣帝甘露二年（前 52 年），匈奴郅支單于西遷康居，直接威脅西域都護所管轄的烏孫和大宛等地，嚴重破壞了絲綢之路的安全。於是在元帝建昭三年（前 36 年），西域都護甘延壽和副校尉陳湯率領西域諸國兵馬，消滅郅支單于，從而保證絲綢之路的暢通。這時候距離張騫去世已經 80 多年了。

西域諸國除了接受西域都護的領導之外，還都保持各自獨立的政治地位，亦即西域都護的管轄政策是羈縻制度。此制度的主要目的是防止匈奴勢力染指該區域，保護西域諸國與漢朝之間的交通安全與貿易安全，而不是為了從這些地方徵收稅物或深刻介入地方政治。所以，比之匈奴的苛斂誅求，西域都護的管理更符合各國利益，因之各國更願意歸屬漢朝。西域都護的設立是西域地區統一在西漢中央王朝管轄之下的標誌，這無疑對絲綢之路的繁榮與暢通意義非凡。漢朝一方面不收賦稅，一方面為了管理西域還要承擔大量軍政費用，這只能藉由駐軍耕戰結合、大力發展屯墾而實現自足，由此也推進了塔里木綠洲地區農耕文化的發展。

正是由於這些新的歷史事件，東漢初年史家班固所記載的內容就比司馬遷所記載的更為豐富。班固在提到新疆塔里木盆地許多綠洲城

市之外，還有兩個司馬遷未介紹的城市國家罽賓與烏弋山離，也都與希臘化城邦國家有關。

關於罽賓，班固《漢書·西域傳上》記載道：「自武帝始通罽賓，自以絕遠，漢兵不能至，其王烏頭勞數剽殺漢使。烏頭勞死，子代立，遣使奉獻。漢使關都尉文忠送其使。王復欲害忠，忠覺之，乃與容屈王子陰末赴共合謀，攻罽賓，殺其王，立陰末赴為罽賓王，授印綬。」王先謙《漢書補注》引徐松云：「容屈王，蓋其國小王。」[1] 有西方學者推測説，這個小王就是希臘城城主赫爾邁歐斯，所謂容屈王的容屈，乃 Yonaki 的音譯，意即「希臘城」，屬於亞歷山大所建亞歷山大城之一 —— 亞歷山大里亞—迦畢試城（今阿富汗貝格拉姆）。

至於烏弋山離，一般認為位於今阿富汗喀布爾以南和伊朗東南部，以塞斯坦、坎大哈為中心的接壤地區，即古代的阿拉科西亞和塞斯坦。烏弋山離或為塞斯坦都城 Alexandria Prophthasia 中 Alexandria 的音譯。阿拉科西亞也有一座希臘化城市，叫作亞歷山大里亞城。烏弋山離更可能是亞歷山大里亞的音譯。[2]

在漢宣帝建立西域都護府之後，直到東漢建立大約百餘年間，西亞的局勢發生了很大變化。羅馬帝國興起，橫跨歐亞非，吞併了西亞的塞琉西王國和北非的埃及托勒密王國。幼發拉底河一線成了羅馬帝國與帕提亞帝國的相持之地。

而在中亞與南亞地區，印度西北部的希臘人、斯基泰人和帕提亞人建立的小城邦國家被佔據在巴克特里亞的貴霜人取代，建立了貴霜帝國。於是，出現了羅馬、帕提亞、貴霜和漢代中國，它們成為歐亞大

---

[1] 王先謙，《漢書補註》，上海：上海古籍出版社，2012 年，第 5803 頁。

[2] 楊巨平，《傳聞還是史實 —— 漢史記載中有關西域希臘化國家與城市的信息》，《西域研究》2019 年第 3 期，第 30−31 頁。

陸四大帝國。而且，帕提亞、貴霜和羅馬帝國都不同程度地繼承了希臘化王國過去的屬地。於是一種混合着希臘文化和波斯、貴霜文化的混合物就在這個時期的東西交流中大放異彩。

敦煌懸泉漢簡至少有 17 條簡文記錄了漢宣帝時期至西漢末年大月氏與漢朝政府的交往情況。①

「大月氏諸國客」、「大月氏客」、「康居諸國客」等「胡客」在漢朝境內從事民間貿易，漢朝官方的護送、接待十分規範，這顯示出漢王朝對絲路貿易的支持和保護是一種國家政策。對於民間性質的「胡客」，漢王朝尚給予支持，那麼帶有一定官方色彩的「朝貢貿易」更是受到漢王朝的重視。還有自稱是西域各國商團的人，以官方使節的名義「自來奉獻」。②懸泉簡牘中之所以強調「自來」的性質，大約是因為沒有經過漢朝中央批准的行為，因此地方接待官員以自來形容。有一份簡文云：「客大月氏、大宛、踈（疏）勒、于闐、莎車、渠勒、精絕、扜彌王使者十八人，貴人□人……」③八個西域國家相約前來出使，從官方的角度來説，如果不是朝廷大的節慶，通常不會出現這種情況。這個更有可能是民間商團的性質。

總之，張騫出使西域之後，漢朝與西域各國的關係不斷熱絡起來，漢朝的政治影響力也在加強。特別是漢朝設置西域都護府之後，有能力用政治和軍事力量保障絲綢之路的暢通，從而為西域各國和民間商旅的朝貢貿易和民間貿易活動提供了安全條件。儘管絲路貿易對漢朝的經濟利益很有限，但是對於維護漢朝主導的國際秩序是必要的。

---

① 郝樹聲、張德芳，《懸泉漢簡研究》，蘭州：甘肅文化出版社，2009 年，第 202−207 頁。
② 張瑛，《從出土漢簡看漢朝與西域地區的經濟文化交流》，《社科縱橫》2019 年第 2 期，第 116−122 頁。
③ 胡平生、張德芳，《敦煌懸泉漢簡釋粹》，上海：上海古籍出版社，2001 年，第 133 頁。

第五章

東漢與羅馬：絲路帝國的遙望

1 至 2 世紀，中國的東漢時期，也正值羅馬帝國的前期。這一時期的羅馬帝國處在和平繁榮時期，政治穩定，經濟發展。羅馬知道遠東有一個出產絲綢的國度；東漢的外交界、知識界也知道羅馬，稱之為大秦。

一、甘英出使大秦

大秦，也就是《史記》中記載的犁靬，對應的是當時的羅馬帝國（395 年羅馬帝國分裂後則指東羅馬帝國）。

如前所述，漢武帝時期，為了鞏固同西域的聯繫，在張騫通西域之後，先後在河西走廊設立了酒泉、張掖、敦煌、武威四郡，史稱「河西四郡」。從此，玉門關和陽關成為出入西域的門戶。漢朝還在敦煌到羅布泊設置亭障（邊防據點），在新疆輪台等地大量屯田，以保障往來使節客商的安全與供給。西域都護府也駐屯烏壘城（今新疆輪台東北），統管西域軍政事務。漢宣帝神爵二年（前 60 年），漢朝任命將軍鄭吉為首任西域都護，秩比二千石，相當於郡太守的職級，是漢朝主管西域事務的最高軍政長官。它的設置表明，漢朝內地與西域各國的政治關係與經濟文化交往納入了制度化的軌道。

王莽時期及至東漢初年，由於匈奴勢力的復起，內地與西域關係斷絕。班超 —— 大史學家、《漢書》作者班固的胞弟，於公元 73 年隨

大將軍竇固出塞抗擊匈奴，繼而受命經營西域，花了近二十年時間來鞏固漢在西域建立的政治秩序。公元 91 年，他被任命為西域都護。於是，西域五十餘國又都臣服於漢。之後，他派部下甘英出使大秦，試圖把漢與西域的直接交通再往前推進一步。

漢朝人從傳聞中知道大秦是西域的大國：「其人長大平正，有類中國，故謂之大秦。」知道大秦國「土多金銀奇寶」，凡是外國珍奇異物「皆出焉」。知道大秦國「其人質直，市無二價」，從海道與安息 (伊朗)、天竺 (印度) 通商，「利有十倍」[1]。漢朝人還了解到富裕的大秦國王「常欲通使於漢」，卻被橫在中間的安息人「遮隔」而不能直接與漢交通。班超派甘英出使大秦的目的，顯然是直接探尋遠西的文明大國，卻有利於打破安息的居中貿易壟斷地位。

甘英出使大秦的路線，只能根據《後漢書‧西域傳》以及袁宏的《後漢紀》推測。大概是從當時西域都護駐地龜茲向西南出發，沿西域北道西行，經新疆的喀什、莎車，越過帕米爾高原，再往西經過阿富汗到伊朗境內，然後經過伊拉克巴格達東南的「斯賓」，再前行，便到了條支。

條支何在？大海何指？後來的研究者說法不一。較多學者認為，條支即今敘利亞，大海就是其西界的地中海。[2] 正當甘英打算渡海西行之時，安息西界的船人極力攔阻，理由有兩條：一、海闊水大，遇到好風至少要三個月才能渡過，若風向不順，則要航行兩年，所以非備下三年的口糧不能渡海。二、海水有魔法，能夠讓人思戀故鄉，以致不堪忍受，「數有死亡者」。有研究者說，安息人講的是希臘海妖神話中，

---

[1]《後漢書》卷八十八《西域傳》。

[2] 也有觀點認為，這裡的西海是波斯灣口。

海妖塞壬的歌聲會使航海者死亡的故事。甘英所聽到的是不是關於海妖的傳說（也許從希臘神話輾轉到安息人這裡故事會有變異）？即使是海妖傳說，甘英是否因此而打退堂鼓？現在無從坐實。但是，實際情況是，甘英望望前面波濤洶湧、一望無際的大海，確實打消了渡海西行的念頭。

後來的研究者都替甘英惋惜，研究中西交通史的德裔美國學者夏德罵他是膽小鬼，被安息人的一派胡言嚇住了。也有的人指出安息人精明，想方設法不讓漢人訪大秦，以從中獲居間貿易之利。我想，甘英此行恐怕政治軍事目的大於經貿訴求，也許他發現遙遠的大秦很難被拉來作為軍事盟友，因此他藉安息人恐嚇他的那些故事，順水推舟選擇返航。

但是，甘英從安息人那裡打聽到的事情，遠遠超過所謂希臘神話，《後漢書・西域傳》說，甘英獲得的資訊，「皆前世所不至，《山經》所未詳，莫不備其風土，傳其珍怪焉」。雖然遠在距離「玉門、陽關者四萬餘里，靡不周盡焉」。儘管沒有踏上羅馬帝國的本土，但是甘英仍然創下了歷史上出使最遠的紀錄，此前的漢使最遠不過到達安息，「莫有至條支者」。甘英了解的遠到羅馬帝國的新消息，「若其境俗性智之優薄，產載物類之區品，川河領障之基源，氣節涼暑之通隔，梯山棧谷繩行沙度之道，身熱首痛風災鬼難之域，莫不備寫情形，審求根實」。甘英的出使大大推進了漢人對遠西地區的知識。

甘英的往返大約經歷了兩年。他返程走的是「罽賓、烏弋山離道」。罽賓在今克什米爾一帶，漢武帝時就有使者到這裡，在《漢書》中也是戶多兵眾的「大國」。烏弋山離又在罽賓之東部，約今阿富汗西南部的赫拉特一帶。甘英從烏弋山離到罽賓，再翻過帕米爾高原，經西域南道回國。

二、來自西方的商隊

在甘英試圖聯絡大秦的同時，羅馬的歷史學家和地理學家也留下了一些關於遠東絲國和貿易的記載。

最早提到遠東絲綢的是田園詩人維吉爾（前 70－前 19 年）；其後有歷史學家老普林尼（23－79 年），他所生活的時代大約是東漢光武帝劉秀和明帝劉莊時代；還有來自亞歷山大里亞的天文學家和地理學家托勒密（90－168 年），他撰寫的《地理學指南》也記載了一些相關的信息。

普林尼說，遠東的絲國叫賽里斯，他抱怨東方（包括印度和賽里斯）包括絲綢在內的各種奢侈品掏空了羅馬的國庫。托勒密輾轉記載了一個馬其頓商人的商旅記錄。這個商人名叫馬埃斯‧蒂蒂亞諾斯，他的生意及於遠東地區，他的公司在敘利亞，遠東的生意交由代理商打理。至於這是出於生意上的方便，還是不得不為之，就看你從哪個角度去理解了。他對於遠東的陸路交通的描述來自其代理商的報告。這份報告出自泰爾商人馬里努斯之口，時間大約是 1 世紀末，中國東漢中葉。

根據羅馬商人馬埃斯‧蒂蒂亞諾斯傳達的信息，往遠東經商的重要商品集散地是石堡城。從敘利亞到絲國賽里斯都城賽拉的路線長 1.1 萬公里，石堡城大約在中間位置。

商人需要避開波斯（大約與安息人阻撓甘英西行的原因類似），繞道到大夏，再翻過帕米爾高原，就到達了石堡。這個石堡就是新疆喀什地區下面的塔什庫爾幹縣（塔吉克族自治縣，塔吉克族屬於印歐人種），塔什庫爾幹在維吾爾語中就是石頭城、石堡的意思。儘管石堡城有多處，但是，托勒密《地理學》中的石堡應該就是這個地區。

此後的路程是經過絲綢之路的南北兩道，繞過隔壁沙漠，即塔里木盆地，前往賽拉城，即絲國的首都。從石堡到賽拉城通常需要七個月的

路程。記載中提到的其他地方，當是位於塔里木之北的綠洲城市喀什、庫車、焉耆、羅布泊等地。整個公元 2 世紀到 3 世紀初，在這一條商道上沒有發現任何關於羅馬人跋涉至此經商的文書或者羅馬錢幣。[①] 因為羅馬商人的據點在敘利亞，比波斯更往西的地區，只能委託中亞原住民完成。[②]

是否可以這樣推測，如果甘英是一個商人，那麼他對於安息以西的貿易工作應該交給當地人完成。可惜，甘英不是一個純粹的商人，他有「王命」在身。絲綢貿易最多只是他完成政治與外交使命的籌碼。

三、海路的早期接觸

東西方交通路線的開拓從來離不開政治意志的推動。希臘與波斯的戰爭，羅馬與敘利亞的戰爭都曾經曠日持久。戰爭的一個影響就是地中海地區與紅海、波斯灣地區的人員和物品的交流。但是，要打通遠東的貿易，其關鍵節點則是地中海世界與印度洋的交通，因為只有跨過了印度洋，才能直接接觸到遠東的商品，否則都要依賴西亞波斯、阿拉伯的掮客。

羅馬共和國的執政官龐培（前 106－前 48 年）征服了敘利亞，使之成為東方的一個行省，於是，羅馬控制了帕爾米拉和皮特拉這兩座對於東方商品的流通具有重要意義的商城。它們是西亞地區遠東商品的集散中心。

---

① 迄今為止，中國境內發現的東羅馬時期的錢幣有二十多枚，這些錢幣的來源都不甚明確，沒有任何信息表明是東漢時期經絲綢之路傳入的。參見：夏鼐，《咸陽底張灣隋墓出土的東羅馬金幣》，《考古學報》1959 年第 3 期。
② 布爾努瓦，《絲綢之路》，第 54－55 頁，耿昇譯，濟南：山東畫報出版社，2001 年。

　　帕爾米拉是敘利亞的一座歷史古城，位於大馬士革的東北部。這裡有貝爾古城等遺跡，可惜在 2015 年被極端武裝組織佔領期間遭到炸毀。帕爾米拉的名字可能來自希臘語，它之所以能把羅馬文明和東方波斯文化熔於一爐，是因為中古時期這裡不僅是羅馬下面的一個自治城市的「王都」，而且是往西通向羅馬、埃及，往東通向波斯、印度乃至中國港口的重要貿易據點。

　　皮特拉位於約旦首都安曼以南兩百公里處。這裡曾經也是一個王國的都城。它的重要性在於一端連接着帕爾米拉，另外一端連接着一條重要的海路，是經營厄立特里亞海（即紅海）與印度洋之間貿易的陸上要衝。在紅海貿易發達之前，這裡是通向東方陸路貿易的樞紐。

　　羅馬商人要獲得遠東的絲綢和香料，第一個要突破的障礙是打通連接地中海和敘利亞之間的通道，第二個是打通西亞到印度洋的通道。後來克拉蘇在卡萊戰役中慘敗於安息，但羅馬對於敘利亞、約旦的控制依然強勁。這次戰爭表明，要進一步從陸上向東進發，會遭遇安息人的弓箭手和重甲騎兵的襲擊。[①] 於是，探索前往東方的海路就尤其必要。為此，必須跨過印度洋。

　　印度洋上的季風過去又叫「伊巴魯斯風」。季風是大範圍盛行的、風向隨季節變化顯著的風系，它的形成是冬夏季海洋和陸地溫度差異所致。季風在夏季由海洋吹向大陸，在冬季由大陸吹向海洋。利用季風的風向變化，夏季從紅海—波斯灣—斯里蘭卡—廣州方向航行；冬

---

① 有學者認為，這次戰爭失敗後有一部分羅馬軍人東行，成為匈奴人的雇傭軍，陳湯擊敗郅支單于，這些羅馬人被俘，大致在今甘肅永昌縣附近的驪靬縣。但是漢簡中最有力的反對史料莫過於，驪靬縣的設立遠在卡萊戰役之前，在陳湯擊敗匈奴郅支單于之前。今不取。參見：邢義田，《從金關、懸泉置漢簡和羅馬史料再探所謂羅馬人建驪靬城的問題》，收入《地不愛寶：漢代的簡牘》，第 285-316 頁，北京：中華書局，2011 年。

季則相反，從廣州往紅海方向航行。這樣的風向規律與其說是那位名為伊巴魯斯的水手首先發現的，不如說是無數商人和海盜共同探索的結果。甘英出使失敗也說明，漢代通過陸路與大秦交往困難重重，海上交通成為大秦商人的最佳選擇。這就是從紅海到印度洋的貿易路線。

有一部《厄立特里亞航海記》，大約是公元 2 世紀歐洲一位老船長的作品。所謂厄立特里亞海，就是紅海。《厄立特里亞航海記》提到出口絲綢的內陸城市叫秦尼，位於極北海水交匯處，「此地通過兩條不同的道路向印度出口絲綢、紗綿和布料。陸路經巴克特里亞到達婆盧羯車①，海路沿恆河到達南印度」。② 托勒密注意到這段記載，並作出解釋。他認為秦尼與賽里斯不同，秦尼可以從海路到達，賽里斯及其首都則可以從陸路到達。它們分別在遠東的北方和南方。

總之，無論是陸路，還是海路，羅馬與遠東漢朝都只是遙遠地眺望和互相猜想。法國學者戈岱司的《希臘拉丁作家遠東古文獻輯錄》顯示，從維吉爾開始，到普林尼，再到托勒密，地中海世界對於中國絲綢的了解依然停留在羊毛樹、絲蜘蛛上。歐洲人認為賽里斯人的絲線不是從樹皮中抽取，而是由一種小動物「製造」的，希臘人稱之為「賽爾」。它們酷似樹下結網的蜘蛛，有八條腿。賽里斯人在一個特製的地方飼養它們，通風防寒，它們生產出來的就是纖細的絲線。賽里斯人用小米飼養小蟲達四年，到第五年就換成綠色的蘆葦。小蟲貪婪地吃着這些美味的蘆葦，直至死去，絲線就是從死去的小蟲的肚子裡抽取出來的。

---

① 婆盧羯車屬於今印度古吉拉特邦，這裡曾是古代著名的對外貿易港口。
② 魏義天，《粟特商人史》，第 17 頁，王睿譯，桂林：廣西師範大學出版社，2012 年。

　　另外一些人則説，賽里斯人的故鄉生長着茂密的森林。他們反覆向這些樹噴水，採取一切措施，使樹皮變得柔軟，他們由此得到一些絨毛和混合液體，然後再從中梳理出纖細柔軟的絲線，織成絲綢。

　　這種似是而非的猜想能夠流傳下來，就是因為羅馬人根本就沒有直接到過真正的絲綢產地中國。中亞地區或者印度洋上的中間商也不願意講出實話，有的甚至也未必了解太多。

　　海路上的東西交往，中文方面也有記載。

　　張騫已經知道從中國的西南出發可以通向印度。《漢書·地理志》記載了漢武帝晚期曾經派人從廣州航海到達過南亞。至於從南亞進一步向西接觸，這樣的記載出自《後漢書·西域傳》。該書提到印度時，説印度「西與大秦通，有大秦珍物」；提到緬甸獻的魔術師（幻人）自稱是大秦人，推斷緬甸「西南通大秦」。《後漢書》中有名的一段記載是，公元 166 年，有人自稱是大秦王安敦（一般認為即羅馬皇帝馬可·奧勒留，161−180 年在位）派遣的使節，使團自日南（今越南中部）入境，所獻為象牙、犀牛、玳瑁。由於羅馬方面的文獻中並無關於出使漢朝的記錄，而所獻之物又是東南亞地區的物品，並非漢朝人所知的大秦珍異財產，當時漢朝人已經感到蹊蹺，現在一般學者也認為此使者很可能是羅馬商人假冒的。但是，如前所述，羅馬商人能夠到達東南亞地區嗎？説是羅馬商人的代理人假冒大秦國獻禮品，也許更靠譜呢。

　　20 世紀 40 年代，法國考古學家在越南南部一處考古遺址中發現，除來自中國和印度的物品外，還有帶有羅馬安敦時代風格的金銀首飾等物件，這些物件現藏於巴黎集美博物館。有學者推斷，如果不是羅馬人曾經到達東南亞，就是羅馬製造業曾經影響到東南亞的生產作坊。結合《後漢書》中記載大秦王安敦獻禮物一事，也可以看作羅馬在南亞的代理商所做的事情。漢朝人早就知道這種把戲：「無親屬貴人，奉獻

者皆行賈賤人，欲通貨市買，以獻為名。」①

四、大秦與大漢之間

大秦與大漢之間即西亞與中亞地區。要說起漢朝與羅馬之間的代理商或者中間人，只能在這裡找尋。兩漢之間，統治西亞的是安息，統治中亞的是大月氏人建立的貴霜帝國。敦煌懸泉漢簡中已經記錄了貴霜政權與西漢政府的密切關係。東漢朝廷穩定後，延續了這種關係。

《後漢書》卷四十七《班超傳》記載，班超曾得到貴霜派兵相助，攻擊車師。當時康居幫助車師，由於康居與月氏王室聯姻，關係密切，班超乃派人厚贈月氏王以絲綢，使康居王撤回援軍，班超由是成功。公元 87 年，貴霜國遣使來獻符拔、獅子。後來，班固曾寫信給在西域任職的弟弟班超，為自己的領導購買「外國貨」，說竇侍中（竇太后之兄竇憲）送去雜彩七百匹，白素三百匹，想購買月氏馬、蘇合香、氍毹（一種精紡的細毛毯）。又說月氏產的毛毯（氍毹）不同尺寸，大小不拘，各樣買一些，質量精細上好即可。② 班固的這封信反映了當時很典型的一種絲路貿易，達官貴人通過私人關係，用絲綢購買西域特產。

雖然文獻記載十分稀缺，但考古資料可以部分揭開絲路交流的奧秘。

漢代的代表性物品，除絲綢之外，就是銅鏡。絲綢容易破損，銅鏡則易於保存。迄今在中亞地區考古發現中，據研究者統計有數十枚漢鏡出土，包括漢鏡和仿漢式鏡。前者是漢朝實物的流入，後者是域外

---

① 《漢書·西域傳上》。
② 《與弟超書》，收入嚴可均《全後漢文》，北京：商務印書館，2006 年，第 247 頁。

模仿製造的漢式銅鏡。這些銅鏡都是絲綢之路上通過官方贈予（如張騫第二次出使帶了大批物品）、貢使回贈或者商業途徑流出的。總體來看有兩個特點：第一，從時間上看，銅鏡的紋飾年代學特徵表明，流出時代集中在西漢中後期、新莽時期至東漢早期。例如，漢武帝時期出現的星雲紋鏡、連弧紋銘帶銅鏡流入中亞，而中亞的工匠也模仿漢鏡，造了不少仿漢式鏡。主要紋飾有仿星雲紋鏡、仿博局紋鏡、仿連弧紋鏡以及重圈放射線紋鏡等。還有仿雲雷連弧紋鏡，而雲雷連弧紋鏡的定型和流行是在東漢時期，那麼，仿雲雷連弧紋鏡的年代大致是在 1 至 2 世紀。重圈放射線紋鏡在漢代銅鏡中不多見，但根據烏茲別克斯坦南部的考古發現，可知其年代上限大致為公元 1 世紀；這種銅鏡在 4 至 6 世紀北高加索地區的遺址中也出土過，説明其延續年代較長。[1] 第二，從地區分佈看，銅鏡出土地點主要是在張騫通使所到達的地區，包括：大宛，今烏茲別克斯坦東北部的費爾幹納盆地地區；康居，今巴爾喀什湖與鹹海之間；大月氏，控制着阿姆河兩岸原大夏國的部分領土；大夏，位於今阿姆河流域。張騫通西域之後，這些地區也是當時與中原關係最密切的地區。

　　在張騫出使大夏的故鄉，也有驚喜發現。1978 年，阿富汗北部一個叫黃金之丘的地方考古發掘了 6 座古墓，年代在公元前 1 世紀到公元 1 世紀，即西漢後期到東漢前期。儘管發掘的墓葬中也出土了數枚漢代銅鏡，但是，其中最亮麗的是具有希臘和印歐風格的 20 000 多件藝術品。我們在這裡不對這批藝術品的精美加以描述，要説的是西漢銅鏡、羅馬金幣、安息銀幣以及飾以雅典娜像並刻有希臘文銘記的金戒指、斯基泰式金劍鞘等，這些都是絲綢之路東西兩端的搶手貨，它們

---

[1] 白雲翔，《漢式銅鏡在中亞的發現及其認識》，《文物》2010 年第 1 期，第 78—86 頁。

和諧共存於中亞貴族的墓葬中。這些黃金、寶石等飾品的紋飾不僅有大月氏本族特徵，而且也有希臘羅馬的元素，還在一定程度上體現了漢朝和印度等文化元素。

阿富汗往東可達新疆地區。在新疆吐魯番交河故城溝西墓地曾出土一件金項飾，屬於漢代。出土地位於西域三十六國之一的車師前國境內。同墓出土的還有金戒指、金耳環等。這件金項飾只殘存一部分，裝飾主題很可能是兩隻動物搏擊，既像金冠又像金項圈，但殘存形狀與哈薩克斯坦東部七河地區發現的金項飾略微相似，無疑是絲綢之路上的舶來品。①

從新疆沿着河西走廊往東，在甘肅省靈台縣，1976 年出土了許多帶西文字母紋飾的鉛餅。鉛餅重 110~118 克，共出土 274 枚，總重量約 31.806 千克。其形制、圖案和西文紋飾大致相同，凸面是龍形浮雕，凹面是西文字母。同時出土的還有漢代的瓦片。類似的鉛餅在陝西西安、甘肅禮縣甚至安徽六安市都曾出土，時間在西漢到東漢年間。這些鉛餅究竟是帕提亞傳入的，還是中國境內鑄造的？對此，學者尚有分歧。就其上的希臘文字母而論，顯然是西風所致；就其龍形浮雕而言，肯定是中國元素。這其實代表了絲路開通前後，在西部地區這一文明的邊疆所發生的文化交流與互鑑的實態。大約先有帕提亞或巴克特里亞等中亞風格的鉛餅傳入，然後為西戎文化所吸收，進而加以模仿和改造。

總之，雖然漢代的中國與希臘羅馬之間並沒有直接實現通使與通商，甘英因為各種原因中途而返，但是東西方物質文化的交流與文明互鑑下的混合與創造，卻依然時時在古道西風中上演。

---

① 葛嶷、齊東方，《異寶西來：考古發現的絲綢之路舶來品研究》，上海：上海古籍出版社，2018 年。

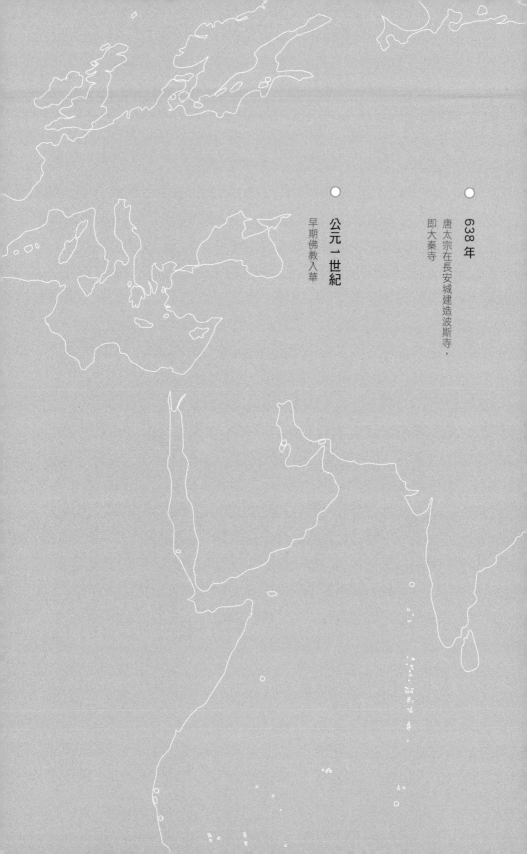

638 年
唐太宗在長安城建造波斯寺，
即大秦寺

公元一世紀
早期佛教入華

785 年
唐朝使節第一次
通過海上絲綢之路
到達阿拉伯世界

公元 6—9 世紀
活躍在絲綢之路上的
中轉貿易商——粟特人

第一章

從西域神僧到中土大唐：佛教入華

　　佛教誕生於公元前 6 至前 5 世紀的古印度，是在古代印度婆羅門教和耆那教的基礎上發展而來的，受到古代印度哲學的重大影響。在喬達摩・悉達多（約前 566－前 486 年）初創之後，經過很長時間的發展才逐漸成熟和完善，並開始向外傳播。

　　由於地域的關係，印度佛教是從今天的新疆傳入中原內地的。佛教傳入西域的時間雖不可確考，但一定遠遠早於傳入中原的時間。印度佛教向外傳播與孔雀王朝政治勢力的擴張有密切關係。阿育王時期，孔雀王朝的勢力已從恆河流域擴展到印度河流域，在喜馬拉雅山、邁索爾、阿姆河及興都庫什山之間的廣大區域內建起一個龐大的帝國，而阿育王皈依佛教之後曾多次派僧侶遊歷四方傳播佛教，因而佛教的影響極有可能在公元前 3 世紀後半葉就達至中亞及西域一帶。

　　大月氏人最晚在公元前 1 世紀已經信仰佛教。其後大月氏五部翕侯（即五大部落）之一的貴霜翕侯建立國家。公元 1 世紀末至 2 世紀，迦膩色迦治下的貴霜帝國之勢力範圍與影響達於喀什噶爾、葉爾羌和于闐一帶，促使佛教在這一帶傳播。當時有兩條傳播路線：一條從貴霜中心巴克特里亞到喀什噶爾以及更東面，另一條從西北印度和克什米爾到于闐以及塔里木盆地南部綠洲。傳入北部綠洲的時間沒有明確記載，但一般認為在公元初。史料表明，公元 300 年，龜茲有 1 000 座佛教寺院和神廟，至 4 世紀龜茲已成為重要的佛教教育中心，這些綠洲

城邦的佛教傳播取得如此成果，顯然需要經過長期發展。

　　佛教在中原地區的初傳時間有西漢説和東漢説兩種，目前學術界多認同東漢初年是佛教正式傳入中原之始。西漢説見《三國志·魏書·烏丸鮮卑東夷傳》裴松之註引《魏略·西戎傳》：「昔漢哀帝元壽元年，博士弟子景盧受大月氏王使伊存口授《浮屠經》。」現在一般認為，這一時期的大月氏並不信佛教，不可能派使者來漢朝傳授佛經，同時《魏略》已佚，裴松之註釋所引缺乏足夠證據。東漢説來自《後漢書·西域傳》，並被《高僧傳》和《佛祖統紀》等佛教典籍廣泛採用，稱東漢明帝永平七年（64 年），明帝夜夢金人，飛行殿中，次晨問於群臣，傅毅告訴明帝，西方有神，其名曰佛，恐怕夢中金人就是佛。於是明帝派遣中郎將蔡愔、羽林郎秦景、博士弟子王遵等 18 人去西域，訪求佛道。永平十年（67 年），蔡愔等人於大月氏遇迦葉摩騰和竺法蘭等人，又在西域抄回四十二章佛經以及摹寫的佛畫等，用白馬馱回洛陽，明帝特為他們在洛陽城西雍門首建寺院，這就是洛陽白馬寺。這一説法雖帶有一些神秘色彩，但根據與其他文獻材料的對比研究，基本可信，是目前關於佛教傳入中國的時間的公認説法。不過這個時間應當理解為佛教在官方許可下正式傳入中原的時間，實際上佛教或有關佛教的信息在民間的流傳應該比這早，傅毅知曉西方有佛，這就説明佛教當時已被人所知。

　　佛教入中土，最早是東來傳經，然後才有西行求法。下面我從《四十二章經》佛圖澄和鳩摩羅什的故事談談早期的佛教入華。

一、從《四十二章經》談起

　　唐人裴鉶《傳奇》中的名篇《聶隱娘》被搬上熒屏，頗受觀眾歡迎。

評論者就是否符合原著褒貶不一，其實這一點並不重要。文藝作品，編導們難免匠心獨運。更何況類似以聶隱娘為主人公的劍仙小說自唐代以來就屢見不鮮，比如《黑白衛》《女仙外史》《女崑崙》。但裴鉶畢竟是這類創意的開山之祖。那麼，為甚麼唐人裴鉶會創作出《聶隱娘》這樣離奇的人物和故事呢？

在大眾印象裡，佛教向來教導慈悲為懷，怎麼一位出家的「乞食尼」會成為刺客聶隱娘的師父呢？這位乞食尼傳授給聶隱娘的為何大多是道家所擅長的劍術呢？為甚麼聶隱娘的那些法術高度類似《西遊記》中孫悟空的法術呢？

所有這些疑問，都要到絲綢之路上的文化交流中去尋找答案。

中國歷史有悠久的俠客傳統，不過《史記》中的豫讓、聶政、荊軻等俠客，都是五尺男兒。女性俠客出現在文學作品中大約始於魏晉時代。干寶的《搜神記》中有一個叫李寄的女子，智殺大蛇，為民除害。《吳越春秋》中的越女熟悉劍術，敢與白猿公比劍，已然是聶隱娘之類唐代俠女形象的雛形了。可是，劍俠也罷，女仙也罷，其手段都還比較平常。即便在神話淵藪《山海經》中，神仙們也不過僅僅是有異人之相、升天之功、長生之術；九天玄女幫助黃帝大敗蚩尤，也只是使用戰法而已。至於後世那些神奇炫目的魔術，超自然力的劍術、道術、法術，則比較少見。俠客們之所以獲得令人眼花繚亂、不可思議的法術，是西天諸神入華的結果，是佛教和其他宗教文化沿着絲綢之路傳入中國後，文化交流融合的結果。

佛教在兩漢之際從中亞地區傳入中國。到了東漢末年，大批有着雅利安血統的大月氏人湧入京都洛陽，建立佛寺的同時帶來了印度的貴霜文化，影響了皇室和貴族們的世俗生活。史稱漢靈帝好胡服、胡帳、胡床、胡坐、胡飯、胡箜篌、胡笛、胡舞，京都之貴戚，皆競相為之。

　　佛教入華之初，所行的便是親近、模仿「道家路線」。翻譯佛典，用老莊經典「格義」；造佛像，老子與釋迦牟尼共處，即所謂「仙佛模式」。中土有人寫了一部《老子化胡經》，謂老子出關西行，至於天竺，收釋迦牟尼為徒，宣稱道與佛為師徒關係。佛教徒也刻意模糊自己與道教的界限，以此作為進入中土的方便法門。因此，漢末三國時期，普通大眾所理解的「佛」只是神仙的一種，《四十二章經》中說，「阿羅漢者，能飛行變化，曠劫壽命，住動天地」。（現在多數觀點認為，傳世的《四十二章經》為三國時期吳國所譯。）

　　為宣傳佛教威力，佛教徒翻譯了許多佛本生故事，也創作了大量的靈驗故事。比如「觀世音靈驗記」之類，在東晉南朝時期已大行其道，傳之於口，筆之於書。靈驗故事主要是為了證明佛教的法力，講述一些虔誠信徒逢凶化吉、被超自然力拯救的事件；同時，也大力渲染烘托了那些具有神奇法術力量的得道僧人。比如敦煌文書《佛圖澄所化經》[①]，特別記載了一位神奇大士的功力與法術。這份《佛圖澄所化經》名為佛經，內容上則帶有更多的道教色彩，使用「泰山遣鬼兵」「急急通讀，如律令令」等典型的道教用語，而傳教的主角，卻是大名鼎鼎的佛教高僧佛圖澄。

二、高僧佛圖澄

　　佛圖澄（232－348 年），西域龜茲國人，據說九歲在烏萇國（今巴基斯坦境內）出家，活了一百多歲。310 年，佛圖澄來到洛陽，恰逢西

---

① 錄文及校釋見：邰惠莉，《敦煌寫本〈佛圖澄所化經〉初探》，《敦煌研究》1998 年第 4 期，第 96 頁。

晉末年大亂之世，他先是隱居，後來為十六國後趙石勒、石虎政權效力。以往的帝王多從個人信仰出發而崇佛，佛圖澄在後趙被奉為「國師」，使得佛教信仰成為國家意志。在國家支持下，佛圖澄及其門徒建立了近九百座寺院，成為當時之最。佛圖澄的門徒數以千萬計，受業者數百人，著名的高僧道安、僧朗、竺法雅都是他的弟子。

佛圖澄的影響力首先得益於神通廣大，其咒術、預言、法物都具有靈異能力。他能役使鬼神，能呼風喚雨，大旱之年用法術令龍王顯靈，普降大雨，使方圓數千里獲得大豐收。《西遊記》中孫悟空請龍王降雨的本事，就源出於此。

佛圖澄能預知將要發生的事，提出警告，以作好防備。這與聶隱娘早就知道精精兒、空空兒會來報仇，提前讓劉昌裔作準備異曲同工。不過佛圖澄的特異之處是，他以麻油雜胭脂塗於手掌，千里外發生之事，皆能了如指掌。佛圖澄還可以口念咒語，起死回生。後趙石虎的兒子就是死後兩天被他念咒救活的。他的這種特異功能招致許多信徒的追隨，向他學道的門徒常有數百人。聶隱娘則是被乞食尼主動竊去傳藝的，同門受教的還有另外兩位少女，作者這樣的處理比主動追隨高僧學道更顯傳奇色彩。

在唐代，佛圖澄在民眾中仍有廣泛的影響力。敦煌初唐洞窟第323窟北壁，就是一組描述佛圖澄神奇法力的壁畫。其中一幅畫中，後趙國君石虎坐在胡床上，佛圖澄在施法術，手托一團烏雲，飄然向前。壁畫表現的故事是，有一天，佛圖澄陪石虎在襄城（今河北邢台）喝酒，突然說，「不好，幽州城起火了」。他索要了一杯酒，向幽州城方向灑去。稍後，他笑着說，「火已被撲滅了」。大家將信將疑。不久幽州果然派使者來報，某日某時，城內突然起火，恰好從西南方向飄來黑雲，降大雨滅火，雨中還能聞到酒味。這種法術從《西遊記》孫悟空的手段中也

能略見一二。

傳說佛圖澄身上有一個大孔，可看到內臟，平時用帛塞住，晚上讀經時，將帛取掉，光照一室。齋日，他來到河邊，將腸掏出，用水清洗後再放回腹中，是為「佛圖澄河邊洗腸」。聶隱娘的師父乞食尼在放她回家前，對她說：「我為你打開後腦勺，把匕首藏進去，要用就抽出來。」你看，是不是類似佛圖澄的手段！

可以說，聶隱娘及其師父的道術多多少少受到了佛圖澄故事的影響，而佛圖澄的形象也確實與乞食尼有很多相似之處。他們都是佛門中人，卻都跡近道家；道術詭譎，彷彿是孫悟空的雛形。聶隱娘的身份經歷與佛圖澄類似，都是在與官府打交道，為官家服務。佛圖澄聞鈴解義，預言事變，能算出石勒某年某月當死。因為他長期同皇室成員來往，對宮廷爭鬥有所預測，被附會成先知先覺。聶隱娘與節度使關係密切。為了保護劉昌裔，聶隱娘大戰精精兒和空空兒。

聶隱娘戰精精兒，是一紅一白二幡在打鬥。精精兒戰敗，被藥水化為烏有。聶隱娘戰空空兒就不一樣了。空空兒本事高強，聶隱娘沒有必勝之把握。她讓劉昌裔擁衾在床，用「于闐玉」（這也是絲綢之路上傳來的）護持着，而聶隱娘本人怎麼辦？她說：「我會變成一隻小蚊蟲，潛入你腹中等待時機。」劉昌裔按她所說的辦法做了。到了三更，劉昌裔閉着眼睛，卻沒睡着，聽到脖子上「砰」的一聲，聲音很大。聶隱娘從劉昌裔口中跳出。你看這些情節，多麼像齊天大聖的作為啊！

先秦以降，劍俠的形象一般注重忠誠、俠義的精神，以男性為主。但從晉唐以來，就逐漸以神妙的法術、奇譎的修為示人，由於故事的重心從復仇的力量與道義，逐漸轉化為神妙的道術和機變，女性俠客的形象逐漸在這一時期的文學作品中盛行起來。到了宋代以後，劍俠已經被定格為「非常人」，具有「騰空頃刻已千里，手決風雲驚鬼神」的神秘

能量。後世的《西遊記》《封神演義》等作品，把這類法術的故事渲染得神乎其神、引人入勝。但從根源上說，這些神佛故事的淵源都與西天諸神佛入華以及本土遊俠文化交光互影、融合發展密切相關。

中國人的宗教信仰的特點是多元、寬容。不同的宗教文化共同生存，兼容並蓄。佛教的中國化是在與儒家文化和道教的融合中完成的。吸收佛教的營養，儒學得到更化，才有了宋代理學。佛道交融促進了中國女仙、劍俠文化的發展，為作家塑造《聶隱娘》高超法術的藝術形象提供了文化元素。

三、「花和尚」鳩摩羅什

與佛圖澄通過神奇的法術贏得掌權者支持，又利用政治力量發展佛教信眾不同，鳩摩羅什是因為高深的佛學造詣、巨大的佛典翻譯成就而成為一代宗師的。

印度佛教在兩漢之際沿着絲綢之路傳入中國內地，佛典翻譯是中印文化交流中最重要的一環。佛典翻譯大體分為三個歷史階段。以支婁迦讖（又稱支讖，東漢桓、靈二帝時期）為代表的第一個時期，稱為古典翻譯時期；以鳩摩羅什（344－413 年）為代表的第二個時期，稱為舊譯時期；以玄奘（602－664 年）為代表的第三個時期，稱為新譯時期。無論是舊譯還是新譯，都超越了古典翻譯時期的「硬譯」「格義」的風格。

鳩摩羅什出身於印度的名門望族。他的父親鳩摩炎放棄族邦相位來到新疆地區，娶了龜茲國王的妹妹耆婆為妻子。耆婆面上有一顆紅痣，據說這是可以生育出智慧之子的吉祥象徵。兒時的鳩摩羅什確實聰穎異常，半歲能說話，5 歲認字，博聞強記。7 歲隨母親出家，每日可以背誦三萬二千言的佛典。9 歲的羅什被母親帶往罽賓求學，那裡是

佛學聖地。羅什跟隨名師學習，學業日益精進，可以背誦四百萬言的佛典。他曾奉旨與外道辯論，贏得讚賞。13 歲時，羅什又回到了龜茲。其間在疏勒停留一年，並由研習小乘佛教轉變為研習大乘佛教經典。他的佛學造詣已經名震整個西域。曾有高人預言，如果鳩摩羅什 36 歲前依然能保持童男之身，那麼他將成為第二個佛陀。

回到龜茲之後，鳩摩羅什在 20 歲時接受具足戒。母親叮囑他，大乘佛教一定要在中國弘揚，這將有利於東土眾生，卻未必對自己有益處。鳩摩羅什毅然以佛法流行東土為己任，說只求普度眾生，即使自己遭受地獄煎熬，也義無反顧。研究者認為，母親與兒子這段信誓旦旦的對話背後頗有玄機。那就是羅什實際上已經破戒，對象就是龜茲國的公主。破戒之身不能成佛，鳩摩羅什的回答正是行菩薩道的誓言。

鳩摩羅什在龜茲生活了 20 年，其盛名也傳到了漢地。382 年，淝水之戰前一年，前秦天王苻堅派大將氐族人呂光遠征西域，次年攻滅龜茲，虜得鳩摩羅什。淝水之戰苻堅失敗，前秦崩潰，呂光遂割據涼州（今甘肅武威市），建立後涼政權，尊鳩摩羅什為國師，鳩摩羅什在此滯留十六七年。呂光出兵打仗，經常諮詢鳩摩羅什，猶如佛圖澄在後趙一般。當然，這段經歷對於鳩摩羅什修習漢語無疑有極大的幫助。401年，後秦姚興滅後涼呂氏政權，又將鳩摩羅什劫持到長安，從此開始了他在長安的譯經事業。

關於鳩摩羅什是花和尚的事，有如下記載。一說是，呂光滅龜茲國，逼迫鳩摩羅什與龜茲國公主成其好事，以便留下聰明的子嗣，鳩摩羅什被迫破戒。二說是，鳩摩羅什在長安說法，忽然說自己肩上有二小兒在攀爬，思有婦人，於是姚興送去宮人，鳩摩羅什由此生得二子。也有文獻說是鳩摩羅什自己思有婦人生子。或為尊者諱，或謂呂光愚。但是，我倒是覺得，十六國時期的西域或內地，佛教戒律未必就十分完

備。這也正是此後法顯矢志要西巡求取戒律的原因；與法顯一起西行，最後留在印度的道整，就是因為痛恨中土佛門渾濁，而留在了印度不歸。因此，「花和尚」的事件所在多有。鳩摩羅什講經，觀聽者眾，他自己說，「比如蓮花出於污泥，你們就欣賞蓮花好了，不要在意污泥」。自比污濁的爛泥，但是說出來的佛法則是清淨的。據說他圓寂火化，舌頭不爛，印證了他為此發的誓言。

四、佛典漢譯

入華僧人多有譯經活動，而中原求法僧人回國後也以譯經為首善之業。佛教作為一種域外文化，當然要將其經典漢譯之後才能廣泛傳播，漢唐之間的確有一場佛典漢譯的熱潮，而東來傳法的外國僧人在開始階段率先成為佛典漢譯的主要承擔者，唐代始以華人為譯經主力。鳩摩羅什之前和鳩摩羅什之後，在中國佛典翻譯史具有界標性。

現在學術界一般認為，原本出自小乘經典《阿含經》的《四十二章經》是中國最早的漢譯佛典。《四十二章經》至遲在東漢末年已經出現，三國時期屢被引述。由於文獻中對《四十二章經》的傳譯、名稱及性質等記載多不相同，學界對它的譯者、年代和版本曾有長期討論。現在比較可取的說法是，《四十二章經》大體可判定有兩個譯本：一個是東漢譯本，譯者為中天竺僧人迦葉摩騰和竺法蘭，此本文極樸質，劉宋以後亡佚；另一個是三國時期支謙譯本，行文優美，流傳於世，但唐以後屢經修改，今天所傳已遠非當時原貌。今天所見《四十二章經》約兩千多字，仿《論語》體裁（各章大多以「佛言」開頭，猶《論語》之「子曰」），用典雅的文辭統攝佛學要旨，實際上是《阿含經》的一種摘譯彙編，且其譯文夾雜了大量漢代流行的黃老道術詞彙，體現了佛教初傳中原時

的「格義」特點。①

　　以《四十二章經》的傳譯為開端，譯經事業在東漢末年有顯著發展，當時主持譯經的多為從中亞入華的佛教高僧，著名者除迦葉摩騰和竺法蘭，還有天竺僧人竺佛朔與竺大力，大月氏僧人支婁迦讖、支曜和支亮，安息僧人安世高與安玄，康居僧人康巨與康孟祥等，其中安世高和支婁迦讖尤為突出。這一時期所譯佛經中多以中亞流行的胡本為主要底本，直接從梵本譯為漢文的並不多。這也可見中國早期佛教並非直接傳自印度，而多是通過中亞間接傳播。有關學者的研究表明，漢語中「浮屠」（佛陀）這個詞是古梵文 Buddha 的音譯，而漢語中更常用的「佛」的譯法實則來源於吐火羅語。當時佛典漢譯的方法往往是域外僧人口授，再由中原人筆錄成文，所謂「一人口說，一人筆錄」。至東漢末年，累計譯經 292 部，計 395 卷。但漢代所譯佛經多比附黃老之學，常以黃老之詞進行譯述，而且「譯所不解，則闕不傳」（《法句經序》），故多有脫失。《四十二章經》的翻譯就明顯反映了這一點。

　　魏晉時期諸多來華僧人之中，對佛典漢譯貢獻最大者當推竺法護。竺法護原名曇摩羅剎，其先大月氏人，後流寓敦煌。他八歲出家，有感於漢魏以來世人只重寺廟圖像而忽視佛典翻譯，於是隨師西遊搜求佛典。因其通曉西域三十六國文字，又博聞強記，所以數年後滿載而歸，並到長安潛心翻譯。《高僧傳》說他「終身寫譯，勞不告倦」。關於其譯經數目，《出三藏記集》卷十三稱有 149 部，《出三藏記集》卷二則稱有 154 部，計 309 卷，唐代釋智昇《開元釋教錄》卷二則載為 175 部，

---

① 關於《四十二章經》的學術爭論參見：葛兆光，《「聊為友誼的比賽」——從陳垣與胡適的爭論說到早期中國佛教史研究的現代典範》，載《歷史研究》2013 年第 1 期，第 132–146 頁。

計 354 卷。其中有《般若經》類、《華嚴經》類、《法華經》類、《涅槃經》類等，大致包括了當時在西域流行的佛典要籍，為大乘佛教在中國的流傳奠定了廣泛基礎。對於其譯文的質量，《出三藏記集》卷七評竺法護所譯《光讚般若經》「言准天竺，事不加飾；悉則悉矣，而辭質勝文也」。可見竺法護的譯文雖有「辭質勝文」的閱讀遺憾，但卻事事周密，忠實可信，在很大程度上傳達了佛典的原本真意。

南北朝時期，參與佛典漢譯的僧人更多，前後有道安、帛遠、帛尸梨蜜多羅、僧伽跋澄、僧伽羅剎、曇摩難提、僧伽提婆、竺法念、竺法度、鳩摩羅什、曇無讖、佛陀跋陀羅、拘那羅陀和法顯等。其中已經出現個別中國僧人，而異域僧人中又以來自印度的為多，改變了此前幾乎完全依賴中亞僧人的現象，其中最著名者當屬鳩摩羅什。

羅什的佛典翻譯成就巨大。印度大乘佛教有兩大派別：一為中觀學派，又稱「大乘空宗」；另一為瑜伽行派，又稱「唯識學派」或「大乘有宗」。鳩摩羅什是在中土弘揚中觀學派的第一人，根據《般若經》類而設立的大乘「緣起性空」之學經過他的翻譯被系統地介紹過來。他的工作也對隋唐以後中國佛教各宗派的形成有極大促進作用，如他所譯《中論》《百論》《十二門論》，是三論宗依據的主要經典；所譯《阿彌陀經》是淨土宗的主要經典；《法華經》是天台宗的主要經典；《成實論》是成實學派的主要經典。印度大乘學派的另一支唯識學派，則在唐代由玄奘介紹入華。

鳩摩羅什在長安十年，所譯佛典的數目，《出三藏記集》卷二記載為 35 部，計 294 卷；《開元釋教錄》記載為 74 部，計 384 卷，僅次於唐代玄奘。鳩摩羅什的譯著不但數量龐大，翻譯質量也達到一個新高度。他在譯文處理上採取了直譯與意譯相結合的方法，不但要傳達出原文的意蘊，還力求表達出原本的語趣，所以後人認為他的譯文在語言優美

和內容準確方面同時達到前人未有的高度，梁啟超讚曰：「譯界有名之元勳，後有玄奘，前則鳩摩羅什。」①

五、唐代的高僧：玄奘與義淨

在唐代，佛經漢譯的人員構成發生一個重大變化，漢地僧人不再像以往那樣只擔任輔助性工作，而成為譯經的主要承擔者，不過異域僧人也在繼續譯經。唐代入華異域僧人中從事佛典漢譯的中心人物是善無畏、金剛智與不空，他們都在玄宗時代來華，號稱「開元三大士」，將印度純粹的瑜伽密教傳入中國。善無畏（673—735 年）是北印度摩揭陀國人，八十餘歲攜梵本到達長安，被玄宗禮為國師，譯出《大日經》等三種密宗要籍。金剛智（669—741 年）是南印度摩賴耶國人，也譯出四部密教經典，死後諡國師之號。不空（705—774 年）是師子國（今斯里蘭卡）人，拜金剛智為師並隨其來中國，肅宗和代宗時備受禮遇，曾為肅宗灌頂，代宗時授試鴻臚卿（掌管蕃國接待等事務），封肅國公，可謂中國佛教史上最有權勢的僧侶，共譯出佛經 77 部，計 120 餘卷。此外，于闐人實叉難陀和南印度人菩提流志也是唐代著名的譯經僧侶。

唐代譯經的中國僧人則以玄奘和義淨二人最為著名，他們不但具有高深的佛學素養，而且都有遊歷印度的經歷，精通梵漢文字。玄奘西行取經，歷時 17 年，從印度帶回佛教經律論 520 篋，計 657 部，自貞觀十九年（645 年）到高宗麟德元年（664 年）他去世前一個月，玄奘共譯出經、論 75 部，計 1 335 卷，譯作數量之多，古今罕有其匹。據統計，從隋開皇元年（581 年）到唐貞元五年（789 年）的 208 年間，譯經

① 梁啟超，《飲冰室佛學論集》，揚州：廣陵古籍刻印社，1990 年，第 194 頁。

者 54 人，譯經總數為 2 713 卷，而玄奘一人幾佔一半。從譯經質量看，他一人精通梵文、漢文與佛學，改變了過去以外國僧人為譯主的情況，能夠「唐梵二方，言詞明達，傳譯便巧」①。他的譯風既非直譯，又非意譯，而是融會直、意，形成「精嚴凝重」的翻譯文體。

　　無論是西行求法還是佛典漢譯，能與玄奘相媲美的唐代僧人只有義淨。義淨（635－713 年）本姓張，14 歲出家，立志西行求法，北宋贊寧《宋高僧傳·義淨傳》載其「仰法顯之雅操，慕玄奘之高風」。671年，義淨自廣州出發，沿海路前往印度，到印度後，在各地遊學，歷時二十五年，遍訪三十餘國，直到 695 年才攜帶梵書佛典約四百部自海路歸國。義淨回國後，初與于闐僧人實叉難陀合譯《華嚴經》，後獨自翻譯，並組織宏大的譯場，中外許多高僧都參與其事。《宋高僧傳·義淨傳》載其在武后久視元年（700 年）至睿宗景雲二年（711 年）的 12 年間，共譯出佛經 56 部，計 230 卷。義淨譯經專攻律部，聲名盛極一時。此外，他還譯出瑜伽系及密宗方面的佛典，這些佛典都是玄奘未能譯出而有待補缺的。義淨對於譯經極為認真，常於譯文下加註以分辨梵語音義，從這些註文中可看出義淨譯經確有獨到之處，正如《大唐三藏聖教序》所説：「古來翻譯之著，莫不先出梵文，後資漢譯，摭詞文憑於學者，銓義別秉於僧徒。今茲法師，不如是矣。既閑五天竺語，又詳二諦幽宗，譯義綴文，咸由於己出；措詞定理，匪假於旁求。」在《宋高僧傳·義淨傳》中，贊寧對義淨之譯經的評價是：「傳度經律，與奘師（玄奘）抗衡；比其著述，淨（義淨）多文。」

　　贊寧在《宋高僧傳·義淨傳》中對東漢迄於隋唐之佛典漢譯的成就，以及玄奘、義淨的譯經貢獻，有一段生動精闢的概括：「係曰：譯

──────────

① 《大唐故三藏玄奘法師行狀》，收《大正新修大藏經》第五十冊。

之言易也，謂以所有易所無也。譬諸枳橘焉，由易土而殖，橘化為枳。枳橘之呼雖殊，而辛芳幹葉無異。又如西域尼拘律陀樹，即東夏之楊柳，名雖不同，樹體是一。自漢至今皇宋，翻譯之人多矣。晉魏之際，唯西竺人來，止稱尼拘耳。此方參譯之士，因西僧指楊柳，始體言意。其後東僧往彼，識尼拘是東夏之柳。西土方言，一時洞了焉。唯西唯東，二類之人未為盡善。東僧往西，學盡梵書，解盡佛意，始可稱善傳譯者。宋齊以還，不無去彼回者，若入境觀風必聞其政者，奘師、淨師為得其實。此二師者兩全通達，其猶見璽文知是天子之書，可信也。《周禮》象胥氏通夷狄之言，淨之才智，可謂釋門之象胥也歟！」唐代譯經主力轉為中國人，這也是當時佛教加速中國化的一個表現，而佛教中國化亦在唐代最終完成，持續了幾百年的譯經熱潮也因此逐漸退去。印度佛典對佛教在中國發展所起的直接促進作用，到此遂告一段落。

第二章

從敦煌飛天到楊貴妃的胡旋舞

中西文明交往的歷史像一條流動的長河，文化藝術是河水激盪中跳躍的浪花。敦煌壁畫中美麗靈動的飛天形象，就是絲綢之路上印度佛教文明與中國道教文化乃至希臘文化元素交互碰撞所激起的一朵絢麗的浪花。

一、何為飛天？

金庸有一部著名的小說《天龍八部》，這是一個佛教化的書名。八部「天龍」之中就有「飛天」，只是它原本的名字叫作「天人」。佛陀誕生時，前來祝賀的「來賓」中就有「天人」。其真名叫作「乾闥婆」和「緊那羅」，是音樂之神，在空中歌讚、燒香、散花、散水。傣族的潑水節也稱佛誕節。「天人」在空中飛行，被國人稱為「飛天」。

「飛天」原本指神在空中散花、奏樂、歌舞時的一種狀態。後來動詞變成了名詞，乾闥婆和緊那羅合為一體，男女不分，職能不分，變為飛天。

敦煌飛天的形象從印度傳入，與中國本土的道教羽化升天等意象相結合，慢慢通過提煉、融合，最終發展為中國式飛天。像所有的文化交流一樣，它經歷了引入、吸收、創新的階段。

西域風格的引入。北魏以前，莫高窟早期西域風格的飛天都是上

身半裸，雙手合十或散花。下身着長裙，露出赤腳，飄帶寬短，缺少飄逸感。在印度、伊朗早期佛教藝術中，作為天人的乾闥婆體肥身短，造型是典型的印度舞者「三道彎」式，衣服也很樸素，幾乎沒有飛動的體態。印度馬圖拉早期佛教雕刻中，佛光兩側各有一位表現出飛行狀的天人，身體直立，一手托花，一手散花。

中原風格的吸收。北魏晚期，飛天身體和飄帶都加長，身體比例誇張，飄帶迎風飛揚，已經顯露出中原風格的明顯影響。有的洞窟的飛天，臉形已非豐圓而是修長清秀，鼻挺嘴小，面容標緻。在佛教傳入中國之前，講究羽化升天的道教有「飛仙」的形象，如王子晉乘着仙鶴，羽化升天。受到道教「飛仙」文化的影響，促進了佛教「飛天」向體態輕盈的方向轉化。敦煌石窟中還繪製了飛天與道教飛仙共存的現象。在中原「秀骨清像」的畫風影響下，創造出了千姿百態的飛天新形象：有的悠閒遨遊，有的躍起向上，有的雙手合十，有的俯衝下方。飛天造型也是身材漸漸變長，動態飄逸輕盈。飛天飛過的地方，香花散落，大有仙境之意。北魏後期的飛天受到漢晉畫風影響，開始向女性化發展，五官勻稱，眼睛秀麗，鼻唇嬌小，眉毛平直，腿型修長，腿部長度甚或兩倍於上身。飛天身上的飄帶數量多達四五條，有的飄帶末端形成一個尖角，向下自然飄動，營造出飛動升空的視覺效果。

西域風格與中原風格的融合創新。隋文帝崇佛，佛教大發展，飛天也大為流行。隋代飛天身體彎曲幅度較大，臉型各異，身材比例適中，靈活多姿，融合了「西域式」和「中原式」的藝術特徵，形成了比較成熟的藝術風格。唐代飛天藝術發展到了頂峰，外形塑造和內在精神表達都本土化了。飛天的動作輕盈舒展，神情悠閒自得。盛唐飛天進入淨土變，出現了雙飛天，環繞寶蓋，追逐嬉戲，飄帶彩雲形成了旋繞的圓圈，呈現出「極樂世界」的美妙氣象。飛天造型趨於寫實，身材婀娜，

髮髻高聳，面容姣好，姿態妙曼。從藝術風格上說，唐代飛天應當受到了吳道子「吳帶當風」畫風的影響，也顯示出顧愷之鐵線描畫的餘韻。敦煌飛天展現出秀麗飄逸與雄渾豪放的和諧統一，將中國優秀傳統畫法與印度題材高度融合。

這裡還要提到中原地區流傳的「嫦娥奔月」的故事。嫦娥不靠雙翼，單憑動勢飛翔的衣襟裙裾飛向浩渺的月空。這位美麗的仙人與佛教中會飛的天人，在「飛」的造型上產生了交融。這種交互感應而形成的文化創造是最美麗的。總之，敦煌飛天的發展變化體現了古代藝術家的博大胸懷，以中國儒道思想為主導，呈兼容的姿態，吸收異域的藝術精華，融合本民族傳統藝術風格，經過不斷提煉、加工，創造了充滿生命力、內涵豐富的飛天形象。

類似的例子在絲綢之路的中外文化交流史上可以說不勝枚舉。比如，中古時期西域傳入中原的動物型裝飾圖案，以對鳥圖案、對獸圖案和有翼獸圖案最為典型，這類圖案一般與菱形紋或聯珠紋結合而對稱出現，在聯珠紋中最常見。馬王堆漢墓出土的對鳥文綺，就是一件中原風格與西域風格完美融合的藝術品。它以形式極為自由的寬邊菱形圖樣作四方連續的構架，菱形邊線內織有中國傳統的回紋圖案，整個圖案以對舞的雙鳥和兩兩相對的卷草圖案呈條形間隔展開，雙鳥對舞，舞姿十分優美，採用了西域藝術中常見的繞首回望式樣，卷草組成的飄綬在鳥身兩側並行環繞。樓蘭出土的漢代菱格忍冬紋文綺中也有對鳥圖案，樓蘭鄯善還出土過對羊紋錦和對鳥、對獸紋錦，吐魯番發現的織錦中出現了聯珠對雁紋、聯珠對孔雀紋等。對獸圖案常見的則有對羊、對馬、對獅等，吐魯番、樓蘭出土的絲織物和敦煌壁畫中多有反映。唐代的內地絲織物也常採用這類圖案，稱為「陵陽公樣」，據說是由唐初四川地方長官竇師綸（封陵陽公）所創。但從吐魯番出土的絲織物來

看，這種紋樣早在 6 世紀就已流行西域，竇師綸最可能的角色職責是將其收集、整理、定為程式，而這也說明中國工匠在接受異域圖案藝術的基礎上表現出一定的創造性。

又如，首見於亞述帝國的有翼獸圖案，也曾見於漢代中原絲織物、壁畫，最常出現在石雕藝術中。四川雅安東漢末年益州太守高頤墓前的石獅，是中原地區最早的此類造型。石獅四足奔騰，尾部高聳，胸側刻有肥短的飛翼。南北朝時期，有翼獸動物造型已成為流行的鎮墓獸像，充分體現出本土化程度。現存六朝陵墓石刻中，南京宋武帝劉裕陵前的石麒麟，陳文帝陳蒨陵前的石麒麟、石天祿，丹陽梁武帝蕭衍陵前的石天祿，南京南梁蕭秀 (蕭衍之弟) 墓前的石獅子等，肋下均有飛翼。這些飛翼形態不一，或呈波形，或呈浮雲狀，或呈魚鱗狀鈎形，都與純粹西亞式的飛翼不同，顯然已經融入中國手法。唐代帝王陵墓中，這種有翼神獸的石刻也多有表現。

更有意思的是，福建泉州的海外交通史博物館也有一些很有趣的石刻雕像。阿拉伯商人的墓地雕刻着佛陀面容的神祇，佛陀身上掛着天主教的十字架，佛陀腰身兩側長着希臘神話中天神的翅膀。這是 12 世紀的作品。在那個時代，歐洲正在對西亞發動血腥的東征。為了討伐異質宗教，基督教文明與伊斯蘭文明在歷史上產生過許多次激烈衝突。可是在中國，這些宗教文化卻彼此相容無礙，共同繁榮，互相影響，相得益彰。來華的猶太人、阿拉伯人和基督徒，都能夠在中國和睦相處。我們不能不禮讚中國文化的博大襟懷和寬厚的包容精神。也許，這正是中華文明即使經歷腥風血雨的磨難，也依然生生不息的原因吧！

二、飛天與琵琶

敦煌飛天中，給人印象最為深刻的是敦煌莫高窟第 112 窟《伎樂圖》中反彈琵琶的飛天。這幅《伎樂圖》是《無量壽經變》的一部分。飛天本來就是音樂女神，《伎樂圖》中自然少不了她。琵琶這一樂器在敦煌壁畫中各種舞蹈和奏樂場合出現多達 600 餘次，有手持琵琶的，有邊彈邊舞的，舞姿方面有懷抱豎彈的，有揮臂橫彈的，還有昂首斜彈的，或者傾身倒彈的，最絕妙的則是背後反彈的，反彈琵琶有很高的技巧難度。敦煌莫高窟第 112 窟是中唐時期的作品，其中反彈琵琶的飛天是來自天國的舞伎。

然而，天國歌舞卻是人間歌舞的寫照。琵琶這種樂器在漢代就從西方傳入，最早起源於美索不達米亞地區，而「琵琶」一詞大概來自波斯語中的 Barbāt，漢代一度譯稱「批把」或「枇杷」，晉以後改稱「琵琶」。

傳入中國的四弦琵琶直接來自龜茲，所以又稱龜茲琵琶。龜茲改進西亞兩弦琵琶，成五弦曲頸，不過傳入中原後又被改為四弦，據宋代《樂書》稱，是以法四時天地。四弦曲頸琵琶在漢代已流行於北方黃河流域，東漢靈帝時進入宮廷樂隊。秦漢時期陝西地區還有一種稱為「秦琵琶」或「秦漢子」的三弦琵琶，也是原產西亞、後經漢人改造的樂器。公元前 2 世紀末，漢公主嫁於烏孫昆彌時，所帶嫁妝即有此種琵琶，儼然已作為中國特產。唐代的宮廷和社會上的音樂演奏中，琵琶已經十分流行，白居易的《琵琶行》描寫來自長安樂手嫻熟高超的琵琶琴藝，給人深刻的印象：

> 轉軸撥弦三兩聲，未成曲調先有情。
> 弦弦掩抑聲聲思，似訴平生不得志。

低眉信手續續彈，說盡心中無限事。

輕攏慢捻抹復挑，初為《霓裳》後《六么》。

大弦嘈嘈如急雨，小弦切切如私語。

嘈嘈切切錯雜彈，大珠小珠落玉盤。

間關鶯語花底滑，幽咽泉流冰下難。

冰泉冷澀弦凝絕，凝絕不通聲暫歇。

別有幽愁暗恨生，此時無聲勝有聲。

銀瓶乍破水漿迸，鐵騎突出刀槍鳴。

曲終收撥當心畫，四弦一聲如裂帛。

　　漢唐時代傳入中原內地的胡人樂器，除了琵琶之外，還有箜篌、篳篥、胡角、胡笳、胡笛等。

　　箜篌原為兩河流域的蘇美爾人在公元前 3000 年創製，之後傳入中亞和印度，並從三弦豎箜篌逐漸發展為 11~15 根弦的弓形臥箜篌。漢武帝征服南越後，箜篌自南亞傳入中國。東漢《釋名》解釋「箜篌」之名時，稱這種樂器是印度西南部的一個小國空國的貴族常用，所以又叫「空侯」，這正說明了此樂器來到中國的直接途徑。中國樂師將箜篌稍加改進，成為一種類似瑟的小型弦樂器，風行一時。它在西漢時已經和鐘、磬等中國傳統樂器並列，東漢的樂師還專門創作《箜篌引》樂曲。箜篌至隋唐已成為傳統燕樂調中常用的弦樂器。

　　傳入中原的簧管樂器有多種。篳篥，又有「必栗」、「篳篥」等別稱，唐中期以後固定為「篳篥」。這是一種簧管樂器，也稱豎笛。由西亞或印度傳入中亞，漢代傳入中國，東漢已在民間普遍使用，隋唐時期更頻繁用於隋《九部樂》、唐《十部樂》。

　　胡笳，似篳篥而無孔，有大小之分，傳說是張騫自西域帶回。東漢

時還有《胡笳調》《胡笳錄》各一卷，專門編集胡笳曲。最著名的據傳是由蔡文姬創作的《胡笳十八拍》，流傳至今。

蔡文姬是東漢末年著名學者蔡邕的女兒，是個飽讀詩書的才女。因戰爭不幸流落，嫁給了匈奴左賢王，生下兩個兒子。《胡笳十八拍》（郭沫若說「十八拍」即胡語十八首之意）描寫了蔡文姬在胡地的生活，以及曹操派人把蔡文姬贖回漢地時，她與兒子生離死別的場景。唐代著名詩人李頎有詩云：「蔡女昔造胡笳聲，一彈一十有八拍，胡人落淚沾邊草，漢使斷腸對歸客。」

又有吹鞭，也屬於笳之類，狀如鞭。原是匈奴、樓煩牧馬之號，長期作為軍樂的主要樂器。另說吹鞭即胡笳，胡角又名「橫吹」，亦是來自西域的樂器，與鼓一起組成另一類軍樂，是橫吹樂的主樂器，其強大的聲響被認為有驚退敵軍的作用。西漢音樂家李延年等人曾根據胡角原曲改編出配樂《鼓角橫吹》。隋唐時期的高昌樂中，胡角成了牛角形的銅角，宋代改用皮革、竹木製成，在民間則逐漸演變成鼓吹樂中的大喇叭，又稱號筒。有種說法稱「橫吹」即為橫笛。

三、飛天與胡姬

飛天本是音樂女神，而漢唐時期生活中的音樂女神，就是當壚賣酒的胡姬。這個時期西域音樂能夠大規模傳入中原，與包括胡姬在內的西方樂人大批入華密不可分。

北魏以後的文獻中，就有關於西域樂人來到中原的大量記載，並以「好歌舞於道」的粟特人最多。唐代粟特樂人僅見於段安節（著名詩人溫庭筠之女婿）《樂府雜錄》者就有十幾人，其中許多人都得到唐代詩人的讚詠。粟特樂人大多技藝精湛，並好在市中較量技藝；胡姬當

壚賣酒，伴隨適當的歌舞表演，也是長安等大都市的一道風景。盛唐大詩人李白《少年行二首》有句云：「落花踏盡遊何處，笑入胡姬酒肆中。」不獨唐代，漢代就有這樣的胡姬，漢代詩人辛延年《羽林郎》詩：「依倚將軍勢，調笑酒家胡。胡姬年十五，春日獨當壚。長裾連理帶，廣袖合歡襦。頭上藍田玉，耳後大秦珠。兩鬟何窈窕，一世良所無。一鬟五百萬，兩鬟千萬餘。不意金吾子，娉婷過我廬。銀鞍何煜耀，翠蓋空踟躕。就我求清酒，絲繩提玉壺。」這位胡姬滿身的穿戴都是西域來的珍寶。此後，胡姬成為一種文化意象，比如宋代周邦彥《迎春樂》詞云：「解春衣，貰酒城南陌。頻醉臥，胡姬側。」明代李攀龍《送盧生還吳》詩云：「輾然一笑別我去，春花落盡胡姬樓。」漢唐以後的這些詩詞多是文化意象的傳承，未必是事實的記錄。

　　胡人樂器的傳入，自然導致「胡樂」的流行。從東漢覆滅到隋朝建立之前，北方政權更替頻仍，少數民族內遷，漢族流徙南方，宮廷雅樂也隨着樂工散亡、器法湮滅、典章失落而亡失垂盡。雅樂散失，加上北方統治者多具少數民族血統，遂使胡樂的影響日趨普遍，並逐漸滲入宮廷音樂。唐初《十部樂》統稱為燕（宴）樂或俗樂，包括了相對雅樂而言的全部樂舞百戲，是兼具禮儀性、藝術性與娛樂性的音樂，而歌舞音樂在其中最為重要。諸如龜茲樂、疏勒樂、安國樂等都是胡樂。此後，胡樂已同中原固有音樂相互融合，彼此的區別逐漸消泯，玄宗時期便取消了《十部樂》的名稱，代之以「坐部伎」與「立部伎」兩類，這標誌着胡族音樂已經融入華樂。唐玄宗時期設立的梨園和教坊，所教俗樂歌舞大都有西域的背景。即使是作為政治象徵的雅樂，在唐代也滲入了胡樂成分。所謂「陳、梁舊樂雜用吳、楚之音，周、齊舊樂多涉胡戎之伎」，朝廷的音樂官員只好「斟酌南北，考以古音，作大唐雅樂」。《舊唐書·輿服志》則載，開元以來，甚至「太常樂尚胡曲」。可見在唐

代，無論雅樂還是俗樂，都受到了胡樂的普遍影響。

四、楊貴妃與胡旋舞

古代宮廷美女都能歌善舞，漢代趙飛燕如此，唐代的楊貴妃更是舞神級別。稗官野史多喜報道名人緋聞逸事。在大唐天寶盛世，最有名的女人非楊貴妃莫屬；最有名的男人當屬節制三鎮、擁兵 15 萬的安祿山了。於是，關於楊貴妃與安祿山的緋聞也就不脛而走。連《資治通鑑》這樣嚴肅的著作也說，安祿山經常往楊貴妃宮中跑，外面的人都議論紛紛。

安祿山與楊貴妃能有甚麼關係？我的猜測是，安祿山與楊玉環最有可能因胡旋舞結緣！

楊玉環得玄宗眷顧的重要因素之一，是雙方有着共同的音樂歌舞方面的愛好。他們合作的一部歌舞劇叫作《霓裳羽衣舞》。該曲是河西節度使楊敬述所獻《婆羅門曲》，然唐代著名詩人劉禹錫有詩云：「開元天子萬事足，唯惜當時光景促。三鄉陌上望仙山，歸作霓裳羽衣曲。」可見，該曲原本是唐玄宗依據自己觀察仙山（道家「羽衣」大約與此有關）的靈感創作出來的。大約起初只有一個樂曲的大概，後來吸收絲綢之路東傳的《婆羅門曲》改編而成。所謂《婆羅門曲》，可能是中亞地區的舞曲，也就是說，霓裳羽衣曲是絲綢之路上中西文化交流的產物。

楊貴妃是《霓裳羽衣舞》的主演。在舞蹈的最後，楊貴妃出場，以快速旋轉的優美舞姿，把劇情推向高潮。

唐代盛行的中亞舞曲是甚麼呢？最有名的是胡旋舞！有白居易《胡旋女》詩為證：「胡旋女，胡旋女。心應弦，手應鼓。弦鼓一聲雙袖舉，回雪飄搖轉蓬舞。左旋右旋不知疲，千匝萬周無已時。人間物類無可

比，奔車輪緩旋風遲。曲終再拜謝天子，天子為之微啟齒。」白居易説，胡旋舞來自西域，可是中原也有人早就會啦。

「胡旋女，出康居，徒勞東來萬里餘。中原自有胡旋者，鬥妙爭能爾不如。天寶季年時欲變，臣妾人人學圓轉。中有太真外祿山，二人最道能胡旋。梨花園中冊作妃，金雞障下養為兒。祿山胡旋迷君眼，兵過黃河疑未反。貴妃胡旋惑君心，死棄馬嵬念更深。從茲地軸天維轉，五十年來制不禁。胡旋女，莫空舞，數唱此歌悟明主。」白居易詩中的政治諷喻先不談，且看其中的「中有太真外祿山，二人最道能胡旋」一句，明確指出貴妃與祿山都是胡旋舞高手。

安祿山本出自西域，史書上説他是突厥人，後來其母嫁給了粟特胡人安延偃，因而姓安。最初他在幽州邊境任「互市牙郎」，就是邊境絲路貿易的掮客。《舊唐書》卷二百《安祿山傳》記載，安祿山晚年身體肥壯，腹垂過膝，重三百三十斤，行步不太方便，但是卻善於跳胡旋舞，他曾經在玄宗面前作胡旋舞，「疾如風焉」。為甚麼安祿山會胡旋舞呢？因為胡旋舞本來就出自他的故鄉西域。粟特人的城邦國家如康國（今烏茲別克斯坦撒馬爾罕）、安國、柘支（又稱石國，今烏茲別克斯坦塔什幹）的商人們，沿着絲綢之路東行，甚至大量遷居中國內地。安祿山家族就是其中一員。盛唐邊塞詩人岑參有詩詠歎道：「美人舞如蓮花旋，世人有眼應未見……此曲胡人傳入漢，諸客見之驚且歎……忽作出塞入塞聲，白草胡沙寒颯颯。翻身入破如有神，前見後見回回新。始知諸曲不可比，採蓮落梅徒聒耳。世人學舞只是舞，恣態豈能得如此。」中原地區的歌舞似乎不能與胡旋舞姿比美啊（「始知諸曲不可比」），如果楊貴妃要學，肯定是要學這種高級的歌舞了。

史籍中並沒有楊貴妃善胡旋舞的記載，陳寅恪《元白詩箋證稿》認為，「此舞為唐代宮中及貴戚所愛好」，因而推斷「太真既善歌舞，而胡

旋舞復為當時所尚，則太真長於此舞，自亦可能。樂天之言，或不盡出於詩才之想像也」。陳寅恪也認為楊貴妃是擅長胡旋舞的。我覺得陳寅恪先生的這個推斷很有道理。白居易是唐朝人，他的記載比《舊唐書》的成書時間還要早百年。他說貴妃擅長胡旋舞，其可信度絲毫不比《舊唐書》說安祿山擅長跳此舞為低。

我要進一步推測的是，楊貴妃未必會對大腹便便的安祿山有興趣，但可以肯定的是，對於胡旋舞高手安祿山的舞技，楊貴妃一定是感興趣的。美女對於善於歌舞的男子感興趣，有一個旁證。《舊唐書‧外戚傳》記載，中宗安樂公主的駙馬武崇訓，有一個堂弟叫武延秀，「久在番中，解突厥語，常於主第，延秀唱突厥歌，作胡旋舞，有姿媚，主甚喜之」。後來武崇訓被殺，安樂公主就主動要求嫁給武延秀。

安祿山是親自在唐玄宗面前表演胡旋舞，並且得到了玄宗高度讚賞的。因此，與唐玄宗一起編排《霓裳羽衣舞》的楊貴妃，向安祿山學胡旋舞是很自然的事。唐代絲綢之路上傳來的西域舞蹈有胡旋舞、胡騰舞、柘支舞，其中胡旋舞的表演者多是女演員。與之不同的是，胡騰舞則多是男演員。至於柘支舞，原是女子獨舞，後來變成是女性雙人舞。正如前引文所述，美男武延秀在突厥生活很久，也善於表演胡旋舞，引起安樂公主愛慕。這樣看來，安祿山生父突厥人、養父粟特人，他善於以女性表演為主的胡旋舞是不奇怪的。男子指導女子舞蹈，特別是做快速旋轉的動作時，難免有肢體接觸。大約因為這個緣故，就有了「或與貴妃對食，或通宵不出，頗有醜聲聞於外」，這許多真真假假的流言蜚語。

「漁陽鼙鼓動地來，驚破霓裳羽衣曲。」楊、安因為絲綢之路上的「胡旋舞」而結緣，但不能像白詩那樣把亂離的責任推給「胡旋舞」。關鍵是唐玄宗沉湎於歌舞升平，荒廢朝政，而胡旋舞高手安祿山卻從未停

止攫取權力的腳步。猝不及防的「安史之亂」令陶醉於歌舞享樂的唐王朝元氣大傷。玄宗倉皇逃蜀，貴妃喪命馬嵬坡。這個愛情故事終以悲劇結束，《霓裳羽衣曲》跳珠撼玉的輝煌、胡旋舞翩若游龍的舞姿也隨之失傳。今天，我們只能從文人墨客的吟哦中去追想盛唐氣象的恢宏，發掘宮廷逸事的隱微。

五、佛曲與俗講

西域宗教文化對於中土的影響是多方面的，下面，我們繼續就佛教與音樂藝術的影響略舉數端。

印度佛經宣講，有梵唄念誦佛典，猶如吟唱，頗為吸引聽眾。佛典翻譯成漢語，宣講佛法，口誦漢語，如何達到「梵唄」念誦之效，是佛家必須面對的問題。為此，在對漢語的音聲進行深入探究之後，學者們發現了漢語四聲的規律，推動了漢語四聲理論的創造。

《高僧傳》卷十三載：「天竺方俗，凡是歌詠法言，皆稱為唄。至於此土，詠經則稱為轉讀，歌讚則號為梵唄。昔諸天讚唄，皆以韻入管弦。五眾既與俗違，故宜以聲曲為妙。」可見「梵唄」是指佛教徒以短偈形式讚唱佛、菩薩之頌歌，常常有樂器伴奏。這本是在印度宣講佛經時的常用方法，所以也隨着佛教傳入中國而立即傳入，初期來華僧人一般都善於梵唄以便傳經，如東漢末年的安世高和三國時的康僧會。三國時期，梵唄在中國不僅已經流傳，而且至少有「魚山梵唄」「泥洹梵唄」「連句梵唄」等數種。據說曹植就擅長以梵唄製聲為文，南梁僧佑《出三藏記集》卷十二和《高僧傳》卷十五都記此事。

梵唄的樂律到底如何，今天已經不得而知。但是日本流傳一種「聲明」之學，講聲明之書被稱為《魚山集》，內容屬偈讚類，各隸於一定宮

調，一字之中又有高下抑揚，自具宮商，並用樂器，有橫笛、笙、篳篥、琴、琵琶。所以向達推測，在日本仍有規律可尋的聲明學可能就是梵唄之學的演化。而對日本聲明學的上述描述，聽起來又有似保持唐音餘韻的泉州南管。梵唄的傳入對人們認識漢語之四聲所起的作用世所共知。漢語的平、上、去、入四聲固然就有，但意識到它們的存在且明確把它們定為四聲，則是受到梵唄這種抑揚頓挫的讀經方法的影響。南朝時，在印度僧人的影響下，許多中國僧人掌握了梵唄這種讀經方法而成為「善聲沙門」。南齊武帝永明七年（489 年），竟陵王蕭子良召集善聲沙門於建康（今南京），創制「經唄新聲」，對漢語的四聲進行了一次總結。此後沈約撰《四聲譜》，周顒撰《四聲切韻》，從而基本確立了中國的四聲系統，四聲系統的確立也為唐代格律詩平仄規律的摸索奠定了基礎。

此外，唐代曾流行一種佛教音樂，稱為「佛曲」。現在已經無從得知這種佛教音樂的具體形式，但可以通過文獻中所存這種音樂的曲名，以及敦煌文獻中發現的為這種音樂所配之歌辭，而對其有一大概了解。「佛曲」傳自西方，有宮調可以入樂，內容大多都是對諸佛、菩薩的讚頌，與漢魏時期的梵唄有些相似。《隋書·音樂志》記西涼樂中有歌曲《于闐佛曲》，可見佛曲在隋代已經隨着西涼樂進入宮廷樂部。唐代的佛曲更多見，北宋陳暘《樂書》卷一五七記載收於唐樂府曲調中的佛曲就有《普光佛曲》《彌勒佛曲》《日光明佛曲》《大威德佛曲》等幾十種。唐代南卓《羯鼓錄》也著錄了《盧舍那仙曲》《四天王》等十餘種佛曲。但這些唐代佛曲現在只存有曲目而無內容。佛曲應是屬於燕樂系統的一種樂曲。

敦煌藏經洞出土的唐代文書中，發現了一種名為「佛曲」的文學作品，事實上就是與佛曲相配合的歌辭，也是一種佛曲體的類似於詞的文學。敦煌所發現的這類佛曲文學作品，從名稱上看比《樂書》《羯鼓錄》

所著錄的要複雜，有三種情況：第一種是純粹的佛曲，只用於唱經勸世，與燕樂無關，如《悉曇頌》；第二種是佛曲被借用於燕樂，也就是只借用了佛曲曲調作為燕樂歌曲，而所唱曲詞內容與佛教不一定有關，如《婆羅門曲》本為佛曲，但已進入唐代教坊而稱燕樂曲調，則其歌詞內容就不一定全與佛教有關；第三種是借用燕樂曲調甚至民歌曲調來表現佛教內容，如《五更轉》《百歲篇》。敦煌佛曲的上述現象當然不是敦煌一地所出之特殊現象，而反映了作為一種藝術形式的佛曲在唐代民間流行過程中所發生的複雜變化。此外，《冊府元龜》卷五百六十九記，天寶十三年（754 年），曾將《龜茲佛曲》改為《金華洞真》，將《急龜茲佛曲》改為《急金華洞真》，從名稱上看，佛曲形式可能已被道教吸收利用。從某種角度來說，這些變化也是文化發展過程中所發生的必然現象。

　　由佛曲可見，唐代僧人除轉經唱導之外還能度曲，但這不是傳經的唯一通俗方式。當時寺院中還流行「俗講」，社會上喜聞樂見，於是成為風尚。段成式《酉陽雜俎‧續集》卷五《寺塔記》提到一位俗講僧，這似是唐代作品最早出現「俗講」二字。唐宋以來寺院講經皆有定式，而「俗講」一名就見其非正式講經，旨在以淺顯辭意教化一群不登大雅之堂之人。不過，唐武宗會昌時寺院也曾奉敕開講，寶曆時唐敬宗親臨禮聽，一方面可知「俗講」的吸引力無遠弗屆，另一方面可以推想其開講時也應有莊嚴儀式。法國國家圖書館館藏伯希和敦煌遺書編號 P.3849，正面為京兆杜友晉撰《新定書儀鏡》及黃門侍郎盧藏用《儀例》一卷敘，紙背文字一為《佛說諸經雜緣喻因由記》，一為俗講儀式並附虔誠齋法及講《維摩經》儀式，正是俗講具備程式的明證。

　　僧人唱導時需有話本，俗講中也需有話本。敦煌所出俗講話本大體可分為三類：一類是標題為「押座文」者，一類是標題為「變文」者，

一類是鋪陳《維摩經》故事諸篇者，而這一類就是講經文，大約為唐代俗講話本之正宗，變文和押座文為其支裔。講經文大都引據經文，偈語末總收以「××××唱將來」之格式，通常講述《維摩經》全經，只摘述一段故事的較少。此類俗講話本後來發展為一類通俗文學作品，其體裁為韻散間用，內容則從敷衍佛經擴展至搬演史傳。

講經文的「講」實際上是轉讀唱導，即梵唄。今日傳世之俗講話本如《敦煌零拾》和《維摩經押座文》，或在某處註「觀世音菩薩」、「佛子」，或寫「念菩薩佛子」、「佛子」，指唱至此處應由會眾同聲唱偈。這證明俗講話本雜有轉讀成分。但俗講是對唱導的通俗化運用，唱導的內容是以譬喻說理為主，俗講則根據經文講故事，針對不同層次的聽眾，目標同在化俗。

從講經文到變文，則是佛經宣講進一步通俗化的標誌。為增強化俗作用，講經文時逐漸採取民間流行之說唱體，變文正是此類。說唱體的變文之淵源當於南朝清商舊樂中尋求，因為自漢至南朝，舊樂自有「變歌」，屬於清樂。唐代變文可以用管弦演奏，唐末吉師老《看蜀女轉昭君變》一詩即體現出變文的音樂成分，可能正是出自清商舊樂中的變歌一類。

佛教俗講對於宋代開始興起的各類「說話人」有直接影響，敦煌所出多寫於五代的俗講文學作品表明這種聯繫。唐代講經文流變為宋代說經，歷史題材的變文成為說話人講史書一科之先聲，俗講文學的直系子孫則是彈詞寶卷。大約由於俗講的宣傳效力出眾，南宋將其與吃菜事魔者講經與俗講一併視為左道論處，此見於《佛祖統紀》卷三十九引良渚《釋門正統》述南宋理宗時期（1205－1264年）的一段話。宋以後俗講不見於史冊，恐怕與它不再是受官方認可的宣教形式有關。

第三章

景教入華：
唐代的基督教與《大秦景教流行中國碑》

　　基督教的源頭是猶太教，猶太教及其經典的創作離不開以色列亡國之後的那段「巴比倫之囚」的苦難歲月。亞述帝國（前 935－前 612 年）滅亡後，新崛起的巴比倫王國的國王尼布甲尼撒二世（約前 635－前 562 年）是一位軍事天才，他不僅為所娶的米底公主建造了「空中花園」這一世界奇跡，而且還幹了一件驚天動地的事——率軍攻陷耶路撒冷，滅亡了猶太王國，把數以萬計的猶太精英押解回巴比倫，圈禁在一起，史稱「巴比倫之囚」。此前，尼布甲尼撒二世還幾次俘虜猶太人到巴比倫。公元前 538 年，波斯帝國消滅新巴比倫王國後，波斯國王居魯士允許四萬多猶太人重返耶路撒冷，建立自治性的神廟城邦國家。「巴比倫之囚」對於猶太教的宗教改革影響甚大，主要體現在吸收了猶太人在古巴比倫的聚居生活體驗以及當地流傳的波斯古代宗教的影響，完成了《摩西五經》的編纂。

　　至於「巴比倫之囚」事件千年之後的「景教入華」，則是絲綢之路上中西交流的一件大事。這中間經歷了太多的政治和宗教變遷。猶太教在羅馬帝國演變為日後的基督教，而且流傳到中東，而伊斯蘭教的創立也擠壓着中東地區原有的宗教。景教徒就是入華古波斯教會的基督徒的自稱。為甚麼叫作「景教」呢？有學者認為「景」字有光明、偉大之意，表達了基督教的理想，如晚明李之藻訓釋，「景者，大也，炤

也，光明也」①。但更有可能的恐怕是「景」字與 Christian 一詞的敘利亞文 klystyd'n（或 krestyane）有關，因為景教入華之時，波斯教會仍以使用敘利亞文為主。②

一、《大秦景教流行中國碑》與景教入華

　　關於景教傳入中國的最重要材料，就是明天啟五年（1625 年）在陝西西安西郊無意中發掘出的《大秦景教流行中國碑》（現藏於西安碑林博物館）。此碑高約 2.79 米，寬 0.99 米，厚 0.25 米，重約 2 噸。碑的上端刻有十字架，兩旁有蓮花雲霓，碑銘正文共 1 780 個漢字，計 32 行，每行 62 字，碑陰無字。碑底與左右兩側有以敘利亞文鐫刻的 70 多位景教僧侶的名字，其中 62 位僧侶還鐫刻有漢文譯名，並有敘利亞文的職務名稱，人名之前都冠以僧字。據碑文內容，此碑撰寫者為「大秦寺僧景淨」，書刻者為「朝議郎前行台州司參軍呂秀巖」（有人說此呂秀巖即大名鼎鼎的呂洞賓），碑立於唐建中二年（781 年）。碑文的內容可分為兩部分，第一部分是序文，首先簡要介紹景教的基本信仰，然後詳述自景教僧阿羅本於貞觀九年（635 年）到長安立足直至此年將近 150 年間，景教在中國的發展情況。第二部分是頌詞，以韻文寫成。景教碑被發現後很快受到中外人士的重視，明末來華的耶穌會士將《大秦景教流行中國碑》譯為西文傳到歐洲，在基督教世界激起巨大反響。

---

① 李之藻，《讀景教碑書後》，收李之藻輯刻《天學初函》，台北：台灣學生書局，1986 年，第 82 頁。

② 關於唐代景教之「景」的解釋，以及景教會是古波斯教會，而不應該稱為聶斯脫利派的相關辨析，參見：吳莉葦，《關於景教研究的問題意識與反思》，刊《復旦學報》，2011 年第 5 期，第 95−105 頁。

　　據碑文所載，可以略知景教的流傳情況。貞觀九年（635年），大秦國上德阿羅本攜帶經籍至長安，受太宗禮遇，宰相房玄齡將其迎入宮內，譯經傳道，稱波斯經教。三年後，即638年，太宗下詔准其傳授，並由政府資助在長安義寧坊造景教寺一所，度僧二十一人。高宗時景教發展到高潮，「法流十道」，「寺滿百城」，在諸州各置景教寺，並以阿羅本為鎮國大法主。武則天時期，景教發展受挫，此時佛教處於獨尊地位，並且與其他宗教發生衝突，即碑文所言「聖曆年，釋子用壯，騰口於東周」之事。但幸有羅含、及烈等竭力維持。睿宗時期，長安一些儒生也毀謗和恥笑景教，玄宗登基後，恢復寬容宗教政策，令寧國等五王親臨景教寺院，建立壇場，修繕寺院，並讓高力士給景教寺院送去五位先皇的畫像，安置在寺內，又賜絹百匹，景教由是復興。

　　天寶三年（744年），景教僧佶和自大秦新來長安，玄宗命其與寺主羅含及普論等其他17位景教僧一起到興慶宮修功德。次年又下令：波斯經教出自大秦，兩京及天下諸府郡波斯寺改稱大秦寺。玄宗並親題寺院匾額。景教碑文對此高度讚揚。安史之亂爆發後，肅宗於靈武等五郡重立景寺，此後的代宗、德宗也都很支持景教。代宗每逢自己的降誕日，還常賜膳饌與景教僧。

　　阿羅本來華路線有陸路和海路兩說。陳垣為代表的一派持海路說，以景教碑文中「望風律以持艱險」一句為憑；馮承鈞為代表的一派持陸路說，以碑文中「帝使宰臣房玄齡總仗西郊，賓迎入內」一句為憑。從德宗時楊良瑤從長安到廣州走海上絲綢之路前往西亞來看，這兩條路線並不矛盾。

　　《唐會要》和宋敏求所著《長安志》中對唐代景教的流行情況也都有記載，所述內容基本與景教碑上的記載一致。關內道、隴右道、劍南道、河南道、嶺南道都有景寺或景教徒活動。

　　長安地區的景寺有景教碑可證，而陝西周至大秦寺的遺存到宋代仍然可見，蘇軾曾於仁宗嘉祐七年（1062 年）到陝西鳳翔任職，當時出遊大秦寺並賦詩留念（《蘇東坡詩集注》卷二）。周至大秦寺到金章宗時仍有遺跡可尋，承安四年（1199 年），楊雲翼出任陝西東路兵馬都總管判官時曾訪大秦寺遺跡，並題詩一首，即《大秦寺》（元好問《中州集》卷四）。周至大秦寺建於永徽元年（650 年），位於周至縣城東南三十里的塔峪口。原址現存一塔，建於 781 年，周長 44 米，高 35 米，位於半山坡上，有人認為這是景教依託或仿效佛塔的一個證據，另有人認為這本來就是佛塔，無關景教。20 世紀初，西安城郊金勝寺（又稱崇仁寺）仿製了《大秦景教流行中國碑》，有人以為此寺就是當年的大秦寺，明朝景教碑正是出土於此。另有人以為景教碑出土於周至大秦寺，後被移於金勝寺。因景教碑出土實況的記錄含糊不清，此問題現仍未決。

　　唐代四川也有大秦寺，有記載云：「石筍，在衙西門外，二株雙蹲，云真珠樓基也。昔有胡人於此立寺，為大秦寺。其門樓十間，皆以真珠翠碧，貫之為簾。後摧毀墜地，至今基腳在。每有大雨，其前後人多拾得真珠瑟瑟金翠異物。今謂石筍，非為樓設，而樓之建，適當石筍附近耳。蓋大秦國多璆琳、琅玕、明珠、夜光璧。水道通益州永昌郡，多出異物，則此寺大秦國人所建也。」[1] 此外，唐文宗太和三年（829 年），南詔權臣王嵯顛率兵破蜀，大掠成都而還，次年李德裕為西川節度使，一一勘查被南詔劫掠之人的姓名，訪查結果包括「成都郭下成都、華陽兩縣有八十一人。其中……醫眼大秦僧一人」[2]，這也證明成都一帶有景

① 吳曾，《能改齋漫錄》卷七《事實·杜石筍行》，上海：上海古籍出版社，點校本 1984 年版，第 190 頁。

②《李德裕文集校箋》卷十二《第二狀奉宣令更商量奏來者》，北京：中華書局，點校本 2018 年版，第 249 頁。

教僧人活動。有學者推測，販賣珠寶可能是景教僧人的兼業，所以成都大秦寺僧應該常往來於四川、雲南乃至緬甸之間，並可能以貿易為契機把景教傳入雲南。

《資治通鑑》記載，唐僖宗乾符三年（876 年），景仙為西川節度使高駢主持築城事務，既不妨礙百姓耕種，還能又快又好地完成工程，有讓景仙假託「遊行」（傳教）而代唐出使南詔，論及以唐公主和親之事。①景仙很可能正是景教僧，而南詔王不拜唐使拜景仙，可能旁證了南詔有景教流傳，且景教僧地位頗高。而且，明人楊升庵的《南詔野史》於此之外還記載說，景仙出使次年，南詔王世隆便死於越巂（今四川西昌）景淨寺。

2006 年洛陽出土的唐代景教石刻殘幢證實了唐代洛陽有景教寺院大秦寺，建幢題記提到「大秦寺寺主法和玄應，俗姓米；威儀大德玄慶，俗姓米；九階大德志通，俗姓康……」。題記所披露的景教信眾群體則是東來的粟特聚落，又提到是景教僧清素兄弟等以「經幢」方式為所親追薦於墓所，此舉明顯有效仿當地佛教風俗的成分。近年洛陽出土的景教徒花獻及其妻安氏墓誌，揭示了洛陽景教徒的粟特背景以及他們與佛教徒之間的互動關係。②

二、景教在唐朝的組織體系

唐代景教碑上的古敘利亞文銘刻表現出唐代中國景教會的組織與

---

① 《資治通鑑》卷二百五十二。
② 毛陽光，《洛陽新出土唐代景教徒花獻及其妻安氏墓誌初探》，《西域研究》2014 年第 2 期，第 85−91 頁。

制度。波斯教會與西方教會都實行監督制 (亦譯「主教制」)，分三級八品。第一級為監督，分三品：教務大總管或總主教；大主教；主教。第二級為司祭，分兩品：司祭或司鐸；副司祭。第三級為執事，分三品：助祭；佐祭員；讀經師。唐代景教會的體制與此不完全相同。景教碑敘利亞文部分對於宗教職稱所記甚詳。碑底即中文碑文下方以敘利亞文記主建碑者 (伊斯) 的籍貫其人、其父及其子的教職，建碑原因，還提到行通的教職。左右兩側敘利亞文題名的景教士共 70 人，左側 41人，其中有 5 人無漢名，右側 29 人，其中 3 人無漢名。

中國被認為是波斯教會的海外大主教區之一，因此當有「大主教」之職，但景教碑所記載的諸僧職務並無此職。大體已被認可為當時中國景教會最高領導人的景淨，其頭銜為「教父」(或「長老」)。早期基督教史上，此詞通常指在神學上具有權威的古代基督宗教著述家。這大約說明當時中國的教務情況暨教眾規模還不足以構成一個真正的大教區，所以並未正式設立大教區，性質可能類似後來天主教各修會的傳教區。朱謙之吸收方豪意見，把唐代中國景教會組織分為十級：第一級，教務大總管，碑上題「寧恕」，波斯教會第二十四任總主教 (774－780年在任)，建碑時實已去世。第二級，教父，景淨一人。第三級，主教，曜輪一人。第四級，鄉主教 ①，景淨 (兼)、伊斯、景通等四人。第五級，教正，玄覽等兩人。第六級，牧師，靈寶和惠通兩人。第七級，司鐸 / 長老，究竟有多少人，各家學者意見不一，有謂三人，有謂十八人，有謂三十一人。第八級，修士並兼司鐸，四名，其中有漢名者兩人，為

---

① 鄉主教是 3 世紀末以前於敘利亞和小亞細亞興起的鄉村教會的領導人，理論上與城市主教平等。西部沒有單獨的鄉村教會，因鄉村教務自始至終受城市主教監管。東方教會則沿襲鄉村主教的傳統稱謂。

崇敬與延和。第九級，博士，一人，即玄覽，此職亦可譯為編史員或教師，景教似設有學校。第十級，守墓，一人，無漢名。但碑上還有四十人有名而未署職務，由於對古敘利亞文釋讀的歧義，這四十人中有三人，其名字的一部分被一些學者認為也可譯為宗教職務，若如此，則又增三級職務：執事、寺守和讀經師。

景教碑亦反映出在華景教神職人員分修院修士和在俗神職人員兩類，前者在碑文中稱「清節達娑」，後者稱「白衣景士」。白衣景士至少從鄉主教這一級以下就可以娶妻，長安京都鄉主教伊斯便有子，即靈寶。景教碑著錄的清節達娑人數極少，僅四人，並且兼任司鐸，這一點與中世紀的西方教會的修士不同。

唐代文獻中還出現了拂菻「大德僧」，「開元七年正月，（拂菻）其主遣吐火羅大首領獻獅子、羚羊各二，不數月又遣大德僧來朝貢」（《舊唐書》卷一百九十八），天寶元年（742 年）「五月，拂菻國王遣大德僧、新羅王並遣使來朝」（《冊府元龜》卷九百七十一《外臣部‧朝貢四》）。這些僧人是因為阿拉伯人入侵而被拜占庭帝國作為使節派來唐朝求援的。以往人們多直接將拂菻大德僧與景教僧等同，其實，他們未必是同一群基督徒。

三、景教文獻及其傳播特點

景教在唐代的成功傳播，得益於唐代社會開放、經濟繁榮的大背景。中唐以後，隨着唐王朝日趨衰落，盛唐氣象日落西山，始終具有外來宗教形態的景教也難免生存環境惡化。唐武宗滅佛兼明令禁止在社會上頗有影響的其他幾種外來宗教，景教自不能倖免。不過，景教在唐朝的成功與失敗也不能完全從社會背景找原因，其自身的發展策略和

發展方向亦有重要干係。

　　首先，景教入唐後積極謀求官方認可，這是它一度成功發展的重要條件。其東來之初就借用道教概念向太宗闡明教義，以迎合太宗崇道之好，太宗肯定其教玄妙無為之後，便同意其在義寧坊設寺傳教。如《唐會要》卷四十九《大秦寺》所錄貞觀十二年（638 年）造寺詔文所言：「道無常名，聖無常體，隨方設教，密濟群生。波斯僧阿羅本，遠將經教，來獻上京，詳其教旨，玄妙無為，生成立要，濟物利人，宜行天下。所司即於義寧坊建寺一所，度僧廿一人。」《大秦景教流行中國碑》的記述則表明從唐太宗到立碑時的唐德宗，歷代最高統治者除武則天外，幾乎都對景教表示好感。而自小王舍城（巴爾赫，位於吐火羅，非北印度王舍城）來到中國並出資鐫刻景教碑的景教徒伊斯，在安史之亂時期還曾在郭子儀的朔方軍效力，為平亂作出貢獻，因此也得到肅宗「於靈武等五郡，重立景寺」的回報，伊斯本人官至金紫光祿大夫、同朔方節度副使、試殿中監等。不過，景教徒在與朝廷打交道方面似乎不夠成熟，這制約了他們在華進一步發展。伊斯等景教徒活躍在助唐平叛的前線，然而在斂錢供軍需這個關鍵問題上，以神會為首的佛教徒比以伊斯為首的景士作出了更大貢獻。《宋高僧傳》卷八《神會傳》稱神會大力度僧，將所得僧稅緡供應軍需，對代宗、郭子儀收復兩京有直接幫助。這筆度僧錢已經使景教徒相對於佛教徒黯然失色，而神會更懂得利用這次機遇來提高本教派的地位，他通過郭子儀向代宗為其禪宗初祖菩提達摩請諡，並獲成功。伊斯卻不懂得藉助自己有功於朝廷的時機為其來華初祖阿羅本請諡，或者是嘗試了卻因手段不夠而未能成功，總之失去了一次使本教派地位大大提高的機會，也為會昌滅法時遭官方徹底取締留下隱憂。

　　其次，景教入華後在教義闡釋上奉行一定程度的「本土化」政策。

景教徒重視翻譯景教經典，並大力藉助佛道名詞和儒學思想進行表述。敦煌藏經洞中發現七種中文景教文獻，其中《尊經》説漢文景教經典曾達三十五種，可惜多已不存。敦煌的七種文獻，按撰寫時間依次為《序聽迷詩所（訶）經》《一神論》《大秦景教宣元本經》《大聖通真歸法讚》《志玄安樂經》《大秦景教三威蒙度讚》《尊經》。《序聽迷詩所（訶）經》《一神論》《大秦景教宣元本經》《志玄安樂經》屬經文類；《大聖通真歸法讚》《大秦景教三威蒙度讚》屬頌讚類；《尊經》屬經錄或教名錄。

　　《序聽迷詩所（訶）經》共 169 行，2 830 字，為基於《聖經》文本的基本教義作品，涉及唯一真神的性質、反對偶像崇拜、摩西十誡、愛人如己、耶穌出生與受難等內容，其中譯耶穌為「移鼠」，約譯於 635－638 年間，可能是現存最古老的漢文景教經文，有人推測譯者就是阿羅本。《一神論》有 7 000 餘字，強調天地萬物為一神創造並主宰，其中「世尊佈施論第三」與《新約》相合處較多，約譯於唐貞觀十五年（641 年），譯者可能也與阿羅本有關。該經將耶穌譯作「翳數」或「聖主」，上帝譯為「一神」、「天尊」或「一神天尊」，聖靈譯為「淨風」，天使為「飛仙」，撒旦譯為「娑多那」。《大秦景教宣元本經》敦煌殘卷僅存卷首十行和卷末三十行，且脱字較多。經文主要講「法王」（耶穌）在大秦國那薩羅城（拿撒勒）講法之事。據該經經末所記，寫於開元五年（717 年）。此時距阿羅本來華已 82 年，據景淨刻景教碑尚有 64 年，可知此經撰述者非此二人。該經將耶穌譯作「法王」或「景通法王」，稱聖父為「空皇」，稱信徒為「覺眾」。2006 年洛陽出土的景教經幢上所刻正是《大秦景教宣元至本經》，與敦煌本相比，可知敦煌本題記少一「至」字。洛陽經幢被攔腰砸斷，僅存上半部，但也已補足敦煌本許多缺失的內容，使我們對此經面貌有較完整的認知。《志玄安樂經》有 2 600 餘字，敍述耶穌給門徒西門講道，耶穌譯作「無上一尊彌施訶」、「一尊彌施訶」、

「無上一尊」，西門譯為「岑穩」。此經屬撰述，而非翻譯。約生成於晚唐，作者恐是景淨。

《大聖通真歸法讚》屬讚美詩，經末註明寫於唐開元八年（720 年）五月二日。稱真神為「大聖慈父阿羅訶」，聖徒約翰為「瑜罕難法王」，以色列國王大衛為「多惠法王」，信徒為「善眾」、「法徒」。這些譯稱與《尊經》中一致，難免不讓人推測兩個文本問世時間相近，儘管人們通常認為《尊經》產於晚唐。另一頌詩《大秦景教三威蒙度讚》共 44 行，309 字，寫於公元 800 年前後。稱真神為「慈父阿羅訶」，稱三位一體是「慈父明子淨風王」，與景教碑稱呼相同或相類。稱救主基督是「常活命王」，耶穌是「大師」、「大聖」、「大聖子」和「彌施訶」。

《尊經》在現存景教文獻中具有獨特地位，因為存世的 360 字表明它是一篇關於景教漢文文獻的史料。除了在篇首明確地提到「三身同歸一體」，聖父（「妙身皇父阿羅訶」）、聖子（「應身皇子彌施訶」）、聖靈（「證身盧訶寧俱沙」）及眾先知和門徒，其主體部分是基督教經典名錄，據稱其中有三十多部已譯為漢文。

敦煌出土的七種文獻（含洛陽本《大秦景教宣元至本經》）和景教碑頌文都毫無隱晦地顯露對佛道概念的借用，幾部經文連撰寫格式都是佛經說法的格式，更不用說以「法王」稱呼三個位格，用佛教的因緣色空來解釋基督教教義，套用法身、報身、應身概念解釋三位一體。當然也有對儒學概念的借用，如將聖父和聖子稱為「皇父」和「皇子」。景教似乎尤其迎合儒家實用理性，景教碑文讚頌大唐皇帝寬待景教的部分格外體現出景教對儒學君父觀念的妥協。有人特地分析景教碑頌文，因為此篇中碑文不到兩千字，卻引用《易》三十處，《詩》三十處，《春秋》二十處，還有一百五十處涉及儒學經書，一百多處涉及史書，三十處涉及子書，此外還有道教名詞（如「上德」及「真寂」），佛教名詞和概念則

可謂比比皆是，如「妙身」、「慈航」、「僧」、「法天」、「普度」、「世尊」，
又如「真性」、「無為」、「修道」、「染淨」、「供養」、「住持」、「種性」、「因
緣」、「常住」、「妄見」、「假名」、「應身」、「非人」、「清淨」、「證」、「識」、
「劫」、「業」、「色」、「受」、「種」、「受持」、「諸法」、「寶法」、「空昧」、「慧
力」、「法海」、「染污」、「大慈大悲」等。而洛陽出土的《大秦景教宣元
至本經》在粟特景教徒中發揮着佛教《陀羅尼經》的功能，被作為祈福
消災之文，刻於佛教形式的經幢上，粟特景教徒的佛化特徵可見一斑。
凡此種種，再加上基督教看重彼岸的教義本來就與佛教相似，的確讓人
揣度景教所傳之道恐怕很難讓唐人將其與佛教大乘空宗區別開來。因
此，有人認為，景教傳播失敗的內在原因就是它佛化過度、依賴世俗政
權過度，已然到了病入膏肓的程度，從而喪失其教義的獨立性和組織的
獨立性，也就喪失了作為一種來華新宗教的獨立面目。

　　順從世俗統治者絕不是景教來到中國才產生的特性，而是其一貫
生存之道。唐朝政府對宗教的實用主義取向在本質上與薩珊波斯和阿
拉伯政權並無差別，這三個政權都是在國內和國際環境較為安定而基
督徒（及其他宗教信徒）又有可用之處時，願意容忍這個少數派群體。
而一旦政治力量發生變化，統治階層自覺憂慮不已，首先成為政治犧牲
品的都是少數派群體和少數派宗教群體。景教的成敗的確與唐朝政府
的態度有直接且重大的關係。入唐景教能夠風光一時，與其政治性世
俗化行為關係密切。除伊斯在肅宗時所為之外，據景教碑文所記，早在
開元年間，就有「僧首羅含、大德及烈，並金方貴緒、物外高僧，共振
玄綱，俱維絕紐」。但是一個靠政府寬容而生存的少數派群體，絕對禁
不起政府的刻意鏟除。所以，會昌滅法事件就成了對景教和其他「夷教」
的致命打擊。

四、景教對唐代社會的影響

唐朝政府始終堅持景教等西亞宗教只能作為「夷教」存在，不允許或至少不支持其向唐人傳教。文獻記載的長安景寺均位於胡人聚居區，景教徒多是來自波斯和中亞的外國人，如西安出土的波斯人李素及其妻卑氏墓誌、1955 年西安西郊三橋出土的米繼芬墓誌、晚唐波斯人李珣兄妹的生平以及 2006 年洛陽出土的粟特景教徒石刻都表明了這種情況。

當然，政府禁止夷教在華人社會傳播，並不能阻止這些外來宗教在民間傳播，以景教而論，雖然證據不充分，但畢竟有跡象表明唐宋時期在中國內地確有本土景教徒。但是，在民間私下傳播的景教被民眾理解為甚麼，這又涉及景教教義、教規的表達方式問題。以此而論，景教明顯甚至過度的佛化詮釋法，的確應該被視為致命傷，亦即接受景教的華人恐怕只是把它視為佛教的某一派。非但華人，洛陽的粟特人景教寺院及其刻了《大秦景教宣元至本經》的經幢，包括前面提到的花獻及其夫人安氏墓誌，都充分表明對各種宗教皆有感情的粟特人已經表現出對宗教的混合性認知。在經受政府打擊之後，景教更以進一步犧牲其自身特性為代價而得以生存下來。

在唐代祆教、摩尼教、景教等三夷教中，以景教在中國留下的影響最小。景教在民間私下傳播的成果尤其難以考察，因為其面目有如佛教而難以辨識其獨立影響。但是，作為傳教工具的某些實用技術（即「方伎」）在入唐初期就引起國人注意，比如天文學、醫學、機械製造等。

開元二年（714 年）景教僧及烈曾在廣州為政府製造「奇器異巧」，這被看作與晚明耶穌會士知識傳教策略相似的做法。尤其是景教僧的醫術在社會中較有影響，陳垣最早指出這一點：「景教於當時文化，無

何等影響，惟以醫道之例，由來甚久，唐書諸王傳有僧崇一醫癒唐玄宗兄之事。余承認此僧為景教僧，有種種證據。杜環《經行記》亦云『大秦善醫眼及痢，或未病先見，或開腦出蟲』，聶斯脫利派固以醫學著名也。」① 醫學史專家馬伯英曾考證，中醫用杉木皮作為夾板治療骨折的方法是景教僧傳入的。新近又有學者考證為高宗治癒眼疾的秦鳴鶴亦為景教僧。林悟殊在《中古三夷教辨證》一書論景教的部分中推測，為鑑真和尚治療眼疾的胡人也是大秦景教僧。

　　而景教入華後將慈善事業作為行教的一個重要手段，治病正是其中之一，《大秦景教流行中國碑》中有明確記載，「每歲集四寺僧徒，虔事精供，備儲五旬」，不僅對飢寒者予以衣食幫助，而且還「病者療而起之，死者安而葬之」，給予醫療和喪葬的幫助。《志玄安樂經》用治病為喻來說明教理，提到的很多治病方法被馬伯英先生認為來自古希臘與古羅馬。因此，有學者提出，從古代中西醫學交流的角度去發掘景教在中國社會的文化遺痕，或有可為。

　　「景教方伎化」這個推斷，不禁令人想起晚明前清天主教傳行中國時的狀況，中國士人所樂於接受和容易接受的，正是傳教士用作傳教工具的科學知識、醫學知識等「方伎」，而天主教思想在儒家社會本就傳播不易，一遭政府禁絕，則難覓蹤影，命運與唐代景教十分類似。

　　景教被武宗取締後，曾在相當長一段時間裡奮力求生，但主要跡象保留於河西和西域這類五方雜處的邊遠地區。敦煌藏經洞中發現的多種景教文獻，表明在藏經洞封閉之前（約 11 世紀前半期），敦煌一直還有景教徒活動。近年在莫高窟北區 B105 窟發現的一個銅十字架，有

① 陳垣，《基督教入華史略》，《陳垣學術論文集》第一集，北京：中華書局，1980 年，第 85 頁。

人斷其為宋代遺物。會昌滅佛後景教有向佛道轉化求生存的情況。阿拉伯旅行家阿布才伊特記載 878 年黃巢攻佔廣州一事時稱:「唐末黃巢之亂,因貿易而到廣府的回教徒、猶太教徒、基督教徒、巴爾施人 ① 等十二萬人,皆死於難。」這裡的基督教徒都屬於甚麼派別,無從考證,是否會如穆斯林那樣因為貿易而駐留廣州進而到達中國其他地方,甚或發展信徒,更加渺不可聞。

五、唐代以後的景教:元代的也里可溫

7 至 10 世紀,雖然波斯淪陷於阿拉伯人之手並開始了伊斯蘭化進程,但波斯的基督教會卻在中亞地區取得豐碩成果。主要是因為一些遊牧部落紛紛歸信基督教,甚至西伯利亞的貝加爾湖地區也出現了基督徒。

唐亡之後,五代宋元時期在歐亞大陸北方傳教的基督徒,先後被稱為「迭屑」和「也里可溫」,前者是波斯語中基督徒的稱呼,後者則來自蒙古語,是從《大秦景教流行中國碑》中「阿羅訶」一詞轉音而來。「阿羅訶」則是敘利亞語 Alāhā 的音譯,意即唯一真神。

波斯教會原本在 10 世紀後迅速衰落,主要原因是受到穆斯林的擠壓。蒙古人征服歐亞大陸期間,西亞的基督教勢力有所恢復。伊利汗國創建者旭烈兀的王妃、蒙哥汗 (元定宗) 的王妃以及旭烈兀和蒙哥的生母 (托雷的王妃) 均為虔誠的景教徒。1258 年旭烈兀攻陷巴格達時,波斯教會受到庇護,哈里發及八十萬穆斯林被殺。旭烈兀征服波斯後,基督教徒得以反過來迫害穆斯林。第八十二代總主教被指定由出生於歸化城 (今呼和浩特) 的馬可接任,改名雅八‧阿羅訶三世,可見蒙元

---

① 中譯者將巴爾施人釋為「祆教徒」,實際應是移居印度的波斯瑣羅亞斯德教徒。

初期政治勢力與波斯基督教會的勢力結合之緊密。

　　然而當統治中亞和西亞的蒙古統治者轉而歸信伊斯蘭教後，基督教徒的命運又生大變，並遭受毀滅性打擊。14 世紀末摧毀察合台汗國並在中亞和西亞大肆擴張的帖木兒是一位狂熱分子，他以征服全世界為己任。他在征服過程中，對於不肯改宗伊斯蘭教的人極盡殘酷之事。

　　與之相反，在元朝本土，基督教徒的境況要好得多。

　　早在成吉思汗崛起之前，分佈在阿爾泰山附近的克烈部和河套以北的汪古部是崇信基督教的兩大部落。20 世紀 30 年代，考古學家在汪古部居地、今內蒙古四子王旗烏蘭花西南發現一塊《耶律公神道之碑》，其上有「耶律公……西域帖里薛人」之語，而「帖里薛」也就是「迭屑」。因克烈、汪古兩部信奉基督教聲名盛著，馬可‧波羅曾附會說，克烈部首領王罕為當時基督教世界傳說的東方長老約翰，[1] 而馬可‧波羅這個觀點直到 17 世紀還在深刻影響歐洲人。此外，從契丹邊地西遷中亞的渾部、乃蠻部，居於遼東地區的乃顏部、回鶻，西遷後居於天山南北的一部分畏兀兒人等，也都信奉基督教，而克烈王王罕就是信奉基督教的乃蠻王屈出律之弟。

　　成吉思汗崛起後，先後兼併這些信奉基督教的部落，其部民又隨元朝軍隊散居各地，於是基督教又一次復興。元代黃溍《馬氏世譜序》記載遼時移居臨洮地區的汪古部馬氏家族之家世，稱：「馬氏之先，出西域轟思脫里貴族。」[2] 這大約是中國古代文獻中唯一出現「轟思脫里」（即轟斯脫利）字樣的地方。然而在同一地區傳教的雅各派是不憚於使用該詞指稱波斯教會信徒的。這種混淆或可表明波斯教會和雅各派同在一

---

① 馮承鈞譯，《馬可‧波羅遊記》，上海：上海書店出版社，2001 年，134 頁。

② 黃溍，《金華黃先生文集》，卷四十三，續稿四十，四部叢刊本。

地活動的狀況。

基督教在元大都有很大勢力，這些基督教徒被稱為「也里可溫」。元朝後期來華並在元大都建立天主教主教區的方濟各會士約翰‧孟德高維諾就注意到這一點，他說聶斯脫利派勢力大到可以將人投入監獄。元朝中後期，羅馬天主教的方濟各會士也來華傳教並取得發展，元朝人有時也把他們稱為也里可溫。這應該可以說明，兩派尊奉的神和禮儀習俗在旁人眼裡都差不多。

曾出使羅馬教廷和西歐的列班‧掃馬（出使時已改宗天主教），就是出生在今北京的畏兀兒族景教徒。上面提到的那位出生於今呼和浩特的畏兀兒人馬可，後來成為本派總主教（晚年改宗天主教）。1330年，西亞索爾坦尼亞的大主教宣佈當時中國北方的景教徒已約三萬人，並說他們相當富裕，還在朝廷擔任各種官職，享受很多特權。可見元朝景教主要是在社會上層流行，到忽必烈去世前，景教已成為蒙古貴族中的主流宗教。1253－1255 年，出使蒙古的方濟各會士威廉‧魯布魯克於 1254 年 4 月停留哈剌和林，在這裡聽說契丹有十五座城市中有景教徒，西京（今大同）有一個主教區。

隨着蒙古軍隊南下，景教也被傳播到江南地區，比如伯顏的南征主力軍阿速（即阿蘭）與欽察兩部就以信仰基督教出名，其中很多人後來定居江南諸地。《元史》卷九十九《兵志二‧宿衛》載，鎮江附近之鎮巢在被阿速軍攻下之後，因阿速軍損失慘重，至元二十三年（1286年），元廷將此城七百降戶賜給阿速軍充為萬戶，可知阿速部屬當有不少留居鎮巢。欽察部的完者都家族則是平宋戰爭之後因軍職而世代僑居江南的一例，而類似情況者應當不少。軍事性移民使作為外來宗教的也里可溫能在短時間內於中原乃至江南迅速發展，平定中原之後則又因陸海商貿關係吸引大量外國基督徒從西北陸路或南方海路來到中

國，使中國境內基督教派的構成和發展更加多元化，但此時仍以景教徒為主。

　　當時在江南傳播景教的最主要人物是出生於撒馬爾罕的景教徒（很可能出身於景教世家）馬薛里吉思，他於至元十四年（1277 年）任鎮江府路總管府副達魯花赤，任期內先後在鎮江、丹徒、杭州建七座教堂。建成之後，朝廷還應丞相完澤（克烈部人）之請，撥賜江南官田三十頃，益置浙西民田三十四頃，為七寺常住。① 馬可‧波羅也稱當時的蒙古、甘肅、山西、雲南、河間、福州、杭州、常熟、揚州和鎮江等處都有景教徒及其教堂。如今北京保留下來的僅有房山三盆山十字寺遺址。

　　元朝政府一度尊崇景教，至元二十六年（1289 年）在中央設有專門的管理機構崇福司從二品，位列掌管佛教的宣政院之下，與掌管道教的集賢院同秩，在地方則設崇福司分司機構也里可溫掌教司。景教發展迅速。《元史》記載，延祐二年（1315 年），全國的也里可溫掌教司達七十二所，崇福司改為崇福院。元代景教徒有孝子、良醫和文臣學士。政府對他們有諸多優待措施，如停軍籍、蠲除繇役、豁免租稅，不過這些優惠也適用於其他教派。《元典章‧禮部六》記載了大德八年（1304 年）江浙行省溫州路道教徒與也里可溫關於人口戶計和入朝祝讚位次的一次爭執，反映出溫州路的也里可溫已發展到相當規模，能夠「創立掌教司衙門，招收民戶，充本教戶計」，並足以令道教徒利益受損。但元代總體的宗教政策是在各教間保持平衡，當初馬薛里吉思在鎮江金山地區建聚明山、雲山二寺，並在山下置公共墓地，結果引起佛教徒不滿，兩派相爭的結果是至大四年（1311 年）五月，政府下令拆毀十字寺

---

① 馬薛里吉思任職年代參見《至順鎮江志》卷九《僧寺‧大興國寺記》，但同卷《人材隱逸僑寓傳》稱馬薛里吉思任此職是在至元十五年（1278 年），關於這個問題，學界仍無定論。

的十字，繪塑佛像，並更名為般若院，還令「也里可溫子子孫孫勿爭，爭者坐罪以重論」。①

　　元代景教徒雖多，卻主要是蒙古人和色目人。由於元代推行等級制度和民族歧視政策，景教並沒有因為在統治階層那裡得到重視而深入中國主流社會，迄今尚未發現任何與元代有關的基督教的漢文譯經，但不排除其民間發展。因此，隨着元朝政權的結束和明太祖厲行清除夷狄影響的政策，景教再一次在中國社會銷聲匿跡。

---

① 《至順鎮江志》卷九《僧寺‧大興國寺記》。

第四章

中古絲路上的粟特商人

在歐亞大陸的通商活動中，中亞地區極具樞紐作用。在以今烏茲別克斯坦的撒馬爾罕、塔什幹、布哈拉為中心的河中地區（錫爾河與阿姆河之間），有一個在漢唐絲綢之路上異常活躍的民族——粟特，唐朝人稱之為「昭武九姓」。

漢唐時代的胡人記錄中，有偏好戰鬥的民族，也有偏重商業的民族。這一點在《史記》《漢書》裡分得清清楚楚。如《史記·匈奴列傳》記載，匈奴「其俗，寬則隨畜，因射獵禽獸為生業，急則人習戰攻以侵伐。其天性也」。同書《大宛列傳》則不同，說帕提亞帝國「有市，民商賈用車及船，行旁國或數千里」；又謂巴克特里亞王國「善商賈」，人口百萬眾，其都城叫藍市城，「有市販賣諸物」。

粟特人就屬於偏重商業的民族。漢唐時代的「胡商」、「商胡」、「胡姬」，大多指粟特人。

一、關於昭武九姓

《舊唐書·西戎傳·康國》對「昭武九姓」的解釋是：「先居張掖祁連山北昭武城，為突厥所破，南依蔥嶺，遂有其地。枝庶皆以昭武為姓氏，不忘本也。」我們知道月氏人居住在祁連、敦煌之間，被匈奴擊破然後西遷至大夏地區。《舊唐書》認為粟特人也有一個從東向西遷徙，

然後定居中亞的過程。這種說法並非完全無據。粟特人屬於印歐人種，「其人皆深目高鼻，多鬚髯」。印歐人向東遷徙，河西地區和新疆塔里木盆地都曾經是其遷居地。先秦時代，從甘肅到西域的通道上，歐亞大陸文明有過複雜的交互影響。部分粟特人像大月氏人那樣，先入河西，又回到中亞河中地區，這完全可能。

昭武九姓的「九姓」大約所指眾多，未必就實指九國。粟特人的諸多城邦國家在歷史上存在了上千年，由於沒有形成統一的國家，國家組織並不十分穩固。在波斯阿契美尼德王朝的居魯士二世、大流士一世的大規模擴張時期，粟特地區被納入控制範圍；亞歷山大大帝東征期間，中亞河中地區也隸屬遠東的行省。其後粟特人相繼被嚈噠人、突厥人、唐朝所統治。到 8 世紀上半葉，阿拉伯人控制了粟特，粟特古國也就逐漸消亡。

唐朝貞觀初年，唐玄奘曾經過其地，《大唐西域記》卷一記：「地名窣利，人亦謂焉。文字語言，即隨稱矣。字源簡略，本二十餘言，轉而相生，其流浸廣。粗有書記，豎讀其文。」說粟特文是一種拼音文字，有二十多個字母，文字豎寫。粟特語屬於印歐語系印度伊朗語族東伊朗語分支。

粟特人在中古時期的表現與亞歐大陸東部其他遊牧民族不同，無論是匈奴、柔然，還是鮮卑、突厥，都是用武力來表達自己的政治和經濟訴求。粟特人不一樣，粟特民族更多的是通過商業互動來獲得財富。《舊唐書·西戎傳·康國》注意到粟特人「善商賈，爭分銖之利。男子年二十，即遠之旁國，來適中夏，利之所在，無所不到」。

就中西文化交流而言，粟特研究的意義有三點：第一，粟特人向東部中原地區移動，形成了很多聚落，這些聚落的生活構成了中西交往的豐富內容；第二，粟特人是絲綢之路上的主要轉運商，他們把西方的

物質與精神文化 (宗教、音樂等) 輸送到中國，同時把中國的商品轉送
到西方；第三，粟特人與中古突厥、回紇、沙陀等民族關係密切，他們
實質上參與了中原王朝的政治事變。這三個方面歸納起來就是移民與
文化交流活動、商業活動和政治活動。

二、粟特人入華及其聚落

粟特人入華，既有商業動機，也有戰爭的原因。入華之後，他們留
居內地或者邊陲，形成聚落，乃至入籍為編民，則有多方面的機緣。

1969 年，新疆吐魯番一處古墓出土了一份粟特文的地名錄，記錄
的是唐朝末年粟特人在歐亞大陸的交通路線，從西到東分別經過：拂
菻、苫國、波斯、安國、吐火羅、石國、粟特、拔汗那、羯盤陀、佉
沙、于闐、龜茲、焉耆、喀喇沙爾、高昌、薩毗、吐蕃、吐渾、弭藥、
薄骨律。這是一條東西方人員和貨物運輸的交通走廊。

拂菻指的是東羅馬帝國，即拜占庭帝國。安國、吐火羅、石國、
粟特、拔汗那 (大宛)、羯盤陀 (大石國) 是中亞國家；佉沙 (疏勒)、
于闐、龜茲、焉耆、喀喇沙爾、高昌，大致分佈在中國新疆地區；薩毗、
吐蕃、吐渾位於青藏和寧夏一帶；弭藥 (党項地區)、薄骨律 (今寧夏
靈武) 則位於長城邊塞要地寧夏。粟特文的這份地名錄記錄了粟特商人
經常行走的東西貿易通道。

粟特人入華多數首先進入新疆地區。新疆塔里木盆地有許多粟特
人聚落。敦煌寫本《沙州伊州地志》殘卷有一份受到中外研究者廣泛關
注的文獻，記載了粟特移民聚落的形成：

> 石城鎮，東去沙州一千五百八十里，去上都六千一百里。本

漢樓蘭國……更名鄯善國。隋置鄯善鎮，隋亂，其城遂廢。貞觀中，康國大首領康豔典東來，居此城，胡人隨之，因成聚落，亦曰典合城。其城四面皆是沙磧（上元二年改為石城鎮，隸沙州）。

這道出了粟特人入華以後在西域定居的一般情狀。先由大首領移民打前站，然後陸續有胡人隨之而入，形成聚落，入居之地大多是前代毀棄的城鎮。中國國家圖書館收藏的于闐文文書及粟特文封籤（編號分別為 BH4－135、BH4－136）就記錄了這樣的信息：有一支粟特商隊來到于闐，需要在當地居留一段時日，他們首先與當地的粟特居民取得聯繫，委託其辦理諸如購置土地、購買生活用品（比如酒、糧食、蔬菜、絲綢）等事宜。如果將康豔典的情況與上面那段材料聯繫起來考察，就可以整理出粟特人入居西域的細節。

根據《沙州伊州地志》殘卷的進一步記載，康豔典還不斷拓展其城居範圍，他陸續修建了新城、蒲桃城、薩毗城。根據《新唐書·地理志七下》的記載，石城鎮，「在蒲昌海南三百里，康豔典為鎮使以通西域者。又西二百里至新城，亦謂之弩支城，豔典所築」。蒲昌海位於今新疆羅布泊地區，弩支城就是粟特語「新城」的意思。我們知道撒馬爾罕在粟特語中就是石頭城的意思，現在新的移民區又有了一座新的石頭城，其附近還有一座新城，即石頭城與新石頭城（弩支城），這就類似約克郡的移民在美國建城，名叫「新約克」（New York）一樣。

前述材料顯示，康豔典已經被唐朝政府任命為地方軍官，他不僅是胡人居住地的城主，而且是唐朝沙州地區邊防機構石城鎮的鎮使。唐高宗上元三年（676 年）改且末郡為播仙鎮，有粟特人河（何）伏帝延在高宗末年時任播仙城主，有理由相信他同樣也是鎮使。他們所統領的軍人，無疑是以粟特移民為主。當然，隨着時間的推移，軍人的成分

會複雜化。

《唐開元二年（714 年）帳後西州柳中縣康安住等戶籍》記載，戶主康安住（72 歲）垂拱二年（686 年）疏勒道行沒落，弟康安定（54 歲）垂拱元年（685 年）金山道行沒落，弟安義（49 歲）也是垂拱二年疏勒道行沒落。戶籍上還寫着「右件一戶沒落」。失蹤（沒落）之時距離開元二年的戶口登記已經過去了約 29 年。當時康安住、康安定、康安義都是青壯年。垂拱元年前後，正是武則天廢中宗、平息徐敬業起兵的時候，西域方向有地區性用兵（參見唐長孺主編《敦煌吐魯番文書初探》），康氏兄弟全部失蹤，他們定居時就沒有妻兒，顯得十分蹊蹺。很可能他們當年落戶的時候就是「興生胡」；或者因其他機緣居留下來，不堪兵役，選擇了逃離。

粟特聚落的居民結構複雜，文化多元。《沙州都督府圖經》殘卷記載「四所雜神」，分別是土地神、風伯神、雨師神、祆神。祆神就是粟特人崇拜的神祇。沙州地區的祆廟，在出土文書裡屢有記錄。在唐代長安，至少有五座祆祠，分別在布政、崇化、醴泉、普寧、靖恭五坊，隋代頒政坊也曾有祆祠。《朝野僉載》卷三記載，河南府立德坊及南市西坊皆有胡祆神廟，每歲商胡祈福。烹豬羊，琵琶鼓笛，酣歌醉舞。祈禱活動結束之後，推舉招募一胡人為祆主，觀看者施錢並與之。「其祆主取一橫刀，利同霜雪，吹毛不過，以刀刺腹，刃出於背，仍亂攪腸肚流血。食頃，噴水咒之，平復如故。此蓋西域之幻法也。」祆祠的活動已經從宗教互動轉向文化娛樂活動了。

三、粟特人的商業活動

石城鎮又稱典合城，《壽昌縣地境》作「興谷城」，有人認為「興谷」

當作「興胡」。這是一個富有想像力的合理推斷。「興胡」，又稱「興生胡」，是對粟特商人的專稱，「興胡城」就是胡商聚居之城。唐高宗咸亨四年（673年）西州前庭府隊正杜某用練四十匹，「於康國興生胡」、名字叫作康烏破延的粟特人處「買取黃敦駝一頭」，保人有「同鄉人康莫遮」。如果說石城鎮是粟特人按照家鄉的地名自己命名的，那麼興胡城就是漢人民眾按照自己的觀察命名的。其實，他們所指的都是粟特新移民所居之聚落。

粟特文獻中，關於粟特商人的史料十分有限，敦煌吐魯番文書和傳世漢文資料有許多零星珍貴記錄，考古資料也有遺存可供印證。

斯坦因在新疆烽燧中發現的七通粟特文信札，透露了中國內地與西域之間存在一個比較固定的商品傳送網絡和郵傳系統。2號古信札明確寫着「寄往撒馬爾罕」，因為路途遙遠，所以用亞麻封皮和絲綢雙層封裹。這封信也許不是直接送往撒馬爾罕，而是先送到樓蘭（鄯善）某處，然後再進一步送到目的地。信中還提到把商品（麝香）從敦煌送到撒馬爾罕。有研究者認為，當時的商品傳送網絡與郵傳網絡也許是分開的。信使要求更快捷，商隊的物資輸送則可能比較慢。這些信札提到的交易商品有亞麻布、紡織品、麝香、金子、酒、胡椒、銀色金屬、樟腦。這些粟特文古信札大約寫於公元4世紀兩晉時期。

大約兩百年後高昌國時期，文書《高昌內藏奏得稱價錢帳》，記載了610—620年之間的某一年，從正月一日到十二月二十七日，吐魯番地區進行了35筆交易活動，其中絕大多數（29筆）都涉及粟特人，約三分之一（13筆）的交易是在粟特人之間進行的。粟特人在西域商業活動中的舉足輕重的地位，於此可見一斑。交易的商品除絲綢外，以奢侈品（諸如金、銀、香料、番紅花、銅、藥、石蜜等）為主。

新疆阿斯塔那墓群135號出土一份粟特文女奴買賣文書，內容說，

高昌（今新疆吐魯番）胡人乘軍從康國興胡手中購得女奴優婆遮（突厥籍胡人），保人分別是米國興胡、康國興胡、小石國興胡、何國興胡，書佐是高昌胡人帕圖爾，書吏（執筆書寫的人）烏潸安是帕圖爾的兒子。① 這是粟特聚落內部進行的一次女奴交易，代表官方身份的書佐帕圖爾也是胡人，文書甚至是用粟特文書寫。這位名叫優婆遮的女奴是曹族人，出生在突厥（突厥與粟特關係之密切，於此可見）。粟特人所擁有的女奴有可能進一步賣給了漢人豪家。例如，《唐開元十九年（731 年）唐榮買婢市券》記載，興胡米祿山賣給京兆府金城縣（今陝西興平縣）人唐榮一名叫「失滿兒」的 12 歲婢女。交易地點在西州，保人石曹生、曹娑堪、康薄鼻都是高昌縣的粟特人，另有「保人寄住康薩登」——當時還沒有入籍的粟特人，大約相當於我們今日所謂常住非戶籍人口，還有一名高昌縣的保人羅易沒，王仲犖說其是吐火羅人。值得注意的是，這裡的買家來自京兆府。長安當壚賣酒的胡姬，也許就以這種方式來到了酒肆工作。這些「外籍」招待女郎容易吸引西市周邊胡商的目光，也會使漢族消費者感受到異域風情的新奇。但當事人也許有一段令人心酸的身世。

　　河西走廊是西域通向中原的重要通道。西邊的甘肅、東邊的張掖和武威，都是粟特人居住的中亞據點。由河西走廊往東部及偏北方向，就進入靈州、夏州、原州、六胡州，以及山西和河北的北部。若從金城、天水往東部及偏南方向，則進入長安、洛陽一線。康義羅施的商隊目標就是到長安去經商。於是，長安與西域的商貿活動就形成了一種聯繫。唐代著名詩人張籍有詩：「無數鈴聲遙過磧，應馱白練到安西。」這句詩

---

① 林梅村，《粟特文買婢契與絲綢之路上的女奴貿易》，收入《西域文明：考古、民族、語言和宗教新論》，北京：東方出版社，1996 年，第 68－79 頁。

形象地道出了內地絲綢在駝鈴聲聲中販易到西域的熱絡情形。

　　吐魯番文書中有一份著名的粟特經商文書。唐高宗咸亨二年（671年）某月，粟特胡商曹祿山對來自長安的漢族商人李紹謹提出訴訟，地點在西州高昌縣。李紹謹與曹炎延、曹果毅、曹畢娑等幾位粟特商人一起從長安到西域經商，走到弓月城（遺址位於今新疆伊寧縣吐魯番于孜鄉上吐魯番于孜村境內），這裡當時是絲綢之路北線重要的軍事、政治和商貿中心。之後準備同行去龜茲，這時李紹謹向曹炎延借貸275匹絹。這是很大的一筆財富，有可能曹炎延家族在弓月城設有很大的倉儲中心。從這份文書中可以看出粟特商人在長安和西域地區的經貿活動具有聯動性。文書的訴訟者説，「身是胡，不解漢語」，所控訴的對象李三是漢人，希望官府給出公道。最後，唐朝官府在審判這起商業糾紛時並沒有向着漢人，這反映出唐代營商環境大體是公平的。唐代商業稅負很低，大體維持在 3% 的水平，這也是大唐吸引西域商人來華的重要原因。

　　唐代長安的粟特人主要居住在兩市附近，特別是西市，它作為城市商業中心，逐漸發展出一個胡人聚居圈。

四、粟特人的宗教文化

　　狹義的粟特地區以康國為中心，廣義的粟特地區則包含阿姆河和錫爾河流域。廣義的粟特地區的祆教有明顯的混合性特徵，而大規模傳入中國並產生影響的，正是粟特人的祆教。傳統文獻對此多有描述，如《魏書》、《新唐書》、杜環《經行記》、慧立《大慈恩寺三藏法師傳》和慧超《往五天竺國傳》，所謂「事火祆者」是也。

　　祆教入華，時間應早於南北朝時期，與粟特胡商關係密切。斯坦

因在敦煌西北的一座長城烽燧下找到一批用粟特文寫的古信札，現在通稱「粟特文古信札」，是迄今為止中國境內所見最早的粟特文文獻，目前基本可以肯定寫於西晉永嘉五年（311 年）左右。在這批古信札中就透露出祆教的某些信息，如第二封信發信人姓名的意思是「娜娜女神之僕」，同時還發現了「祆祝」、「薩寶」這兩種宗教職務的稱號，並且「祆祝」、「薩寶」就在這批商人之間活動。古信札中還反映出粟特商人當時已在河西走廊的重鎮姑臧（今甘肅武威）建立了商業基地，其活動範圍東可達長安、洛陽、鄴城（河南安陽）等。從信札中的口氣和他們所做買賣的數額之大來判斷，他們來到中國應該已經有一段時間了。因此，至晚在公元 3 世紀末、4 世紀初的西晉時期，祆教已經隨着粟特商人進入中國，並且在當時粟特商人聚居區內可能也已經有了教團組織以及從事宗教事務的場所——祆祠。

南北朝至隋唐，隨着粟特人和其他信奉祆教的胡人入華日多，祆教在中國流行愈廣，首先影響到北朝的少數民族政權。《晉書‧石季龍載記》記後趙時期（319－351 年），「龍驤孫伏都、劉銖等結羯士三千伏於胡天」。「胡天」就是祆神。《魏書‧西域傳》載北魏時期，高昌、焉耆「俗事天神」，其「天神」也就是「祆神」。《魏書‧皇后列傳》載 516－527 年曾廢諸淫祀，但「胡天神不在其列」。《隋書‧禮儀志二》稱北齊後主末年「躬自鼓舞，以事胡天」，並記後周皇帝也親拜胡天。這時期的統治層如此身體力行，民間想來也會以此為風尚。此外，北朝時期還設立專門管理祆教的機構，《隋書‧百官志中》稱「後齊制官，多循後魏」，「鴻臚寺掌番客朝會，吉凶弔祭，統典客、典寺、司儀等署令、丞。典客署又有京邑薩甫二人，諸州薩甫一人」。「薩甫」也譯作薩保、薩寶等，有學者認為這一詞語源於突厥語，也有人認為源於回鶻語，但其起源應該比這更早，現在學者多認為源於粟特語，其含義是粟特居民聚居

點的政教兼理的番族大首領。因當時的祆教信徒多為入華之異域商人，所以管理商團商務和祆教事務是結合在一起的。不過這一時期祆教是否傳播到南朝，因為史書缺乏記載，不得而知。

北朝時除鮮卑人信仰祆教外，突厥人也開始信仰祆教。木杆可汗（553－572 年在位）之弟佗缽可汗即位後，改信佛教，並在突厥人中推廣佛教，而之前突厥人廣奉祆教。突厥人的信仰顯然也是一種混合式民間信仰。比如對祆神的崇拜，過定居生活的居民是立祠廟以奉，突厥人則因遊牧生活，故「無祠廟，刻氈為形，盛於皮袋，行動之處，以脂蘇塗之；或繫之竿上，四時祀之」。[1] 吐蕃人在歸信佛教之前（9 世紀以前），其當地苯教也受到薩珊波斯瑣羅亞斯德教的深刻影響。

隋末唐初，「祆教」這個名稱才正式出現，此前史籍中通常稱「祆」為「天神」、「火神」或「胡天神」。貞觀十五年（641 年）所撰《隋書・禮儀志》不僅記載了北齊多祀胡天而其都城鄴城遂多淫祀，而且稱「茲風至今不絕」。文獻中沒有關於北朝有胡天祠的記載，但實際中應該有。進入唐代，文獻便屢屢出現關於祆祠的記載，比如長安城中祆祠共有五處，分別在布政坊、醴泉坊、普寧坊、靖恭坊、崇化坊；洛陽會節坊、立德坊、南市西坊也有祆祠。在敦煌、武威、張掖、太原、恆州、定州、營州等地也都發現有祆教活動。

在管理上，唐朝繼承北朝以來的制度並進一步完善。《通典・職官二十二・視流內》條下有「視正五品，薩寶。視從七品，薩寶府祆正」，《視流外》條下有「勳品，薩寶府祓祝。四品，薩寶率府；五品，薩寶府吏」。「薩寶府」是一個管理監控西域移民的機構，並非單純的宗教管

---

[1] 段成式撰，許逸民校箋，《酉陽雜俎校箋》，前集卷四，北京：中華書局，2015 年，第 1 冊，第 426 頁。

理機構。「祆正」、「祆祝」（祓祝）是薩寶府下管理宗教的專職官員，因西域移民中祆教徒眾多之故。「薩寶」、「薩寶率府」、「薩寶府史」則是該機構的世俗職務。這些官員都由外來人員擔任。唐朝政府明令禁止漢人信奉祆教，《新唐書・百官志一》載「兩京及磧西諸州火祆，歲再祀而禁民祈祭」。從目前發現的大量反映祆教信息的文獻和碑誌來看，隋唐時期的祆教徒也主要是外來民族，在入華胡商中尤其流行。學術界現在公認的意見是，「安史之亂」的發動者安祿山就是一個祆教徒。他的小名叫「軋犖山」，來源於粟特文，意為「光明、明亮」。這明顯與祆教崇拜光明和火有關。有學者進而提出，安祿山將自己裝扮成「光明之神」，利用祆教信仰的力量，在身邊聚集了一批胡商和少數民族將士，並以此為基礎發動了叛亂。

祆教入華後，政府並未對其信仰形態有何限制，如唐朝僅是明令其只能在胡人中傳播。不過來華胡人想必感受到了中國傳統文化的強大影響，故而在某些方面主動或被動地改造自己的習俗以適應中國文化，這也與祆教作為民間信仰體系容易吸收接納其他習俗及信仰之特點相關。祆教徒入華後對葬俗的改造最能反映中國文化對祆教的影響。

祆教經典《阿維斯塔》規定，教徒死後，要把死者放在鳥獸出沒的山頂上，任由狗噬鳥啄。若有人將屍體埋於地下，半年不挖出者，罰抽一千鞭，一年不挖出者，抽兩千鞭，兩年不挖出者，其罪過無可補償。《通典・邊防志・西戎》記載的康國喪葬習俗除增加盛骨甕這個環節外，令狗啃噬屍體的做法與《阿維斯塔》的規定相仿：「（康國）國城外別有二百餘戶，專知喪事。別築一院，院內養狗，每有人死，即往取屍，置此院內，令狗食人肉盡，收骸骨埋殯，無棺槨。」盛骨甕習俗可以不論，但死後曝屍不葬還任由鳥獸噬屍，這種喪葬方式一眼望去就與中國傳統格格不入。《舊唐書・李暠傳》載：「太原舊俗，有僧徒以習禪為業，

及死不殮，但以屍送近郊飼鳥獸。如是積年，土人號其地為『黃坑』。側有餓狗千數，食死人肉，因侵害幼弱，遠近患之，前後官吏不能禁止。暠到官，申明禮憲，期不再患。發兵捕殺群狗，其風遂革。」中國人無法理解和接受粟特人的葬俗，將其視為野蠻危險的惡習而革除之。

另外，在西安發現的北周安伽墓中刻繪有祆教祭祀圖案，墓誌又載其曾任同州薩保，則為粟特祆教徒無疑。此墓保存完好，葬式清楚，雖採用土葬，也有甬道、墓室，但卻絕不見棺槨痕跡，而墓室中之石榻，也並非用來安放墓主屍體，墓主骨架置於封門與墓室之間的甬道內，有些散亂，並且股骨上留有明顯的火燒煙熏痕跡，門墩上的石獅火跡明顯，且殃及門楣、門額，可見火勢很猛。似乎墓室在封門後曾有點火、拜火的儀式，不過骨骼上未發現狗咬的痕跡。從中可以看出，其葬俗既保留有祆教傳統的核心內容，又開始採用土葬的形式，彷彿這座墓有着遮人耳目之效。

2003 年在西安發現的北周涼州薩保史君墓距安伽墓 2.5 公里，既有與安伽墓類似之處，又有更多漢化的痕跡。史君墓亦出土類似安伽墓的壁畫石榻和粟特風格的浮雕彩繪貼金石葬具，且無棺，屍骨亦未置於石榻（因盜墓之故，骨架散亂於石榻內外）。但史君墓比安伽墓多了石槨，骨架正位於石槨中，除墓主夫婦骨架外還有獸骨，並且骨架未發現有火燒痕跡，墓室封閉前可能未行點火儀式。史君墓更能體現出粟特人葬俗向中原葬俗過渡的形態。在目前發現的晚於北周的大量祆教徒墓葬中，基本上都採用與中原相同的葬式，實行土葬，有棺、槨和墓誌，也流行夫妻合葬、歸葬先塋等。另外，河南安陽附近出土的 6 至 7 世紀北齊粟特貴族墓，則採用了作為中華禮制傳統象徵的雙石闕，石闕內容又表現胡人的祭祀儀式，是粟特葬俗向中式葬俗靠攏的一個表現。這也成為中西文化交流中文化融合的一個案例。

第五章

中古絲路上的「西遊記」

中古時期，奔走在海上和陸上絲綢之路的人們，歷經千難萬險，九死一生。他們之中有追逐利潤的跨國商人，有捨身弘法的虔誠信徒，有不辱使命的政府使節，還有因為戰爭而流落他鄉的俘囚。宗教人士方面，有法顯、玄奘、義淨，留下了家喻戶曉的西行典故；遺憾的是，世俗人士方面罕見完整的西行篇什，倒是一些主持番邦事務的有識之士，就所見所聞，努力記錄下那個時代關於「絲路」交通的信息，成為我們今天了解當時絲綢之路景況的珍貴資料。

這裡最值得介紹的是隋朝裴矩（547−627 年）的《西域圖記》，唐代杜環的《經行記》、賈耽（730−805 年）的《皇華四達記》，還有最早的海上絲路官方使節楊良瑤（736−806 年）的那次旅行。

一、裴矩《西域圖記》：最早的絲路全圖

裴矩，字弘大，出自顯赫的河東聞喜（今山西聞喜縣）裴氏家族，歷仕北齊、北周、隋唐。北齊滅亡後，他被當時擔任定州總管的楊堅起用，入隋，南征陳朝，北伐突厥，頗立戰功。大業年間，他又是隋煬帝的寵臣，貞觀初年依然受到唐太宗的器重。北朝隋唐時代，王室本來就出自六鎮及關隴貴族一系，朝臣跟着朝代一起改移，並不鮮見。裴矩的歷史性貢獻主要是在隋朝作出的。

裴矩曾在楊廣麾下參加平定陳朝的戰役。統一之後不久，裴矩受命巡撫嶺南，還沒有出發，從江南吳越到廣州等地就都發生了叛亂。裴矩帶三千兵卒一直打到南海，鞏固了來之不易的統一局面。世人皆知隋煬帝對於江南的愛慕，不知道他對西域的熱情不弱於江南。他是歷代帝王中第一個到過河西走廊的，第一個在海拔 3 000 多米的高山上率軍征戰的，而推動隋煬帝西巡的就是裴矩。

裴矩與突厥有着多年交往的經驗，隋煬帝任命他以重臣的身份主持西域工作。他注意採訪到張掖（河西四郡之一）參加互市的胡商，並搜集其時的書傳記載，撰寫了三卷本的《西域圖記》，大約成書於 606 年初，當年獻給隋煬帝，激發了隋煬帝經營西域的熱情。

《西域圖記》有兩方面的意義。一是推動了隋朝對於西域的經營。《隋書·西域傳》稱：「煬帝規摹宏侈，掩吞秦、漢，裴矩方進《西域圖記》以蕩其心，故萬乘親出玉門關。」實際上隋煬帝並沒有出玉門關，他最遠到達燕支山，即今甘肅永昌西、山丹東南之焉支山，設置了伊吾（今哈密市）、且末（塔里木盆地東南邊，今仍稱且末縣），「而關右暨於流沙」。這段話包含唐初對於隋煬帝的批評，卻也道出了隋煬帝的雄心因為裴矩的《西域圖記》而得到滿足的事實。

當時，阻礙絲綢之路交通的，是地處青海地區的吐谷渾部族。西域胡商之所以只能在張掖互市，一個原因就是吐谷渾的勢力威脅到內地與張掖之間的通道，所謂「為其擁遏，故朝貢不通」（《隋書·裴矩傳》）。裴矩聯絡鐵勒（西北遊牧民族，一度成功反叛突厥），聯合擊潰吐谷渾，隋朝設立了西海、河源、鄯善、且末四郡，其中西海郡治所在吐谷渾故都伏俟城（今青海湖西岸的鐵卜加古城），郡下設宣德、威定二縣，威定縣的治所大約在今青海省都蘭縣境，這就是今天的格爾木地區。格爾木以東是西寧，以北是敦煌，以南是拉薩，地理位置十分重要，是

通往新疆、西藏等地的關鍵樞紐，漢武帝時也不曾納入版圖。在這種情況下，609 年隋煬帝西巡張掖才有安全保障。這是內地皇帝西行最遠的地方。煬帝在張掖召開的西部地區「絲綢之路博覽會」，吸引了 27 個國家的君主出席。次年，這個盛會又搬到了洛陽，推動了絲綢之路沿途國家和地區與中原政權的政治互信和經貿文化關係的發展。隋朝政府採取多種措施鼓勵西方商人來長安，比如要求沿途各地熱情接待外國商賈，並為他們提供種種補給。在絲路要衝設立軍政機構並大量屯田，以保證絲路行旅的供應。

裴矩《西域圖記》的另外一個意義，就是保留了陸上絲綢之路的交通路線圖。該著記載了 44 個西域國家，並且附有地圖和圖畫，所記載諸國多為絲路商人「周遊經涉」的地方，「利盡西海，多產珍異」，在絲綢之路遠程貿易中多可見富商大賈。這部三卷本的著作今天已經看不到了，只有《隋書‧裴矩傳》中留下了序言，保留了裴矩對於絲綢之路三條西行路線的記錄。序文云：「發自敦煌，至於西海，凡為三道，各有襟帶。」「三道」即由敦煌至「西海」的三條路線。這裡的「西海」究竟何指？從《隋書‧裴矩傳》殘存的內容看，應該是指地中海、阿拉伯海、波斯灣和印度洋。

裴矩所記三道分別是：北道從伊吾出發，經蒲類海（今新疆巴里坤湖），至拂菻國，達於西海（地中海）；中道從高昌、焉耆、龜茲、疏勒，經塔里木盆地，越過蔥嶺，經過中亞，至波斯，達於西海（波斯灣或阿拉伯海）；南道從鄯善、于闐，西行越過蔥嶺，又經阿富汗、巴基斯坦，至北婆羅門（印度），達於西海（印度洋）。「其三道諸國，亦各自有路，南北交通。」

《新唐書‧地理志七下》記載，天寶年間，唐玄宗問諸番國遠近，「鴻臚卿王忠嗣，以《西域圖》對，才十數國」。如果這說的就是裴矩的

《西域圖記》，説明其時已經沒有全本。

二、唐朝前期對於西域地區的經營

唐朝建立以後，中西陸路交通發展到一個新的階段，其根本特點就是中央政府通過設立安西、北庭兩大都護府和廣置羈縻府州，實現對中西陸路交通更為直接的經營與管理。

唐初，雖然西域地區還處在西突厥控制下，但西域各國國王都曾派使者來長安或親自來訪以示歸附，因此唐王朝很快就恢復了西域交通。特別是在貞觀十四年（640 年），平定阻撓中西交通正常進行的高昌後，在高昌設立西州並置西州刺史。貞觀末年，又設置安西四鎮，統屬於安西都護府，屯駐軍隊以鎮守整個西域地區。

高宗平定突厥阿史那賀魯部叛亂後，在突厥曾聚居的天山北部設昆陵、濛池兩都護府，並下設許多都督府和州，而此前太宗曾在天山以北建立瑤池都督府。這些無疑都體現出對絲路北道的高度重視，因為平定西突厥直接促成曾被西突厥控制的絲路北道日趨重要和繁榮。長安二年（702 年），又從原安西都護府中劃分出北庭都護府，治所設在庭州（今新疆吉木薩爾），專理天山以北的廣大西域地區，重點自然就是絲路北道。安西都護府從此只管理天山以南地區。

安西、北庭兩大都護府是唐朝中央政府設立在西域地區的最高軍事和行政機構，其下還設有都督府、州、縣、軍府等軍事與行政機構，它們為中西陸路的暢通提供了可靠保證。顯慶三年（658 年）唐朝政府平定西突厥，在原西突厥統治的中亞河中地區相繼設立大宛都督府、康居都督府等羈縻府州。

龍朔元年（661 年），唐朝政府更在于闐以西至波斯以東的十六國

分別置都督府，並置州八十、縣一百、軍府一百二十六，所涉地區雖絕大部分位於今中亞地區，但也涵蓋了西亞（如波斯）和南亞（如罽賓）的個別地方。這些機構都屬於羈縻府州性質，均以當地首領為都督、刺史，可以世襲，貢賦版籍也不上戶部。

唐朝並不干涉當地行政，不加重當地經濟負擔，保持該地區對唐的友好態度，以之為安西都護府的穩固外圍。但唐朝政府有徵發羈縻府州軍隊的權力，而且雖然羈縻府州沒有固定的貢賦義務，唐朝政府卻也可以向其徵收貢賦以作為臨時軍需。此外羈縻府州必須定期向中央政府朝貢。設立羈縻府州不但加強了上述地區同唐王朝之間的政治、經濟和文化聯繫，也進一步保障了中西陸路交通的安全暢通。

為保護絲路行旅和加強對西域的管理，唐朝政府除設立安西、北庭都護府和眾多羈縻府州外，在從長安通往西域的交通要道上均設有驛館，由專門的「捉館官」負責。驛館供給過路商人和官員食宿與牲畜的草料，大大便利了商人和官吏在絲路上的往來。此外，從河西走廊的涼州到天山南北的各條大道上，凡稱軍、鎮、城、守捉的地方都駐有軍隊，以保護交通和地方安寧。在絲路沿線的主要地區，如安西、疏勒、焉耆、北庭、伊吾、高昌等地，唐王朝還組織屯田，據載僅龜茲、疏勒、焉耆、北庭四地屯田就達 27 萬畝，屯田軍隊加上官員、家屬及當地居民，形成眾多繁華城鎮。唐朝政府也進一步嚴格了過所制度，詳細登記持過所者的姓名、年齡、隨從、所帶之物、從何處來、欲往何方、所行目的等內容，主要關卡要在過所上簽字、查驗，無過所者不得通行。近年所發現的吐魯番文書中有多件這樣的過所。

751 年是唐代西域形勢發生反轉的關鍵點。這一年，唐將高仙芝攻打中亞國家柘支，激起西域國家的反抗，在怛邏斯城（今哈薩克斯坦之江布爾）被東進的阿拉伯軍隊擊敗。加上幾年之後的安史之亂，抽調西

域鎮守軍隊平定內亂，唐朝大大收縮了對於西域地區的控制行為。

三、杜環《經行記》

在 751 年的怛邏斯戰役中，有一個叫杜環的唐朝士兵，被阿拉伯軍隊俘虜，他在西亞、北非生活了十餘年。762 年搭乘商船回國，寫下了《經行記》。他是唐代政治家和史學家杜佑（735－812 年）的族侄，由於杜佑在《通典》卷一百九十二、卷一百九十三中引用了該書而保留了部分內容。杜佑曾在西亞番客雲集的廣州擔任嶺南節度使，德宗貞元年間（785－804 年）曾任宰相之職。杜環的遊歷和見聞很可能豐富了唐朝官方對於西亞地區的認識。

杜環的記載涉及中亞、西亞、北非的諸多國家和地區，如大宛、康國、師子國、拂菻國、摩鄰國（今北非摩洛哥）、波斯、碎葉城、石國、大食、朱祿國（即末祿國，今土庫曼斯坦馬里）、苫國等。

杜環《經行記》記中亞國家云：「拔汗那國在怛邏斯南千里，東隔山，去疏勒二千餘里，西去石國千餘里。城有數十，兵有數萬。大唐天寶十年，嫁和義公主於此。國主有菠蘿林，林下有球場。又有野鼠，遍於山谷。偏宜葡萄、庵羅果、香棗、桃、李。從此國至西海，盡居土室，衣羊皮、疊布，男子婦人皆着靴。婦人不飾鉛粉，以青黛塗眼而已。」

關於黑衣大食國阿拉伯阿拔斯王朝，杜環記云：「大食，一名亞俱羅（庫法）。其大食王號暮門，都此處。其士女瑰偉長大，衣裳鮮潔，容止閒麗。女子出門，必擁蔽其面。無問貴賤，一日五時禮天。食肉作齋，以殺生為功德。繫銀帶，佩銀刀。斷飲酒，禁音樂。人相爭者，不至毆擊。又有禮堂，容數萬人。每七日，王出禮拜，登高座為眾說法。」

所記大食王説法内容，主要包括兩大要點：一是告誡莫要作奸犯戒，
「人生甚難，天道不易。奸非劫竊，細行謏言，安己危人，欺貧虐賤，
有一於此，罪莫大焉」。二是參加聖戰獲福報，「凡有征戰，為敵所戮，
必得生天，殺其敵人，獲福無量」。杜環説，這些道理「率土稟化，從
之如流」。又記其習俗風物云：「法唯從寬，葬唯從儉。郛郭之内，里閈
之中，土地所生，無物不有。四方輻輳，萬貨豐賤，錦繡珠貝，滿於市
肆。駝馬驢騾，充於街巷。」《新唐書．地理志七下》提到「茂門王所都
縛達城」，茂門即暮門，縛達城即巴格達，阿拔斯王朝遷都巴格達是在
762 年，這一年正好是杜環回國之年。

　　《經行記》又説，「其氣候溫，土地無冰雪。人多瘧痢，一年之内，
十中五死」。對於阿拉伯人的擴張兼併，也有察覺，「吞滅四五十國，
皆為所役屬，多分其兵鎮守其境盡於西海焉」。又記載説，「從此至西
海以來，大食、波斯參雜居止。其俗禮天，不食自死肉及宿肉，以香油
塗髮」。這些内容都是很準確的。

　　杜環對東羅馬的記載也比較詳細，云：「拂菻國在苫國西，隔山數
千里，亦曰大秦。其人顏色紅白，男子悉着素衣，婦人皆服珠錦。好飲
酒，尚乾餅，多淫巧，善織絡。或有俘在諸國，守死不改鄉風。琉璃妙
者，天下莫比。王城方八十里，四面境土各數千里。勝兵約有百萬，常
與大食相禦。西枕西海，南枕南海 ①，北接可薩突厥。」

　　《通典》卷一百九十三《邊防典．大秦》又有對於非洲的記載，云：
「摩鄰國，在秋薩羅國西南，渡大磧，行二千里至其國。其人黑，其俗
獷。少米麥，無草木。馬食乾魚，人餐鶻莽。鶻莽，即波斯棗也。瘴癘
特甚。諸國陸行之所經也。山胡則一種，法有數般。有大食法，有大秦

---

① 古時南海名稱，所指因時而異，以南方各族居地泛稱居多，非專指今南海。——編者註

法，有尋尋法。」又說其風俗，「不食豬、狗、驢、馬等肉，不拜國王、父母之尊，大信鬼神，祀天而已。其俗每七日一假，不買賣，不出納，唯飲酒謔浪終日」。對於其醫學尤其讚賞有加：「其大秦善醫眼及痢，或未病先見，或開腦出蟲。」

杜環記載了流落在中亞和西亞的唐朝各種工匠，比如金銀匠、畫匠、紡織技工，雖然他沒有提造紙匠，但是怛邏斯戰役結束後不久，撒馬爾罕就出現了造紙工場，這絕非偶然。撒馬爾罕盛產可用於造紙的大麻和亞麻，「撒馬爾罕紙」以其精美實用的優點，聞名於阿拉伯統治下的亞洲各地。794 年，在呼羅珊（今伊朗東北部）總督的建議下，當時阿拔斯王朝的哈里發哈倫・拉希德按照撒馬爾罕的模式，在巴格達開辦了西亞第一家造紙工場。此後，大食國境內的也門、大馬士革、特里波利、哈馬、太巴列等地，陸續建立了按中國工藝生產紙張的工場。在長達數百年的時間裡，距離歐洲最近的敘利亞大馬士革成為歐洲用紙的主要產地，以至於「大馬色紙」長期以來是歐洲人對紙的另一種稱呼。

但是，造紙術傳播到北非，則是藉阿拉伯人之力，於 9 世紀初傳入埃及、摩洛哥等地，並在 10 世紀取代紙草，成為埃及的主要書寫工具。11 世紀時，紙張在埃及的用途已擴大到日常生活領域。1040 年，有位波斯遊客來到開羅，他驚奇地發現，賣菜和賣香料的小販都用紙張包裹所售之物。由於紙張在埃及被普遍使用，用來造紙的破布也從一文不值變為身價百倍，竟導致市面破布缺貨。於是有人不惜搜掘古墓，以盜取木乃伊的裹屍布，賣給造紙工場獲利。10 世紀以後，摩洛哥首府非斯成為造紙中心，並以此為基地。在 12 世紀中葉，造紙術傳入伊比利亞半島，繼而傳至歐洲各地。直到 18 世紀以前，歐洲各國造紙工場中採用的技術和設備依然都是中國的傳統方法，工藝和質量還遠不及中

國宋代的水平。

四、賈耽《皇華四達記》

比杜佑年長 5 歲、早入相 10 年的同僚賈耽，據說是三國時著名謀士賈詡的後人。賈耽自幼好史地之學，是一位傑出的地理學家，曾任主管外番工作的鴻臚卿。興元元年（784 年），他受唐德宗之命撰修國錄，花費數十年時間對「絕域之比鄰，異番之習俗，梯山獻琛之路，乘舶來朝之人」打聽源流。貞元十七年（801 年），以一寸相當於百里的比例尺繪成《海內華夷圖》，縱三丈三尺，廣三丈。此圖已佚，但金宋之際偽齊曾將其縮刻於石上，可見其大概，今藏於西安碑林博物館。賈耽還著有《皇華四達記》，書亦不存，部分內容收入《新唐書·地理志七下》。

在賈耽調查的七條中外交通路線中，關於西域的通道很可能借鑑了杜環的記載。唐朝的中西陸路通道繼續沿用以往的北、中、南三道，只是三條道路的具體路線隨着環境變化而與前代有所不同。這三條道路在穿過新疆地區之後，繼續向西延伸。北道經過突厥活動區域而至拂菻和西海；中道經過費爾幹納盆地與河中地區進入波斯，然後抵達波斯灣；南道則經過北天竺抵達阿拉伯海。

賈耽記載的七條路線是：營州入安東道、登州海行入高麗渤海道、夏州塞外通大同雲中道、中受降城（位於今內蒙古包頭市）入回鶻道、安西入西域道、安南通天竺道、廣州通海夷道。其中陸路交通增加的主要是安西入西域道和中受降城入回鶻道，它們在唐朝前、後期分別成為中西方陸路交通的主幹道，而安西入西域道又是初唐至盛唐時期的主幹道。

據賈耽《皇華四達記》的記載，這條道路的大體走向是：其一，從

安西（今新疆庫車）向西，經今新疆拜城、阿克蘇，沿塔里木河、阿克蘇河和托什幹河方向至烏什、伊塞克湖南岸及碎葉城，最後到達哈薩克斯坦古怛邏斯城，再向西就與中亞撒馬爾罕等地相連；其二，從敦煌向西，經陽關、羅布泊南岸，北上越天山，沿天山北麓西行至北庭之輪台（今烏魯木齊以北）、弓月城，至碎葉城，同上道會合，這條通道基本上是沿着絲路北道前行。

從西部東來的胡商，則大多從呼羅珊的木鹿（今土庫曼斯坦梅爾夫）到阿穆勒（今土庫曼斯坦納巴德市附近），渡過烏滸河到布哈拉，經庫克到撒馬爾罕。北道在平定西突厥之後日趨重要和繁榮，北道沿線的許多城鎮，如庭州、弓月城、輪台、熱海（伊塞克湖）、碎葉城、怛邏斯等，都成為新興都市和商業中心。

中受降城入回鶻道是中唐之後的中西陸路幹道。據賈耽記載，這條道路的最初走向為：從中受降城（內蒙古包頭西南）向西分兩條道路越過戈壁，至回鶻衙帳（今蒙古哈剌和林以北），北至富貴城（大烏拉東），然後北偏東至骨利幹（貝加爾湖以南），西北至堅昆（葉尼塞河上游）。回鶻自貞觀二十年（646 年）開始擺脫薛延陀的控制，逐漸稱霸漠北，並於開元年間趁東突厥衰落而統一漠北諸部，勢力進一步發展。回鶻在強盛時期，勢力範圍東接室韋，西至金山，南逾賀蘭山而臨黃河，北瀕貝加爾湖，還曾一度西進，到達中亞的粟特地區。一方面，安史之亂爆發後，回鶻曾發兵助唐平亂，此後百餘年間，儘管回鶻橫暴跋扈，貪求無厭，唐王朝因無力阻止而只能盡力滿足其慾望。另一方面，吐蕃趁安史之亂佔領河西、隴右，致使經河西走廊入西域的道路堵塞，因此廣大的回鶻轄地遂成為唐朝通往西方的主要通道。往來於中國和中亞之間的商人和使節，只能穿越回鶻的漠北路前往中原。因此，中受降城入回鶻道的走向有了變化，發展為由長安出發後北上，經山西或陝西及

內蒙古鄂爾多斯草原到達河套，然後北越陰山，再向西北至色楞格河上游，轉西越阿爾泰山，經雙河（今新疆雙河市）、伊犁河後，同安西入西域道會合，從而繞過當時被吐蕃控制的河西與西域地區。

除這條幹道之外，唐代的西域道路在支路上多有擴展。首先是穿越塔克拉瑪幹沙漠的道路因河道變遷與環境惡化而變化。漢代曾有四條穿越沙漠的南北通道：姑墨—于闐，姑墨—皮山，龜茲—扜彌，龜茲—精絕。到了唐代，四條道路並成兩條：撥換城（姑墨）—于闐，龜茲—媲摩（扜彌），它們分別依傍和田河與克里雅河。克里雅河與塔里木河的連接維持到 18 世紀初期，爾後克里雅河流程漸短而沒於大漠，這條道路也隨之荒廢。此外是從皮山向南至罽賓的道路得到充分利用。最後，多條連接天山南北的谷道都被頻繁使用。

唐朝經濟的發展以及對中西通道的大力經營帶來唐代絲路貿易的高度繁榮。對此，我在談到粟特商人的文章中已經有所介紹。吐魯番出土文書《唐開元十六年庭州金滿縣牒小識》，記載當時屬於庭州的金滿縣共收稅金 259 650 文，其中百姓稅只有 85 650 文，商稅則達 174 000 文，是百姓稅款的兩倍多。《資治通鑑》卷二百一十六記載：「是時中國強盛，自安遠門西盡唐境萬二千里，閭閻相望，桑麻翳野，天下稱富庶者，無如隴右。」唐朝詩歌描繪絲路貿易繁榮景象的不在少數。新疆、中亞、西亞等地所發現的大量唐代絲綢、錢幣等遺物，以及中原各地所發現的大量波斯和東羅馬的錢幣、金銀器、玻璃等遺物，也都證明了當時絲路貿易的繁榮。

五、楊良瑤首次出使黑衣大食

杜環《經行記》很可能也為唐德宗初年的一次官方出使提供了新鮮

經驗。貞元元年（785 年），大唐皇帝特命全權大使楊良瑤率領大唐代表團出使黑衣大食。這是一次比明朝鄭和下西洋首航還要早 620 年的海上絲路之旅。①

　　楊良瑤比杜佑年輕一歲，比賈耽晚死一年，他們三人都活到了七十多歲。假如 751 年杜環被俘時的年齡在 20 歲左右，即成丁之際，那麼，他應該出生在 730 年前後，與族叔杜佑以及德宗朝重臣賈耽屬於同一代人。換言之，賈耽、楊良瑤通過同僚杜佑分享杜環的海外經驗，可能性非常大。

　　楊良瑤的情況也很類似。楊良瑤從廣州出發時，固然參考了杜環的記載，而且在他出使回國之後，汲汲於獲取海上絲綢之路交通的賈耽，一定也從楊良瑤的親身經歷中獲取了寶貴的記錄。因此，楊良瑤的出行路線可以從時任鴻臚卿的賈耽留下的記載中比較準確地推知。

　　785 年 4 月某日，楊良瑤的船隊從廣州出發，駛出珠海口，繞過海南島，沿着今越南東海岸南行，過軍突弄山（今越南南部的崑崙島），南行經過海峽（今新加坡海峽），海峽北岸為邏越（即暹羅，今泰國），南岸為佛逝國（今印度尼西亞蘇門答臘），路過天竺、師子國，最後到達大食國的弗剌利河（今幼發拉底河），換乘小船北行至末羅國（今伊拉克重鎮巴士拉），再向西北陸行千里，便可達到茂門王所在的都城縛達城（今伊拉克首都巴格達）。

　　《楊良瑤神道碑》云：「以貞元元年四月，賜緋魚袋，充聘國使於黑衣大食，備判官、內傔，受國信、詔書。奉命遂行，不畏厥遠。屆乎南海，捨陸登舟。邈爾無憚險之容，懍然有必濟之色。義激左右，忠感鬼

---

① 張世民主編，《楊良瑤與海上絲綢之路：〈唐故楊府君神道之碑〉解讀》，西安：西安地圖出版社，2017 年。

神。公於是剪髮祭波，指日誓眾，遂得陽侯斂浪，屏翳調風。掛帆凌汗漫之空，舉棹乘顥淼之氣。黑夜則神燈表路，白晝乃仙獸前驅。星霜再周，經過萬國。播皇風於異俗，被聲教於無垠。」最終「往返如期，成命不墜」。這一段碑文其實就是壓縮版的「楊良瑤行記」。貞元四年六月，轉中大夫，七月封弘農縣開國男，食邑三百戶。推測楊良瑤回國應該是在他獲得晉升封賞之前半年，則其出使時間應該是在 785－787 年，符合「星霜再周」的說法。

這是一次海上絲綢之路航行的完美記錄，是中國官方船隊第一次遠達西亞的阿拉伯世界。

楊良瑤的海上出使路線獲得了同期稍後的波斯地理學家的印證。《道里邦國志》的作者伊本‧胡爾達茲比赫（820－912 年）就有從波斯灣到廣州口岸的反向道路的記載。他描述了當時的一個港口：占城（今越南中部）至中國的第一個港口安南（今越南河內），陸路、海路皆為一百波斯里（里程等於陸地馬行一小時，或者順風船行一小時）。在安南，有中國石頭或者中國的優質絲綢，並且出產稻米。

廣州時稱漢府，從安南到漢府海路四日，陸路為二十日。他說漢府是中國最大的港口，有各種水果、蔬菜、麥類、稻米、甘蔗。從漢府至漢久（當為福建某地）為八日程，物產與漢府同。從漢久至剛突（江都郡）為二十日程，物產與漢府、漢久也相同。

由此來看，當時阿拉伯商船往來於波斯灣與中國之間非常普遍，阿拉伯人對東南沿海的主要港口十分熟悉，廣州更成為當時海路貿易的中心。唐人李肇《唐國史補》說：「南海舶，外國船也，每歲至安南、廣州。」日本僧人所撰《唐大和上東征傳》，記載鑑真第五次東渡失敗，流落到海南、廣州，說珠江口「有婆羅門、波斯、崑崙等舶，不知其數，並載香藥、珠寶，積載如山」。阿拉伯商人《中國印度見聞錄》（915 年

編定），稱唐末廣州的大食人、波斯人、猶太人和拜火教徒外僑有十幾萬人，儘管數字容有誇大，但卻反映了經由海路來華、聚集廣州之胡商的盛況。

當然，楊良瑤的出使並不完全是為了通商貿易，還有政治與軍事目的。根據《新唐書》卷二百二十一記載，黑衣大食「貞元時，與吐蕃相攻，吐蕃歲西師，故鮮盜邊」。大食與吐蕃的軍事對抗緩解了唐朝邊境的壓力。「平時安西萬里疆，今日邊防在鳳翔。」安史之亂後，西北地區納入吐蕃勢力範圍，781 年，吐蕃攻陷了沙州。在這種情況下，德宗朝醞釀結交阿拉伯勢力牽制吐蕃完全有可能。同時還有迫在眉睫的需求，那就是「四王二帝」事件引起的王朝危機。

德宗即位初年，為了打擊藩鎮勢力，反對河北節度使父死子繼的傳承模式激起了河北「四王」並立，還有淮西李希烈和關中朱泚稱帝。德宗被迫從長安出逃，先是在奉天（今陝西乾縣）避難，進而又逃到梁州（今陝西漢中）。興元元年（784 年）正月，德宗派遣使節出使吐蕃求助，楊良瑤就是其中的一員。吐蕃先曾出兵，後又中途撤出，唐朝最終依賴朔方軍和神策軍平定了叛亂，回到了長安。時為興元元年（784 年）七月。這個時節吐蕃卻來要求兌現當初的承諾。解除吐蕃的軍事威脅迫在眉睫，聯絡吐蕃的宿敵大食緩解當前威脅也勢在必行。

如此看來，楊良瑤的出使有着與西漢張騫同樣的目的。貞元十四年（798 年），大食遣使者含嵯、烏雞、沙北三人出使唐朝，德宗皆拜中郎將封號，「賚遣之」，給了豐厚的賞賜遣歸。

六、後論

綜上，我們可以看出，隋唐時期陸上和海上絲綢之路都有了進一

步的發展。這首先得益於大一統王朝的重建，提供了重建絲綢之路的政治動能、軍事與經濟條件。隋煬帝對於西域的興趣，是與其追慕秦皇漢武的事業聯繫在一起的。大業三年（607 年）他還派常駿等人出使赤土國，大致在今馬來半島。《舊唐書・經籍志》云：「《赤土國記》，二卷，常駿等撰。」唐朝前期，邊疆地區羈縻府州的建立、西域地方軍政的重建，都對中西交通的拓展起到了直接的推動作用。唐太宗與高宗時期，王玄策多次出使印度，留下了《中天竺國行記》，共十卷。此外，胡商與使節頻繁往還，長安作為國際都市，人員交往頻密，留下了異域他邦的種種記載和傳說，豐富了唐人對於域外世界的認知。

　　唐朝境內及周邊地緣政治關係的發展也深刻影響到唐時期的對外交通。吐蕃的對外擴張、阿拉伯帝國的興起，使安史之亂之後的唐朝大大收縮了在西域地區的影響力，海路交通反而變得重要起來。需求的變化也促進了航海技術的進步，唐朝後期杜環從海路回國、楊良瑤從海路出使黑衣大食，都變得十分自然。而這些情況，在宋代以後會有進一步的演變。

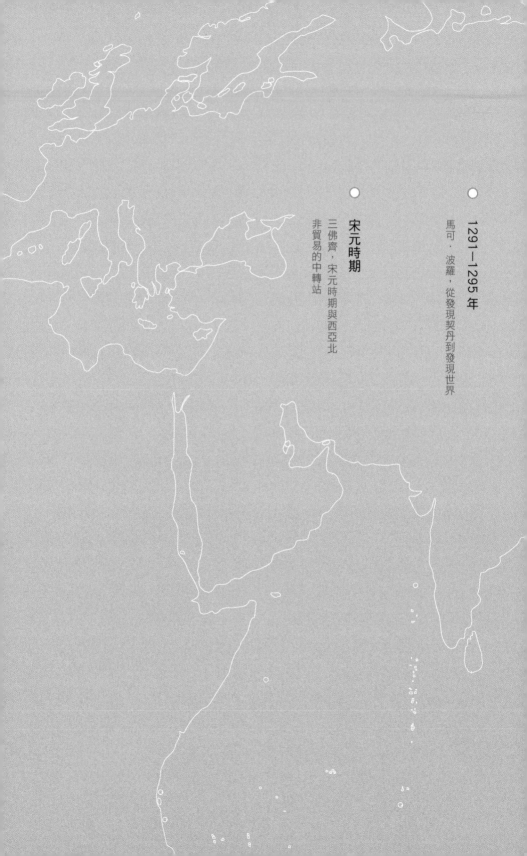

1291－1295 年

馬可‧波羅，從發現契丹到發現世界

宋元時期

三佛齊，宋元時期與西亞北
非貿易的中轉站

第三篇

季風南海

陸上絲路的衰落與海上絲路的興起

● 16 至 17 世紀

澳門是當時
國際貿易航線的
離岸貨棧

● 14 至 15 世紀

絲路兩端的航海探險

第一章

天方海舶：宋元南海「香瓷之路」

自漢唐而至宋元，由中古而至近古，絲綢之路上的貿易活動逐漸發生變化。變化之一：陸上絲路貿易因中亞地緣政治格局的變化而遞減，海上絲路活動因航海技術的改進逐漸活躍起來；變化之二：除絲綢以外的出口商品中，瓷器的比重在增加；變化之三：進口商品中，珠寶的比重在減少，香料的比重在增加，終至超過了珠寶。

簡言之，出口瓷器，進口香料，而且是在海上進行，因此，宋元時代的「南海絲路」又稱「香瓷之路」。

一、香料貿易的增長

中國本土有香料出產。歷朝各地的土貢中，就有香料品種。宋人洪芻《香譜》，就記錄了本土香料的品種與特性。但是，本土香料的數量與品種嚴重不足，於是就有了進口東南亞各地品類繁多的香料的需求。早在宋太祖開寶四年（971 年），就在廣州、杭州、明州（今浙江寧波）設置市舶司，進口東南亞和中東地區的香料。宋太宗太平興國二年（977 年）設置香藥庫使、副使，管理香藥事宜；另設置香藥榷易院，主管香料專賣事宜，設榷易使、副使。太平興國二年，僅香藥榷易院的專賣收入就達到 30 萬緡。

香料貿易的興盛與需求密切相關。唐宋以來，士大夫群體中間興

起的熏香風氣，以及香料之用於醫藥，都與佛教的興起密切相關。香料貿易的發展源自中國內地的巨大需求，包括作為奢侈品、藥品和宗教用品等方面的需求。

北宋末年宰相蔡京會客時，熏香從簾後發出，雲霧蒙蒙，客人們回家後，衣服上的芳馥數日不歇。「陳列諸香藥珍物。」① 南宋詩人陸游說，貴婦乘車馳過，香煙外逸，數里不絕，連塵土也帶香氣。香料和藥材合稱，謂之香藥。《神農本草經》中就有香料入藥，《海藥本草》中記載了外來香藥 50 多種，絕大部分用來治病。《太平惠民和劑局方》記載，用乳香、沉香等入藥，可以治療諸風疾，諸如手足不遂、神智昏聵等。② 正統道藏所收宋代佚名《靈寶玉鑑》，記載了養生保健的香藥沐浴方「煎浴湯」，其法：「桃皮八兩、乳香一兩、竹葉一兩、茅香一兩、柏香四兩、木香一兩、安息香五錢、右銼細，以新水五斗五升，日日午時吞五神符一道，化沐浴淨穢符一道於湯內，想太玄玉女乘龍吐水入室沐浴。」

宋代香藥不僅治病，而且是盛會中餐桌上很有檔次的配置品。蘇東坡《與章質夫帖》云，「今公宴香藥別卓為盛禮，私家亦用之」。③ 宋徽宗宴請樞密使，侍姬捧爐，焚白篤耨香，這種香每兩價值高達 20 萬錢。南宋大將軍張俊，以豐盛的香藥宴席招待宋高宗。民間因而仿效。孟元老《東京夢華錄》記載汴梁有「香藥果子」，吳自牧《夢粱錄》記載南宋臨安有「丁香餛飩」，都是以香料佐餐，其檔次當然有很大差別。

宋代常用的香藥，如乳香、龍腦、沒藥、安息香、青木香、阿魏、

---

① 蔡絛，《鐵圍山叢談》卷二。

② 付璐、林燕、馬燕冬，《〈太平惠民和劑局方〉香藥考》，《中華中醫藥雜誌》第 31 卷第 10 期，2016 年 10 月，第 3917–3921 頁。

③ 戴埴，《鼠璞》。

蓽撥、肉豆蔻、零陵香、丁香、胡椒、甲香、降真香、瓶香、蜜香等，在唐代已有進口。但宋代進口的香藥，其數量和價值遠遠超過了唐代。趙汝適《諸蕃志》記載了 47 種外國物產，註明產自西亞與非洲的 22 種物產絕大部分是香料，如乳香、金顏香、蘇合油、安息香、沉香、篤香、丁香、木香、龍涎香、薔薇水、梔子花等。宋代香藥進口約佔全部海外進口品數量的 1/3 以上。根據《宋會要輯稿》的記載，在與宋朝有朝貢關係的 32 個國家中，香藥朝貢達 213 次。

舉個例子，主要轄境覆蓋今印度尼西亞、馬來西亞的三佛齊國，在 1018 年的朝貢中，進貢的香藥有龍涎香 36 斤、乳香 81 680 斤、蘇合油 278 斤、木香 117 斤、丁香 30 斤、肉豆蔻 2 674 斤、檀香 19 935 斤、篤香 364 斤等。宋代設有內香藥庫，作為朝廷專設的香藥儲藏機構，宋真宗有詩云：「每歲沉檀來遠裔，累朝珠玉實皇居」。

香藥的來源地在唐代有「五源」：拜占庭、波斯、印度、印度尼西亞、中亞。宋代則為「三地」：阿拉伯、印度、東南亞。宋代香藥輸入路線與中國和阿拉伯的貿易路線一致，從阿拉伯、印度到廣州的主要航程中，東南亞地區最為關鍵。

二、「香瓷之路」上的瓷器貿易

宋元時代用甚麼換取這麼多名貴的香藥呢？除絲綢之外，最重要的是瓷器。

中國瓷器外銷始於唐朝。唐末五代，特別是到了宋朝，隨着航海業的發展，瓷器外銷愈加繁榮，因為瓷器適合水運而不適合駝峰馬背運輸。朝廷在沿海重要口岸，如廣州、杭州、泉州等地設立專門的貿易機構市舶司，管理對外貿易。大批外銷瓷從這些港口起運，經水路

運到西亞北非。

宋元時代外銷瓷器主要有越窯的青瓷精品、景德鎮的青白瓷。越窯之名，始見於唐代，與唐代的飲茶風氣密切相關。五代時，為錢氏政權燒製秘色瓷。浙江龍泉窯青瓷從 11 世紀北宋時期開始，經過元代，迄於 15 世紀的明朝永樂、宣德年間，四百年間暢銷不衰。

僅次於龍泉青瓷的外銷瓷還有江西景德鎮及閩粵名窯生產的青白瓷、白瓷。中國的瓷器在亞非各國受到普遍歡迎。近年考古工作者在波斯灣入海口的巴士拉、紅海南端的亞丁港、東非海岸以及地中海地區都曾發現不少宋瓷殘片。

元代外銷瓷主要是青花瓷，又稱白地青花瓷，常簡稱青花，是一種以鈷礦為原料製作的釉下彩瓷器。所謂「釉下彩」，是指在陶瓷坯體描繪紋飾，並罩上一層透明釉，經高溫還原一次燒成。原始青花瓷早在唐代已有零星生產，用於出口。成熟的青花瓷則出現在元代，主要產地是景德鎮。這種瓷器含有氧化鈷的鈷料，燒成後呈藍色，着色鮮豔，色性穩定。而「鈷」需要大量進口，這就使得青花瓷的貿易成為一個雙向的商品和文化交流過程。

距今伊拉克首都巴格達以北 120 多公里，靠近底格里斯河東岸，有一個古老的城市叫薩邁拉，9 世紀中葉時是阿拔斯王朝的首都，有 7 位哈里發在這裡統治着阿拉伯帝國。這個波斯灣上最重要的貿易城市富有鈷礦，正是宋元以來青花瓷器所使用的進口釉下青料——「蘇麻離青」或「蘇勃泥青」的重要原產地。「蘇麻離青」或「蘇勃泥青」的發音與薩邁拉及當時通用的敘利亞語發音 Sumra 是相通的。

阿拉伯地區向中國出口「蘇麻離青」優質鈷料，這可以叫「來料加工」；還有「來樣加工」，即提供青花瓷紋飾圖案。這個時期的元代青花瓷在裝飾和造型上有明顯的伊斯蘭風格，包括濃烈的伊斯蘭風格的器

皿，如大罐、大瓶、大盤、大碗等飲食器皿，適應了伊斯蘭地區穆斯林家庭席地而坐、一起吃飯的風俗習慣。有不少青花瓷上摹寫《古蘭經》、《梵經》和波斯銘文等作為裝飾，伊斯坦布爾收藏的元代青花瓷堪稱世界之冠。還有一些小型器皿，如小罐、小瓶、小壺，則多銷往菲律賓等東南亞地區，是為滿足東南亞人當作陪葬物而製作的外銷瓷器。

宋人朱彧自號「萍洲老圃」，宋徽宗年間撰成《萍洲可談》，記載了宋代外貿盛況。如關於宋代外貿管理制度，舶船到港後由市舶司介入管理程序，包括「編欄」（派人監護）、「抽解」（徵進口稅）、「呈樣」（給港口官員呈送樣品）、「禁榷及博買」（政府優先收購專賣貨物，並確認進口商自賣部分）。關於外商在華居住的「蕃坊」也有記載：「廣州蕃坊，海外諸國人聚居。置蕃長一人，管勾蕃坊公事，專切招邀蕃商入貢。」又說：「蕃人衣裝與華異。飲食與華同……但不食豬肉而已。」

朱彧還介紹了僑居穆斯林與宋朝婦女通婚之事：「元祐間，廣州蕃坊劉姓人娶宗女，官至左班殿直。劉死，宗女無子，其家爭分財產，遣人撾登聞院鼓。朝廷方悟宗女嫁夷部，因禁止。三代須一代有官，乃得娶宗女。」該書對於往來海上的出口瓷器盛況的記載如下：「舶船深闊各數十丈，商人分佔貯貨，人得數尺許，下以貯物、夜臥其上。貨多陶器，大小相套，無少隙地。」近些年發現的「南海一號」沉船中打撈出來的瓷器多達 13 000 件套。瓷器的數量和碼放情況證實了朱彧的記載。

三、東西洋：香瓷貿易的樞紐

在瓷器西去、香藥東來的過程中，處於海上絲路貿易中心的東南亞，位置尤其重要。東南亞地區在中國古代叫「南海」或「南洋」，明代

又叫「東西洋」（意為東西水路交通樞紐），是促成這種香瓷貿易的中心樞紐。宋代把東南亞乃至非洲東岸地區統稱為「南海諸國」（相關記載主要收入《宋史》卷四百八十八、卷四百八十九），但有學者統計，與宋代有海上貿易關係的國家有 50~60 個。[①]

宋元時代，東南亞諸蕃國的經濟中心是三佛齊。外貿方面的詳備記載見於宋人趙汝適《諸蕃志》。該書卷下「乳香」條說，乳香又名熏陸香，出大食國的「深山窮谷中」，「以象輦之至於大食，大食以舟載易他貨於三佛齊。故香常聚於三佛齊」。又在「金顏香」條說，正品出自真臘（今柬埔寨），大食次之。又說，所謂三佛齊有此香者，都是從大食販運來的，「而商人又自三佛齊轉販入中國耳」。這些三佛齊的商賈往來中國，有時候長時間在廣州、泉州等外貿港口定居，甚至娶妻生子。宋人林之奇《拙齋文集》卷十六稱，「三佛齊海賈，以富豪宅，生於泉者，其人以十數」，即三佛齊的海外貿易商中的富豪，有十多位就出生在宋代的泉州。

南宋周去非《嶺外代答》，記有三佛齊等「南海諸國」以及麻嘉國（今沙特阿拉伯麥加城）、白達國（今伊拉克巴格達）、勿斯離國（今埃及）、木蘭皮國（馬格里布，今北非一帶）等國家和地區的情況，稱三佛齊：「在南海之中，諸蕃水道之要衝也。」東自中南半島，西到西亞大食諸國，「無不由其境而入中國者」。

三佛齊有個地方叫凌牙門，位置即今日之新加坡，尤其是東西交通樞紐，是通往印度、阿拉伯、非洲的必經之路。趙汝適說，從泉州冬月順風一個多月的航程可達。元人馬端臨說，若海上風順，從凌牙門

---

① 陳高華、吳泰，《宋元時期的海外貿易》，天津：天津人民出版社，1981 年，第 29 頁。當然不全是東南亞地區，也包括東亞和南亞國家。

二十多天就可以到達廣州。三佛齊利用這樣的交通位置，成為中國與西亞北非貿易的中轉站。

雖然三佛齊本身也產香藥和青料，但所產都不屬於上乘。三佛齊不僅沉香較之中南半島諸國（如柬埔寨）為差，而且其盛產的檀香也比不上印度。乳香的極品則出自北非和阿拉伯半島南部，龍涎香更不產於茲。那麼，為甚麼從大食等國進口的優質香藥都齊聚三佛齊呢？因為三佛齊聚集了大量的中國瓷器。三佛齊——今日之馬六甲海峽通道兩側，利用自己的中轉貿易位置，使香藥和瓷器成為東西貿易中的主要商品，促成了「香瓷之路」的佳話。

在今日「一帶一路」的建設中，東南亞依然扮演着東西方商品貿易和文化交流的重要中轉角色。

四、宋元時期對於外貿的管理

唐以前，航海貿易沒有專門的管理機構，都交由沿海州郡地方長官監管，地方長官因此常謀得厚利，唐代初期仍沿襲舊制。唐代中葉以後，海上貿易的興起促使唐朝政府加強對海上通道的經營力度。廣州作為唐朝與「南海諸國」主要通商港口，從武德至天寶時期，海外貿易不斷勃興，地方官吏為從中漁利而巧取豪奪，而朝廷開始着手監管進出口貿易。至遲在開元二年（714 年），唐朝設市舶使於廣州，並對輸入的珍貴物品實行收買專賣（「收市」或「榷」），廣州收買專賣的收入相當於當地的兩稅收入。市舶使的派遣說明海上貿易有了與前代完全不同的規模和意義，貞元至天祐年間（785－907 年），廣州對外貿易平穩發展，歷任嶺南節度使和市舶使在其中發揮了重要作用。但市舶使職務仍屬使職差遣性質，不是管理貿易的專門職務。

　　兩宋政府沿用唐朝的思路，力圖通過加強管理以獲取來自海上貿易的利益，同時也採取積極的措施推進海上貿易，體現出對海上貿易既鼓勵又控制的管理方針。在唐代市舶制度的基礎上，宋朝設立較完備的市舶機構，並把市舶制度發展為系統的、有條文的貿易管理體系，此制度旨在把重要的對外貿易項目收歸政府壟斷，以獲得巨額收入。海上貿易的收入在宋代已經具有一定的財政意義，而陸路對外貿易在宋代從未納入過財政體系。同時，管理對外貿易及進口商品行銷的整套機構都是根據海上貿易而非陸路貿易的需要設立的。北宋初年就在廣州、明州、杭州三地各設市舶司管理海上貿易，此後在泉州、密州（山東諸城）、秀州（浙江嘉興）、溫州、江陰也相繼設司。南宋以後，除密州、江陰外，其餘諸司依然存在。市舶官起初由地方任命，逐步發展為由中央派任，市舶司最終成為一個直屬中央的專門管理海上貿易並具系統職能的獨立機構，由此使海上貿易成為一個獨立的行業。

　　市舶司的變化表明宋政府對海上貿易管理的總趨勢是由中央與地方共同管理向中央統管轉變。按《宋史》卷一百六十七所載，市舶司職掌以下事務：接待貢使、招徠蕃商；檢查入港蕃舶；抽解與博買舶貨；抽博貨物的送納與出售；管理舶貨販易；管制華商汎海貿易；執行海禁、緝訪私販；監督與管理蕃坊；主持祈風祭海。

　　管理舶商的程序是，凡船舶出發之前，先到市舶司登記，由該司發給准許出海貿易的公券或公據。船舶回航時必須回到原出發港口交還公據。徵收舶稅暨抽解則是當船舶抵岸後，需先將全部貨物送存市舶庫，由市舶司根據貨物的種類、價值，「抽解」1/10~4/10 的舶稅。收買或抽博舶貨是指當貨物經過「抽解」後，要先經官府低價「博買」，「博買」的比例根據貨物種類從 1% 到 4% 不等。「博買」之後才發給允許自由銷貨的公憑引目。而銷貨若在本州境內就不再徵稅，若遠銷外州

還需另外交稅。有些貨物則規定只能由官方「博買」，禁止民間經營，稱為「禁榷」，主要是針對奢侈品。

祈風祭海這項職能尤具宋代特色。祈風祭海是海商貿易活動不可或缺的重要組成部分，海商以之為關係財運興衰甚至生死的大事，海神和天妃在他們的生活中具有無上權威。唐代後期，廣州南海神廟的官方祭拜活動已經與對外貿易產生關聯。設於珠江口扶胥港的南海神廟不僅因中外海商進出港口時祈求報謝而香火鼎盛，它也列於國家祭祀，嶺南地方官員和市舶官員定期祭拜並多次整修擴建。到了宋代，政府為了最大限度獲取貿易利益和牢牢控制海上貿易，乾脆把民間久已盛行的祈風祭海活動變為一項國家制度，委派市舶官員和地方官主理其事，並對海商信仰之神及祭祀活動興隆的地方賜以封位和名號。每當船舶出港或入港時，當地市舶司都要舉行盛大的祈風儀式。宋代泉州是一個通商巨港，現在該地九日山上還保留不少祈風石刻，由此可以想見當時盛況。

儘管宋朝政府控制市舶貿易的意圖十分明顯，但畢竟市舶貿易是和朝貢貿易完全不同性質的貿易形式，它是宋朝政府和私人海商發生的貿易關係，以追求經濟利益為主要目的。宋代市舶貿易中的商品絕大部分要投入市場並散佈民間，並通過對商品的「抽解」和「博買」為政府帶來十分可觀的經濟收入。

宋朝政府也對貿易港實行系統管理，貿易港的興衰不僅取決於經濟、交通等自然條件，而且受到政府政策的調控。宋政府把對港口的控制作為管理海上貿易的重要內容，干預和調整港口佈局，根據形勢需要關閉或扶持某些港口。如明州和密州市舶司受到政府的強烈干預，南宋寧宗更化之後，廢掉江陰、秀州、溫州的市舶務，這都對貿易發展造成不利影響。唐代主要貿易港有交州、廣州、泉州、揚州等四大港，

宋代則北自京東路，南至海南島，港口以十數，且這些港口不再是零星的點狀分佈，而是受區域經濟和貿易狀況的影響，大致可以分為廣南、福建、兩浙三個相對而言自成體系的區域，並且在每個區域中形成大小港口並存的多層次結構。兩浙路以杭州和明州居主導地位，福建路以泉州居主導地位，元祐二年（1087 年）於泉州設市舶司，總領福建路海上貿易，廣南以廣州港為主導，廣州港是全國最早設立市舶司的港口，並在兩宋很長時期內執海上貿易之牛耳，歲入曾居全國市舶收入十之八九。政府對貿易港的日常管理措施包括：在貿易港修建固定的停泊碼頭，碼頭建市舶亭或來遠亭，以利對進出港船舶的檢查和抽稅。在貿易港口設儲存貨物的倉庫，設專門的機構保護港口及入港商船的安全，如廣州、泉州等港設望舶巡檢司，廣南路設打擊海盜的摧鋒軍，泉州港建軍寨。這些軍隊還有杜防走私貿易的目的。建立系統的出入港登記、驗貨、抽解與收買、辦理公憑等制度，市舶機構中市舶使、勾當公事、孔目、專庫、專秤等各級官吏無不與港口管理有關。

　　宋朝市舶司招徠番商外使的任務還包括維護外來商客正當利益，但實際上遠超過維護正當利益，而是對外商提供一系列令本國海商望之興歎的優惠待遇。如外商有在華居住權和貿易權，其財產、習俗等方面的權利受保護，有入學、入仕的機會，遇難外商可得宋政府撫卹和救濟，政府每年還設宴犒勞外商。除開列如上優惠措施外，政府甚至派員直接去海外招商。《宋會要》載宋太宗雍熙四年（987 年）遣內侍八人齎敕書金帛，往「南海諸國」招引外國商人來華貿易。南宋因只有半壁江山，政府收入更有賴於海上貿易，宋高宗趙構對此有清醒的認識。據《宋會要》記載，趙構分別於紹興七年（1137 年）和紹興十六年（1146 年）發佈鼓勵市舶貿易的諭令。《宋史》記載孝宗乾道四年（1168 年）下詔對招誘外商有成績者給予官爵獎勵，而蔡景芳就因招誘舶舟有功補承

信郎,大食商人蒲囉辛以所販乳香值三十萬緡亦補承信郎。

　　元代特殊的歷史環境下,陸上絲路有所復興,但對貿易的貢獻不能與海上貿易規模相提並論。元代建立以後,除了在船舶製造技術和開闢航線方面有新氣象,也繼承兩宋時期積極發展海上貿易的政策,並在制度方面進一步完善,從而使元朝的海路交通和海上貿易在宋朝的繁榮局面上更上一層。元朝政府對海上貿易的管理大體承襲宋朝的政策,如在重要港口設置市舶提舉司,置海外諸蕃宣慰使與市舶使,也對海上貿易進行積極鼓勵,但對海上貿易的控制更加嚴密。

　　1277年,元政府首先在泉州、寧波、上海、澉浦設置市舶提舉司,後又增加廣州、溫州、杭州三處,此後雖有改動,但廣州、泉州、寧波三處一直保持。海外諸蕃宣慰使一職表明元朝官方直接出面招邀海外諸國,但除此種鼓勵措施之外,還從1285年起採取「官本船」政策來推動海上貿易。《元史》卷九十四《食貨志二》記載,「官本船」就是「官自具船,給本,選人入蕃貿易諸貨,其所獲之息,以十分為率,官取其七,所易人得其三」,也就是國家投資而由民間海商或船主來經營,這種做法對海上貿易的發展有明顯促進作用,但也體現了政府壟斷海外貿易的意圖。

　　唐宋兩代雖都擬過一些有關市舶的法則,但未形成完整的市舶條法,而元朝政府在1293年制定了市舶法則二十三條,後於1314年修訂為二十二條,在中國歷史上第一次規定了中外商舶從事海上貿易的細則。元代市舶法則的制定是為了加強對海上貿易的管理,禁止各種非法貿易活動,保證國家從市舶的抽分與稅收中所得的利益,同時也在一定程度上考慮到海上貿易可以「便民」。按市舶法則的規定,中國海舶在開洋前要向市舶司報明船舶的大小、船上的成員、所載的貨物和目的地,由官方驗核後發給公據。出洋以後,必須在規定時間內返回,

並「不許越投他處」。海舶回來後，必須向市舶司報明運回的貨物種類、數量等，由市舶司進行抽分和徵稅。而抽分和徵稅的比例變化較大，元初基本實行細貨二十五分取一，粗貨三十分取一；1293 年的市舶法則規定粗貨十五分取一，細貨十分取一，另在抽訖貨物中徵收三十分之一的商稅；1314 年定市舶法則時，抽分改為粗貨十五分取二，細貨十分取二。對於不服從以上規定，或存在藏匿、夾帶、私販、擅自發舶、轉岸私賣以及多抽、受賄等行為均屬違法，輕則沒收貨物或贓賄，重則判處刑罰。市舶法則還規定金、銀、銅錢、鐵貨、人口、絲綿、緞匹、銷金、綾羅、米糧、軍器等均屬「不得私販下海」的物品。由此看來，元代對海上貿易的控制非常嚴格，伊本·白圖泰在其遊記中對這一點就有詳細生動的描述，並為之大發牢騷。而絲綢製品在海上貿易中受限，反而促進了瓷器外銷。

五、海上貿易與對外關係

兩宋時期不僅發展海上貿易，也積極通過海路同東南亞、南亞以及阿拉伯等地的國家和地區建立親善關係，海路成為中國與海外各國交往的主要通道。如《宋史·外國傳》的交趾、占城、真臘、蒲甘等東南亞諸國，「自劉、陳洪進來歸，接踵修貢。宋之待遇亦得其道，厚其委積而不計其貢輸，假之榮名而不責以繁縟。來則不拒，去則不追。邊圉相接，時有侵軼，命將致討，服則捨之，不黷以武」。對於在海上貿易中有重要地位的國家，宋朝政府更是以封賜、厚贈等措施主動修好。如中西海路貿易中的重要中轉站、蘇門答臘島上的古國三佛齊，《宋史》卷四百八十九《外國傳五·三佛齊傳》載宋政府在元豐年間（1078－1085 年）、咸平六年（1003 年）對之有巨額饋贈，並滿足其為本國佛寺

賜名、賜鐘的要求，諸種優待使三佛齊在兩宋入貢三十多次。宋政府亦主動與貿易地位同樣重要的西亞阿拉伯國家建立友好關係，乾德四年（966年）首先遣僧行勤招諭之，開寶元年（968年）大食第一次向宋朝遣使，此後則不斷來朝，《宋史》《宋會要》《諸蕃志》等書記載了五十多次。這種睦鄰友好的外交政策對兩宋時期的海上貿易發展有重大影響。

與宋朝類似，元朝政府也致力於通過海路與東南亞、南亞和西亞各國積極建立官方關係。至元十五年（1278年）元朝消滅南宋以後，試圖繼續向南擴張，忽必烈時期曾先後出兵安南、蒲甘、暹羅、占城、爪哇等地，其中1282-1283年對占城和1292年對爪哇發動的戰爭都是通過海路進行的。兩場戰役都以元軍的失敗告終，不過這些戰爭客觀上也促進了元朝與東南亞的交通往來。忽必烈去世後，新即位的元成宗停止了對東南亞的軍事進攻，這些國家也相繼向元朝遣使朝貢，彼此維持和平友好的外交關係。

元朝也同印度有密切來往，且主要通過海路進行。當時的印度已分裂為眾多小國，其中馬八兒與俱藍是兩個較有勢力的國家。馬八兒（今印度科羅曼德爾沿岸）在印度東南端，而俱藍（今印度奎隆）在印度西南端。1279年，忽必烈遣使詔諭海外諸蕃，馬八兒等奉表稱藩，但俱藍等國未予理會，於是導致楊庭璧四次使印。楊庭璧生平不詳，曾任廣東招討司達魯花赤。據《元史》卷二百一十載，至元十七年（1280年），楊庭璧第一次出使印度，自海道抵達俱藍後，俱藍國王以其弟為使，隨楊庭璧一同歸國，並呈「回回字降表」。次年，楊庭璧與俱藍使者同行欲往俱藍，至斯里蘭卡後因阻風乏糧，只好先到馬八兒，準備沿陸路前往俱藍，但因正值馬八兒與俱藍交惡，未能抵達而返回。至元十九年（1282年），楊庭璧第三次沿海路出使俱藍，其國王再次表示願

遣使向元朝進貢。當時在俱藍的印度其他小國使者也來會見楊庭璧，並紛紛表示「願納歲幣，遣使入覲」。楊庭璧同俱藍使者一同回國途中，那旺國（今孟加拉灣東南的尼科巴群島）和蘇木都剌國（蘇門答臘島北部）還派使者隨同來元朝朝貢。1283 年，楊庭璧作為元朝的宣慰使再次出使俱藍等國。楊庭璧的四次出使極大地提高了元朝在東南亞和南亞的影響，到至元二十三年（1286 年），響應楊庭璧要求先後入元朝貢的海外諸藩共有十國。

隨着海上貿易的繁榮，宋代已有大量海外客商留居中國，特別是阿拉伯商人，由於往返一次通常歷經兩年，因而必須留居中國。這些短期留居中國的海商被稱為「住唐」，在當時的重要貿易港口廣州、泉州都有規模很大的專供他們居住的「蕃坊」，並置蕃長進行管理，參見《萍洲可談》所載。這些海外客商中也有不少人長期留居中國，甚至幾代定居，中文史籍稱他們「土生蕃客」。由此也出現了教育這些客商子弟的專門學校「蕃學」，蘇軾《辛押陁羅歸德將軍敕》記大觀、政和年間（1107－1118 年）廣州、泉南請建蕃學。有些客商家資巨萬，富甲一方，甚至對政治事務有重大影響力。按蘇轍《龍川略志》卷五《辨人告戶絕事》和《宋史》卷四百九十《外國傳六 · 大食》的記載，蘇軾提到的這位辛押陁羅不僅是巨富，而且曾向宋朝政府提出願意捐獻銀錢幫助修繕廣州城垣，但未被接受。泉州的大食商人蒲壽庚也在海上貿易中積累了大量的財富，並因率兵擊敗海盜而被任為泉州舶司三十年，後又升任福建安撫沿海都制置使，仍兼提舉市舶。因其既掌握軍隊又掌握財政，還指揮着大量海舶，所以當不嫻水師的元軍攻佔東南沿海時，蒲壽庚對元軍的態度具有舉足輕重的作用，他於景炎元年（1276 年）投降元朝之舉大大加速了南宋的滅亡。

在海上貿易的促進與影響之下，元代許多沿海商業城市都達到高

度繁榮，令來華人士驚歎不已，馬可‧波羅的遊記和 14 世紀初來華之意大利方濟各會士鄂多立克口授完成的《鄂多立克東遊錄》，都對中國沿海城市的海上貿易盛況和繁榮景象有過形象的描述。元代最著名的海上貿易港口城市當屬泉州。蒲壽庚降元使泉州得到元朝政府的着力經營，而泉州本身具有天然良港的優越條件，福建又盛產瓷器、茶葉等主要出口商品，泉州當然會成為元代最大的對外貿易港口和東西方物資的集散地。不但大部分出口物品都經泉州輸出，大量進口物資也經泉州轉往國內各地。元代泉州港的繁榮已超過廣州，而按《馬可‧波羅遊記》所說，甚至當時世界上著名的埃及亞歷山大港的貨物吞吐量也無法與之比擬，《伊本‧白圖泰遊記》亦認為就船舶容量而言，泉州港是世界上最大的港口。元代泉州對外貿易的空前活躍，直接反映了當時中國海上貿易之興盛。

第二章

《馬可‧波羅遊記》：
從發現契丹到發現世界

　　香港國泰航空（Cathay Pacific Airways）英文譯名中的第一個單詞 Cathay，原意是契丹，現在都譯成中國。西方是通過契丹發現了中國，進而發現世界的。

　　契丹──中國東北地區的一個古老部族，在唐朝時就很活躍，唐亡後建立北方政權遼（916－1125 年），金滅遼，遼朝貴族耶律大石率領其中的一部往西建立了西遼（1124－1218 年），疆域橫跨中國新疆與中亞地區。西遼曾擊敗突厥人在中亞和西亞建立的塞爾柱帝國，後者曾是花剌子模的宗主國，每年向西遼進貢 3 萬金第納爾。西遼的國力強盛一時，震動西亞和歐洲，被突厥語文獻和西方史籍稱為哈剌契丹（Qara-Khitay，Khitay 即 Cathay），1218 年亡於成吉思汗西征。契丹譯名卻流傳下來，被西方當作中國本土的代稱。

　　大蒙古國時期，率先東行的傳教士柏朗嘉賓、魯布魯克在遊記中都提到契丹，還推測契丹人就是古代的賽里斯人。但是，真正在契丹生活、遊歷，並留下令人眼花繚亂的記錄的是威尼斯人馬可‧波羅（1254－1324 年）。

一、馬可‧波羅與他的遊記

馬可‧波羅出身於威尼斯商人家庭，17 歲的時候隨父親與叔父來中國經商。當時正值大蒙古國統治時期，東西交通暢達。他們一家本來想從霍爾木茲海峽坐船直接到達中國，後來改從中亞陸路，途經新疆、敦煌，1275 年來到北京。在中國生活了 16 年之後，1291 年初（此處離華年代的考證採用業師楊志玖先生的意見），馬可‧波羅從泉州出發，離開中國。1295 年回到威尼斯後，馬可‧波羅參加了威尼斯與熱那亞的戰爭，被俘後，在監獄裡留下了著名的《馬可‧波羅遊記》。

《馬可‧波羅遊記》重點記述了馬可‧波羅在忽必烈統治下的元朝所見到和聽聞的各地風土人情，還包括日本、東南亞、印度等地的情況。作為商人，馬可‧波羅的主要興趣集中在經濟、商業、道路和地形上。他記載了北京城（汗八里）棋盤般的整齊街道、宵禁制度、鐘鼓樓，他提到北京市場上南來北往的商人、印度和中亞的買客，他關注金銀、寶石、珍珠、鹽、稻米、穀物、大黃、薑、糖、香料，當然也有中國最主要的貿易商品——絲綢和瓷器。他說世界上任何珍稀的物品都能在北京的市場上獲得，僅每天馱運生絲進城的車就不下千輛。他詫異地說，「大汗用樹皮所造之紙幣通行全國」，當金銀一樣充軍餉。元朝對於交通運輸、關津道路、驛站以及物價的管理、南宋民眾的工藝和經商才能、宏大而美麗的城市與港口、有着舟楫之利的廣闊的水域交通系統，都令馬可‧波羅讚歎不已。雖然書中有關個人在華經歷不乏吹噓之詞，比如襄陽獻炮、在揚州為總管三年之類，但是關於「契丹」風貌的記載是翔實而具體的。

《馬可‧波羅遊記》在西方產生巨大影響，被稱為世界第一奇書。然而該書面世 700 多年間，不斷有人質疑馬可‧波羅是否到過中國。

有的說，馬可・波羅最遠不過到了他們家族在黑海或者君士坦丁堡的
貨棧。這麼說來，馬可・波羅的資料是憑空捏造不成？在馬可・波羅
之前，歐洲完全沒有關於遠東地區的可靠信息，那麼他會從哪裡得到資
訊呢？有人說，他關於契丹的資訊可能出自中東（波斯文或阿拉伯文）
導遊手冊或旅行指南，因為他沒有提到茶葉、筷子、長城、漢字。這
種臆測真是毫無道理。天知道是否有過這樣的導遊小冊子！假如真的
出自波斯或者阿拉伯人的「導遊手冊」，資訊應該十分「周全」，絕不會
遺漏筷子、漢字這類標誌性的中國事物。相反，正因為馬可・波羅不
寫漢字，不喝茶，不用筷子，沒有見到「契丹概述」之類的文獻，全憑
個人直觀感覺，才不會提到這些「導遊手冊」應該提及的內容。至於長
城，因秦長城已廢棄，現在所見明代長城尚未修，馬可・波羅當然無從
談起。相反，馬可・波羅所記載的有些事件，比如，1291 年初，他們
一家從泉州（時稱刺桐）啟程回國時，與元朝派出的三位使者同行，三
位使臣是護送闊闊真公主去伊爾汗與阿魯渾大王成親的。這些事件「導
遊冊子」絕不會記載，只有親歷者才得以傳聞。

　　馬可・波羅經海上絲綢之路回歐洲的途中，在東南亞地區逗留數
月。他說南中國海地區有 7 448 座島嶼，大部分島嶼都有人居住，蘇門
答臘及其附近的島嶼是珍貴的香料產地，那裡出產黃金、藥材和寶石。
馬可・波羅回到歐洲的時候，恰逢家鄉威尼斯與熱那亞之間爆發戰爭，
他參戰被俘，在獄中口述東方見聞，受到特殊關照，因為熱那亞人關心
他提供的商業信息，尤其是絲路那邊的信息，最後同室難友、傳奇作家
魯思梯謙根據馬可・波羅的口述及其後來補充的相關筆記，筆之於書，
於 1298 年完稿。

二、《馬可・波羅遊記》的傳播與影響

馬可・波羅發現了契丹，而他的遊記則成為激勵西方努力發現新世界的契機。

此前西方世界對於遠東的知識，基本依據古典時代歐洲最著名的地理學家托勒密所著《地理學》，認為只有取道陸路才能到達絲國（中國）。而馬可・波羅則表明，亞洲大陸的東部並非封閉的水域，而是海岸的邊緣。馬可・波羅記載的「行在」（即杭州城），距離海洋僅25英里（約40千米），「在一名澉浦城之附近」，可以乘船從海路到達。有西方史家評價說，「馬可・波羅對亞洲東海岸的描述，對於排除前往遠東海路上的許多困難有巨大價值」，哥倫布就是手握着《馬可・波羅遊記》尋找前往契丹的海洋之路的。可以說，地理大發現的偉大壯舉肇始於14世紀。

馬可・波羅生前及死後一個時期，其遊記的影響十分有限，因為其傳奇內容被視為不經之談。這也難怪，因為遊記最早的書名就叫作《天下奇聞錄》。但是，14世紀初一些前往東方的傳教士獲得該書後，逐漸將其傳播開來。至今不同語言的手稿有119份，而且沒有哪兩份是完全一樣的。該書還不斷被吸收進其他著作中。14世紀50年代，有一部歐洲的編年史著作記錄了馬可・波羅對於遠東的觀察；1375年《加泰羅尼亞地圖集》出版，也參考了馬可・波羅對於亞洲的記錄。於是，《馬可・波羅遊記》臻於信史行列，不斷發酵並指引人們去發現新世界。除哥倫布外，地理學及地圖學家托斯堪內里、為新大陸命名的亞美利哥、領導首次環球航行的麥哲倫、繞過好望角的達・伽馬，無一不是《馬可・波羅遊記》的忠實讀者。

哥倫布經常閱讀的，是一本1485年印行的拉丁文版《馬可・波羅

遊記》，他做了 264 處邊註，共 475 行。對他影響最大的是托斯堪內里，後者本是一位醫生，又是業餘天文學、地理學愛好者，他堅持認為亞洲位於歐洲以西 3 000 英里（約 5 000 千米），他繪製了一幅地圖，地圖上的歐洲在大西洋東面，亞洲在大西洋西面（那是美洲）。托斯堪內里的研究成果就來自馬可·波羅的記載。托斯堪內里多次與哥倫布通信，回答詢問。他堅信亞洲大陸比托勒密設想的更加向東延伸，提出了西行尋找東方的許多具體設想，還把自己新繪製的上面提到的那幅世界地圖提供給哥倫布。他的意見和地圖促使哥倫布下定決心西航。

1492 年首航時，哥倫布不僅帶着一本《馬可·波羅遊記》，而且帶着一封西班牙國王正式致蒙古大汗的國書和兩份空白的備用國書。他抵達美洲東海岸後，就按圖索驥尋找「行在」（杭州），以為古巴就是馬可·波羅提到的「吉潘各」，即日本。

1498 年達·伽馬率領葡萄牙船隊繞過好望角，來到印度洋。達·伽馬是《馬可·波羅遊記》的忠實粉絲。在他率領船隊出發之前，所做的重要的準備工作之一，便是再次仔細地通讀《馬可·波羅遊記》，然後才感到準備就緒，可以啟航。

馬可·波羅一家橫跨歐亞在華旅行得益於「蒙古和平」營造的環境，此時中國對於絲綢的銷售不加限制。《馬可·波羅遊記》得以引領地理大發現，則是因為其時地中海地區的商業革命（12 至 14 世紀），帶來的對於東方香料和中國絲綢的渴望。同時，亞洲中部和西部地緣政治發生變化，帖木兒帝國（1370－1507 年）控制了中亞，奧斯曼帝國（1299－1923 年）統治了西亞，歐洲人不滿意絲綢之路被阿拉伯世界壟斷，攜航海技術進步的優勢，要直接走到遠東貿易的前台，《馬可·波羅遊記》給他們指明了航行的方向 —— 中國和印度！

著名的《加泰羅尼亞地圖集》被譽為中世紀最好的世界地圖，正式

名稱是《1375 年加泰羅尼亞地圖集》(現藏於法國國家圖書館,地圖繪製在 6 張羊皮紙上,後來因為對折次數多了,在對折的地方折斷,變成了 12 張羊皮紙)。其中關於東亞部分的知識主要來自《馬可·波羅遊記》和鄂多立克等人的東方遊記。該圖關於中國部分的記載是:北方是契丹,有大汗及其都城汗八里(北京);南方是南宋,這裡有著名城市刺桐(泉州)和行在(杭州)。還提到從汗八里到「蠻子省」的運河。

《加泰羅尼亞地圖集》的作者並沒有到過中國。因此,「契丹」被證實為現實的中國,還要等到《加泰羅尼亞地圖集》出版 200 年之後。1575 年,曾到過福建沿海的西班牙人拉達報告說,「我們通常稱為『中國』的國家,曾被威尼斯人馬可·波羅稱為『契丹』」。1601 年意大利傳教士利瑪竇來到北京,根據他的生活經驗以及對於經緯度的實測,確鑿無疑地告訴歐洲朋友,北京即馬可·波羅說的汗八里,契丹和中國都是指他所在的大明王朝。

《加泰羅尼亞地圖集》表現出三條貫穿亞洲大陸的通道。第一條位處中央,西方的起點是匯入鹹海的烏滸河(今阿姆河),止於汗八里,但也標出極東處是杭州,這條路線描繪的正是馬可·波羅的父親和叔父首次前往大汗王庭所行路線。第二條通道較靠南,從霍爾木茲海峽出發,經過赫拉特、巴達哈傷,沿着塔里木盆地南緣從于闐到羅卜城(羅布泊地帶),這是波羅兄弟帶着馬可·波羅進行第二次旅行的行蹤。第三條路線在地圖的北部邊緣部分,相當混亂。它穿過伏爾加河河谷上方的一系列城鎮,一直到大概是額爾齊斯河上游的地方。這條路線南部是被叫作「賽波山脈」的東西走向的廣闊範圍,抵達天山和阿爾泰山的西北面。這條路線的資料不是來自馬可·波羅,它表現的地點曾是 13 世紀至 14 世紀初期方濟各會士傳教站所在地,因此這些細節無疑來自那些曾在亞洲腹地活動的方濟各會士。地圖上也有一些關於契

丹的細節，比如汗八里城表現得非常突出，並附一則長篇註記描寫它的廣大和壯麗。按照 19 世紀法國漢學家考迪埃的研究，該地圖中標註的契丹內部的城市大體上都能與馬可·波羅描述的旅行路線相聯繫。

最充分地利用《馬可·波羅遊記》來繪製東方部分的圓形世界地圖是意大利本篤會士馬羅的作品，圖的方向是上南下北，現存於威尼斯的馬爾恰諾圖書館。圖中的城鎮以及關於它們的大量註解都直接取自馬可·波羅的描述，例如馬可·波羅從北京到泉州沿線經過的地方大部分都出現在這張地圖裡，儘管順序並非正確。同時圖中還繪製了馬可·波羅提到的一些地方特徵或他的相關評論，比如這個城市的黃金與絲綢，那個城市的瓷器，這個地區以蔗糖著稱，那個地區生長巨大的蘆薈等。馬羅的世界地圖雖然仍是圓形結構，但吸收了很多關於東方的新知識，其中關於東南亞部分的資料已經超出《馬可·波羅遊記》，並且在佈局上可能受到托勒密地圖的影響。所以這份地圖通常被認為達到中世紀製圖學的頂峰，又在某些方面被看作中世紀製圖學和文藝復興時期製圖學之間的過渡，是 15 世紀製圖學各種新舊因素交匯的結果，而馬可·波羅的東方遊歷見聞成為它不可或缺的組成部分。

三、馬可·波羅之前的東方遊記

馬可·波羅並不是第一個向西方報道中國的歐洲人，比他更早的是蒙古帝國時期的歐洲傳教士魯布魯克。在此必須從成吉思汗西征談起。

「成吉思汗」在蒙古語中是「擁有海洋四方」的意思，典雅的說法大概等同於「橫掃六合」。成吉思汗及其子孫三次西征，建立了蒙古帝國，橫跨歐亞，東到太平洋，西達黑海，南到中南半島，北抵北冰洋，說「橫

掃六合」也算名副其實。

　　從 1206 年鐵木真（成吉思汗）被推舉為可汗，到 1259 年，其嫡孫蒙哥汗去世，蒙古帝國存續的時間不長。帝國的遺產就是分裂後的元朝，以及察合台汗國、欽察汗國、伊利汗國和窩闊台汗國（主要在今新疆、中亞、西亞及俄羅斯部分地區）。元朝與四大汗國之間交通暢達，傳驛制度完善，物品與人員的交流盛況空前。中國的雕版印刷術和火藥，就是此時經過阿拉伯人傳到西方的。許多西方人來到遠東，出使、經商或者旅行，留下了許多知名的遊記。他們把中國內地叫作大契丹（原南宋地區叫「蠻子省」）。

　　蒙古帝國第二次西征（1235−1242 年），繼征服了斡羅斯各公國（今俄羅斯、烏克蘭等地）之後，又在里格尼茨（今波蘭境內）擊潰了波蘭和普魯士聯軍，踏進匈牙利境內，甚至乘筏渡過了奧得河，兵鋒直逼德國邊境，別部挺進維也納附近。羅馬教廷和歐洲各國君主驚慌失措，莫知應對。西方人所謂「黃禍」一詞，最早就是指從天而降的蒙古騎兵。

　　1245 年，新即位僅兩年的教宗英諾森四世，召集全部主教在法國里昂開會，商討對策。前線傳來的信息說，蒙古貴族及其追隨者中有許多人信仰基督教。於是，教皇決定派遣教士出使蒙古帝國，打探其宗教信仰狀況，最好能讓他們信仰基督教。意大利人柏朗嘉賓榮膺其選，1245 年首途之日，他已 63 歲高齡。

　　柏朗嘉賓於 1246 年 8 月到達了哈剌和林（今蒙古國前杭愛省境內，額爾德尼昭以南），見到了貴由汗，次年 11 月回到歐洲，交上了一份旅行報告。這是西方世界第一份關於遠東地區的完整文字記載。讀讀全文的標題，你就知道他們想打聽甚麼：「他們所在的方位、資源和氣候條件」，「他們的服裝、住宅、財產和婚姻」，「他們崇拜的神，他們認為罪惡的事，占卜術、滌除罪惡和殯葬禮儀」，「他們的性格、

風俗習慣和食物等」，「韃靼帝國及其首領的起源，皇帝與王公們的權利」，「關於戰爭，他們軍隊的結構和武器，他們在作戰中的計謀，對待戰俘的殘酷手段，他們攻奪城堡的方法和對降敵的背信棄義」，「他們怎麼媾和，他們所征服地區的名字和他們施行的暴政，曾經勇敢抵抗他們的地區」，「怎樣同他們作戰，他們的意圖是甚麼？他們的武器和部隊組織，如何在交戰中防範他們的計謀，他們的要塞和城市的防禦設施，怎樣對待韃靼人俘虜」，「韃靼人的省份以及我們所經過的那些地區，我們遇見的證人，韃靼皇帝和諸王的宮廷」。

顯而易見，柏朗嘉賓力圖摸清蒙古人的戰爭實力、作戰特點、武器裝備，其出使的軍事意圖遠大於傳教目的。他稱中國內地為「大契丹」，說起元朝與金朝的戰爭時稱蒙古人「尚未征服契丹的另外半壁江山（南宋），因為它在海上」。

柏朗嘉賓回國不久，法國國王路易九世於 1249 年又派遣使者前往汗八里拜見蒙哥汗。使者報道了蒙古王公改宗基督教的情況（基督徒被稱為「也里可溫」），其中想像的成分居多。

遼金時期，也里可溫遍佈蒙古乃蠻、克烈、汪古等部，這似乎坐實了歐洲流傳的東方有約翰長老的故事。蒙古帝國的第三次西征（1251－1253 年）摧毀了巴格達和敘利亞，在基督教世界贏得一片喝彩聲，刺激了歐洲教俗世界要聯絡蒙古人制裁穆斯林的幻想。因此，法王於 1253 年派遣方濟各會士威廉·魯布魯克出使蒙古王庭。如果上次出使是打聽軍情，這次出使就是試圖傳播福音。

魯布魯克於 1255 年 8 月回到的黎波里（今利比亞首都），留下的報告有三十八章，他列專章介紹了也里可溫及其寺廟、和尚的寺廟和偶像、參加宗教論戰的情況。當時英國著名哲學家培根在巴黎會見魯布魯克時曾談到東方見聞。1266 年培根在自己的書中轉述了魯布魯克的

觀察，説「契丹」是一個國家的名字，契丹人居住在東部臨海的地方，他們可能就是古代的賽里斯人。他們生產最好的絲綢，由於一座城市得到「絲人」之名。有人説，大契丹的這座城市，城牆由銀子築成，城樓遍佈金子。契丹還有許多省沒有臣服於蒙古人。契丹人身材矮小，説話帶濃重的鼻音，有着東方人普遍都有的小眼睛。這些契丹人都是優秀的工匠，學過各種各樣的手藝。他們的醫師熟悉草藥的特性，熟練地摸脈診斷……他們有很多人在哈剌和林做工，子承父業。他們要給蒙古人交納巨額賦税，約有 15 000 千馬克（重的銀錠），這還不算交納的絲絹、糧食及其他勞役。魯布魯克首次準確地把契丹人和「古代的絲人」聯繫在一起，還提到了中醫和中草藥，對漢人形體的描述和蒙古人奴役內地掠來的工匠的介紹也很具體，很可能他在和林親眼見到過漢人。

與以教宗或法王的使者身份出使蒙古帝國不同，另外一位東行的西方傳教士鄂多立克是自己來到中國旅行的。這時已經是蒙古帝國崩潰之後的元朝了。他於 1322－1328 年在中國旅行，比馬可·波羅要晚三十多年。其遊記三分之一説的是中國，即「契丹」和「蠻子省」。

鄂多立克的興趣不在宗教，也不在軍事，他對中國的描述偏重於政治方面。他不厭其詳地敘述朝廷的集會、朝參的秩序、觀見皇帝的場面、軍隊和狩獵、驛站的快捷等。介紹帝國的行政區劃為 12 個省，原南宋地區有 2 000 個城市，這還不包括 5 000 個島嶼。説到宮廷建築壯麗輝煌，城市宏偉、美麗、眾多，讚不絕口。他對其他任何地區都沒有像對中國那樣頻繁有時甚至比較細碎地介紹。他介紹民俗與特產時，以獵奇心態居多。

鄂多立克高度肯定「契丹」和「蠻子省」的所見所聞，從風光景色到城市和財富。他讚揚中國男人「英俊」，女人之美貌為「世界之最」。

他稱讚建築物的外表和裝潢，很少評價其建築技術和風格。作者有時直接把東方和西方聯繫起來，但最多的比較只是度量數據的不同；有時他也用家鄉的城市來比較遠東的城市。他讚歎廣州有眾多的船隻，「整個意大利的船隻都沒有這一座城市的船隻多」；讚歎杭州城是世界上最大的城市，「確實大到我不敢談它，若不是我在威尼斯遇見很多曾經到過那裡的人」；他還説南京城裡竟然有 360 座石橋，「比全世界的都要好」。總之，在比較中，鄂多立克強調的是東方文化與本身文化的相似性，有時甚至還有優越的地方。

以上是利瑪竇明末來華之前，曾在遠東旅行的幾個著名的基督教傳教人士。雖然行色匆匆，可是都留下了遊記。後來就有傳教士常駐遠東傳教了，如 1292 年到達北京的傳教士孟特·科維諾，就在北京設立了主教區。他們多有商人陪同。早在 1224 年熱那亞就建立了印度貿易促進協會（東方貿易促進會），反映了當時東西方商貿關係的發展。孟特·科維諾自稱他在北京的教堂用地是一個西方商人購得的，泉州主教安德烈在 1326 年的信中提到他的教區的熱那亞商人，還有人提到泉州熱那亞商人的海外貨棧，鄂多立克說到廣州的許多商行。但是除馬可·波羅外，很少有商人留下他們在東方活動的報告。

從發現契丹到發現世界，經歷了兩百年。而這正是歐亞大陸平衡被打破，西方超越東方處於「山雨欲來風滿樓」之前夜的兩百年。

第三章

三保太監鄭和與航海王子亨利

明初鄭和七下西洋，首航於 1405 年，距今 615 年。

鄭和是雲南人，本姓馬，小名三保（也作三寶），回族，先祖西域人，元初移居雲南。明初以元朝雲南梁王府（雲南梁王為忽必烈所封，是元世祖的後裔）的俘虜身份，進宮成為小太監，年僅十來歲，撥入燕王朱棣府使用。在「靖難之役」中，30 歲左右的鄭和正當年富力強，「出入戰陣，多建奇功」，因而受到朱棣賞識，賜姓鄭，選為內官監太監，習稱三保太監。

鄭和家族世奉伊斯蘭教，但他本人後來又接受了菩薩戒，至少名義上成為一名佛家弟子，以便在明朝宮廷生存。因其祖父與父親均曾赴麥加朝聖，鄭和幼時對海外情況就有所了解，因此也成為執行朱棣海外揚威計劃的當然人選。所謂「西洋」，當時並沒有嚴格界說，大體是以今加里曼丹島為界，即今印度洋及其沿岸國家和地區，與後來所說的「大西洋」沒有關係，如《東西洋考》所說：「文萊，即婆羅國，東洋盡處，西洋所自起也。」鄭和七下西洋可以分為兩個階段，前三次行跡限於東南亞和南亞一帶，後四次航程遠及阿拉伯半島和非洲東海岸。與 785 年大唐皇帝特命全權大使楊良瑤從廣州出使黑衣大食相比，雖都是經由海上絲綢之路的官方出使，但鄭和出使的規模無疑要宏大氣派得多。

一、鄭和遠航的偉大事業

永樂三年（1405 年），鄭和第一次出航西洋，率「寶船」62 艘，士卒 27 800 多人，自蘇州劉家港（今江蘇太倉瀏河鎮）出發，出長江口泛海至福建，同年冬借北風經占城、爪哇、舊港（今蘇門答臘巨港）、錫蘭（今斯里蘭卡），最後到達古里（今印度半島南端卡利卡特），永樂五年（1407 年）返回中國。1407–1409 年、1409–1411 年，鄭和又分別完成第二次和第三次西洋之航，路線和行程都與第一次接近，並且也都以古里為終點。鄭和在這三次航行中訪問的國家有滿剌加（今馬六甲）、榜葛剌（今孟加拉）、錫蘭、溜山（今馬爾代夫）、蘇門答臘、古里、小葛藍（今印度奎隆）、阿魯（今蘇門答臘島西部）、占城、暹羅、加異勒（今印度半島南端納加爾考耳一帶）、甘巴里（今印度南端肯帕德）、柯枝（今印度科欽）等。而朱棣招攬諸國的目標也進展順利，鄭和第一次下西洋返回途中，蘇門答臘、古里、滿剌加、小葛藍、阿魯等國就派使者隨船隊入華朝貢。當然，招徠入貢的代價並不低，若無足夠的物質利益可圖，以和平方式懷柔遠人是不易實現的。如第二次下西洋路經錫蘭時，鄭和除以漢文、波斯文和泰米爾文三種文字勒石留念外（此碑已在斯里蘭卡被發現，現藏於斯里蘭卡國家博物館），還向當地佛寺佈施了大量錢財，計有金一千錢、銀五千錢，外加大量的紡織品、香爐、花瓶、燭台、燈盞、香盒等物。對一座佛寺尚且如此，對所訪問諸國政府的賜贈當然更加豐厚。

鄭和通過在東南亞和南亞的三次遠航，已經圓滿地完成了在這一地區幫明朝政府恢復外交聲譽的任務，然而雄心勃勃的明成祖意猶未盡，認為「遠者猶未賓服」，於是在永樂十年（1412 年）再次派遣鄭和出洋並要求擴大航行範圍。這次鄭和船隊在沿前三次航線到達古里後，

繼續向西北航行，到達了波斯灣出口的忽魯謨斯（可指霍爾木玆海峽及周邊，也可指波斯灣的阿巴斯港），向忽魯謨斯王頒賜了錦綺、彩帛等物，忽魯謨斯王遂於次年朝貢。隨後，鄭和又訪問了阿拉伯半島南端的阿丹（今亞丁）、東非的木骨都束（今索馬里摩加迪沙）、不剌哇（今索馬里布拉瓦）、麻林（今肯尼亞馬林迪）等地，於永樂十三年（1415 年）歸國。1417－1419 年、1421－1422 年、1430－1433 年間，鄭和又完成了三次遠洋航行，路線大致與第四次相同。鄭和之後四次下西洋，活動範圍擴展到阿拉伯海和印度洋周邊地區，並同東非地區建立聯繫，而這些國家也大都派出使團，隨鄭和來明朝朝貢。如木骨都束和不剌哇在 1416－1423 年間曾四次派使者來明朝訪問，麻林國也於 1415 年、1416 年和 1420 年三次派遣使者前來，各自都曾獻給明廷一些罕見的動物，如花福鹿（斑馬）、獅子、千里駱駝、駝雞（鴕鳥）、麒麟（長頸鹿）。麻林國 1415 年獻的長頸鹿被當時的國人認作「麒麟」，麒麟一向被視為瑞獸，只有政通人和、國家繁榮昌盛時才會出現，看來麻林國的這次貢獻頗合明成祖製造「萬邦臣服」局面的意圖。明成祖對長頸鹿也高度重視，禮物送到時在奉天門接收，同時百官稽首稱賀。

　　1433 年，在第七次下西洋的過程中，當船隊從忽魯謨斯回航至古里時，鄭和病逝於當地，遺體按慣例葬於大海，船隊於同年回到中國。明朝在南京牛首山下為鄭和設衣冠塚，至今此墓猶存。鄭和七下西洋歷時 28 年，訪問國家逾 30 個，為發展中西海路交通和友好往來貢獻了畢生精力，也為明朝政府樹立了積極正面的形象。具體而言，促進了明朝與亞非諸國的交往關係，確立了明朝友好和平的外交形象，加強了亞非國家間的經濟文化交流。

二、鄭和遠航的組織與意義

　　鄭和的船隊，人員超過 27 800 人，隨行的各類船艦達 200 餘艘，最大航程 1 500 海里。如此龐大的海軍隊伍，如何組織有序、保證安全、不辱使命，都考驗着鄭和的組織領導能力，也反映了明初國家能力所達到的高度。

　　鄭和船隊組織嚴密。據《鄭和家譜》「隨使官軍員名」記載，領導管理團隊中，有「欽差正使太監七員」，首席欽差正使自然是鄭和，《明史》卷三百零四《鄭和傳》說，「永樂三年六月，命和及其儕王景弘等通使西洋」。這裡的「其儕王景弘等」，應該就是太監 7 人中的其餘 6 人。此外，還有副使監丞 10 員、少監 10 員、內監 53 員。這是一支 80 人的領導團隊，分為四個層級。其中正使、副使（監丞）、少監等 27 人構成核心領導層，內監 53 人是執行領導層。

　　在專業執行團隊中，負責對外交涉採辦的官吏有鴻臚寺班序二員以及買辦、通事等；負責內部財務管理、文書賬簿的有戶部郎中、舍人，負責醫療治理的有醫官、醫士等。

　　各艘船均有負責海航和船務工作的專業團隊，有火長（船長）、舵工（操舵手）、班碇手（起落船錨）、民艄（升降帆篷）、水手（划槳）等。陰陽官、陰陽生則負責觀察和預報天文氣象工作。負責護航軍事工作的有都指揮 2 員、指揮 93 員、千戶 104 員、百戶 103 員。其餘則是兩萬多人的旗校、勇士、力士、軍士等。

　　鄭和船隊的七次航行，前三次最遠到達的是古里，後面四次則遠至波斯灣、紅海，最遠到了非洲東部海岸。我們從《鄭和航海圖》中可以發現，許多我們今天熟悉的地方卻被冠以不熟悉的古老名字。比如他們去過舊港，今印尼蘇門答臘南部城市；去過淡馬錫，這是新加坡的

古稱；去過官嶼，即馬爾代夫首都馬累；去過忽魯謨斯，即霍爾木兹。
到過的非洲東岸地區，則有木骨都束（索馬里的摩加迪沙一帶）、慢八
撒（肯尼亞第二大城市蒙巴薩）、孫剌（莫桑比克索法拉河口）、比剌（今
莫桑比克港）。這些地區大多見於《明史‧外國傳》，該書卷三百二十六
《外國七》記載往來各國時說，「又有國曰比剌，曰孫剌。鄭和亦嘗賚敕
往賜。以去中華絕遠，二國貢使竟不至」。說明鄭和船隊遠到莫桑比克
海峽，東非莫桑比克索拉法省及其河口，大約是鄭和航行最遠之地。再
往前進一步，就是南非海岸了。

　　鄭和下西洋期間，中外使節往來之頻繁為中國數千年歷史上所僅
見。每一次鄭和船隊歸國時，都有許多外國使節隨隊前來中國。如第
五次下西洋回國時帶來 17 個國家和地區的貢使，第六次下西洋回國
時帶來 16 國貢使。同時，入華來訪使者的級別也明顯提高，除一般使
節、王子、王妃外，這一時期有 4 位國王共計 8 次親自來華，即滿剌加
（1411 年、1419 年、1424 年、1433 年）、蘇祿（今菲律賓南部蘇祿群島，
1417 年）、渤泥（今加里曼丹島北部，1408 年、1412 年）和古麻剌朗（今
菲律賓棉蘭老島，1420 年）的國王，其中蘇祿、渤泥、古麻剌朗三國
國王還都長住中國直至病逝。1408 年渤泥國王病逝後，明成祖輟朝三
日。此外，由於鄭和的推動，過去很少與中國往來的許多國家，特別是
東非國家，也與中國建立了官方聯繫。

　　鄭和下西洋時每次都率數萬人的軍隊，但卻從不輕易用兵。鄭和
在 28 年間在海外用兵僅三次。第一次下西洋歸國途中，在舊港遭遇潮
州海盜陳祖義劫掠船隊，鄭和對其進行圍殲，將陳祖義擒獲並帶回國內
處死。第三次下西洋經過錫蘭時，其國王試圖搶劫船隊財物，向鄭和船
隊發動進攻，被鄭和擊敗，並將其國王和家屬生擒，後押回國內。明成
祖也並未懲罰錫蘭王，而是將其釋放送回錫蘭，但是命其國另立賢者為

王。第四次下西洋在歸程中途經蘇門答臘時，適逢其國內亂，國王宰奴里阿必丁以前就受過明成祖冊封，而其繼父之弟蘇幹剌預謀篡奪王位，雙方正在對戰。蘇幹剌對明朝政府不頒賜自己大為不滿，遂率軍隊襲擊鄭和船隊。鄭和與宰奴里阿必丁相互配合，大敗蘇幹剌並將其生擒。這三次用兵，第一次是清除海盜，後兩次都屬於自衛性質。而 1406 年鄭和船隊途經爪哇時，正值其國東、西二王兵戎相見，西王誤殺鄭和兵士逾 170 人，當鄭和調查清楚確係誤殺後，也並未以武力相報復。可見鄭和奉行和平政策，不濫用兵力之不誣。鄭和在海外未劫掠任何財物，未侵佔一寸土地，更未駐一兵一卒，這與半個世紀後東來的西方殖民者形成鮮明的對比。

三、鄭和之後為甚麼沒有再下西洋之舉

鄭和病逝之後，浩浩蕩蕩的明朝船隊在南海、阿拉伯海、印度洋之間頻繁往來的現象徹底沉寂，其中原因可以從政治、經濟兩個方面來分析。

從政治方面看，鄭和下西洋是為執行明成祖「宣德化而柔遠人」的傳統對外政策，而非歐洲大航海那樣為資本原始積累服務。當帝王在經濟上足以應付巨大開支時，為了實現其政治抱負，就會產生積極向海外拓展的雄心偉志。而當這種政治目的在一定程度上得到滿足，或經濟上因開支浩繁而難以承擔時，帝王自然會缺乏積極進取的熱情。因此，鄭和航海事業的興廢主要取決於皇帝的個人意志，而在總體上趨向保守的明代後期，大規模的航海運動顯然缺乏必要的政治基礎。如果鄭和航海也如歐洲那樣，不單純是以統治者的個人意志為轉移，而是致力於為一個有足夠獨立性的資產階級開闢廣闊的海外市場，那麼就會有持續的動

力和經濟援助支持這樣的遠航運動繼續發展下去。可以説，中國社會發展的歷史走向決定了鄭和下西洋這樣的事業只能是曇花一現。

　　從這方面原因看，鄭和下西洋根本無法作為常規航海活動維持。首先，鄭和與海外各國的貿易關係主要是朝貢貿易形式，遵循「厚往薄來」的政策，完全違反商業規則，導致朝貢貿易的規模越大，明朝政府的負擔就越重，終至於不能承受。朝貢貿易或貢賜貿易是國家與國家之間發生的貿易關係，伴隨着政治性的朝貢行為，貢品直接收歸朝廷或者賞賜貴族、官僚，回賜往往大大超過貢品本身的價值。這種貿易形式的政治利益遠大於經濟利益，屬於傳統中國外交政策的一部分，也是古代對外貿易的重要形式。鄭和下西洋拓展了朝貢貿易的範圍，從坐在家中等外國使團來貿易變為主動出門去賜贈，朝貢貿易的性質如故，並未發生改變。

　　鄭和寶船每到一處，不是「開讀賞賜」，就是「賞賜宣諭」。「賞賜」分為兩類：一類是無償饋贈給國王、王室人員以及大小首領的私人之物，另一類是對「貢獻」的「回賜」，而「回賜」之物的價值常遠高於「貢物」價值。具體而言，鄭和船隊每次都以大量的絲綢、瓷器、茶葉、金、銀、銅錢、鐵器、農具等，以「厚往薄來」的原則交換所訪問國家的土特產暨奢侈品。據《明會典》、《明史》、《瀛涯勝覽》等書的統計，各類進口物品有：布類51種，香類29種，珍寶類23種，藥品類22種，動物類21種，五金類17種，用品類8種，顏料類8種，食品類3種，木料類3種，總計185種，其中以香料、胡椒、棉布等進口貨最多。嚴從簡《殊域周咨錄》卷九記載鄭和下西洋為明朝帶來的物質好處是「奇貨重寶，前代所希，充溢府庫」。而在東南亞一些地區，甚至建造寺廟和寶塔的磚瓦、琉璃都是由鄭和船隊運去的。按照當時人的評價，所回收物品的價值尚不及所賜物品價值的十分之一二。以今天的經濟眼光

審量，這種只出不進的虧損型賬目除了導致國庫空虛乃至破產，恐怕不會有其他結果。

其次，鄭和每次下西洋的船隊都規模浩大，大小船隻要保持兩百餘艘，這麼多船隻的建造、修理、維護費用，還有每次隨行兩萬多人的日常消費與賞賜等，本身就是一筆巨大的開支。《明成祖實錄》卷七十八記載，鄭和第三次下西洋歸來後，除按船隊官兵等級賞賜大量彩帛棉布等實物外，還賞每人十錠寶鈔，因此僅對隨行人員的賞賜一項就需要二十餘萬錠。下西洋花費高昂，加上對海外諸國比例懸殊的厚賜薄取，七下西洋實際上成為消耗大量國庫儲備的活動，幾乎引起明朝經濟的崩潰。最明顯的例子就是明朝實行的紙幣寶鈔貶值。洪武八年（1375年）發行大明寶鈔，其上文曰：「大明寶鈔，天下通行。」其後雖也有貶值現象，但不算嚴重。但自鄭和下西洋以來，明朝政府大量印發鈔票以填補所需費用，結果至鄭和去世的宣德八年（1433年），寶鈔巨幅貶值，形同廢紙。於是民間拒不用鈔，專以金銀、實物交易。大明寶鈔原為明朝賞賜朝貢者的主要賞賜品之一，在國外也頗有信譽，范成大不無誇大地說：「大明寶鈔，華夷諸國莫不奉行。」① 而後卻因寶鈔不斷貶值以致再用寶鈔償付外蕃來貢時遭到拒絕。鄭和七下西洋曇花一現的壯舉，是朝貢貿易原則被運用到極致以至於失敗的典型案例，也是中西文化交流古典時代結束時最精彩亦最哀傷的謝幕。②

---

① 彭信威，《中國貨幣史》，上海：上海人民出版社，2017 年，第七章《明代的貨幣》，特別是第 465－468 頁、第 490－498 頁。

② 《大明會典》卷一百零七結尾處提到永樂時西北諸國朝貢中有「日落國」，但僅有其名。有人考證此「日落國」即汪大淵《島夷志略》、周致中《異域志》中的荼弼沙國，並謂該國使節是羅馬教皇派的使節。參見：廖大珂，《「日落國」考證 —— 兼論明代中國與羅馬教廷的交往》，刊《廈門大學學報》（哲學社會科學版），2005 年第 4 期，第 108－114 頁。

四、鄭和的對手：葡萄牙航海王子

鄭和船隊在東非海岸探索的同時，歐洲的對手——葡萄牙王子亨利（1394－1460 年），一位比鄭和年輕 20 歲的「航海王子」，也在非洲西岸從事偉大的航海事業。

同樣是航海家，鄭和更像一個政治外交家，而葡萄牙的這位亨利王子，則是一個技術專家。同樣是皇家資助的航海事業，鄭和是在完成天子的政治外交使命，亨利王子則於宗教狂熱、經濟利益追求之外，還癡迷於對航海科學、技術和知識的探求，後者甚至是他熱衷於航海探險事業的重要原因。

亨利王子終身未婚，一生中絕大部分時間遠離首都里斯本的塵囂，在葡萄牙西南海角的邊陲小鎮薩格里什度過。在這裡，他創建了地理研究院、航海學院、天文台以及收藏地圖和手稿的圖書檔案館。他不僅廣泛搜集了地理、造船、航海等各種文獻資料，而且極其包容地網羅了具有不同信仰的學者，這些學者都是地理、天文、製圖、數學方面的專家。亨利自任航海學院的校長，學校開設地理、天文和航海方面的課程。他們孜孜以求地探討：能夠沿非洲海岸向南航行到香料群島嗎？人類能在赤道地區居住嗎？地球究竟有多大？為此，亨利王子組織了一次又一次前往西非海岸的航海探險，不斷搜集航海資料，改進造船、製圖和航海技術。有西方史學家把亨利王子對航海事業的熱情稱為一種「前科學的好奇」。把對航海科學和海洋知識的探求本身當作目的，這是鄭和的航海活動所不具備的。

亨利王子要求派出的探險隊對新發現地區的地理概況和資源情況做詳細記錄，比如有關海潮、風向、魚和海鳥運動的報告，他們把這些資料搜集在一起，加以比較研究。1434 年，他的探險隊成功地越過博

哈多爾角（過去人們認為人到此就會變黑），了解到北大西洋的風向和洋流規律，發現只要離西非海岸向西北航行，就會遇到能把他們帶回葡萄牙的西風。這一經驗大大地鼓勵了葡萄牙人穿過赤道、繞過非洲南端的航行勇氣。哥倫布的西行也得益於這種關於大西洋風向和洋流的知識。

亨利王子的探險隊沿西非海岸向南航行的同時，就在繪製關於非洲海岸的航海圖。亨利王子的哥哥佩德羅 1428 年從威尼斯帶回一張世界地圖和一本《馬可・波羅遊記》，對亨利王子的航海製圖起了積極作用。這些地圖中以弗拉・莫羅的《世界地圖》最為知名，該圖的非洲部分就是在亨利王子的著名探險隊長卡達莫斯托的幫助下畫出的。葡萄牙人把對航線的探索變成航海科技，鄭和的海航記錄只是馬歡、費信、鞏珍等隨筆式的文人遊記。

鄭和的海航結束了，明朝中國的航海事業就結束了。但是，亨利王子去世後，亨利王子開創的葡萄牙航海事業卻依然發揚光大。薩格里什的航海學院，西非海岸的探險實踐都培養和訓練了一大批富有經驗的水手和海員，其中包括迪亞士等著名航海家。通往印度和美洲的藍圖也是在這裡醞釀形成的。15 世紀每一個由陸路或海路從事地理發現的人，多少都受惠於亨利王子的航海研究事業。

就鄭和航行船隊的規模以及航行里程的長度而言，可謂世界上空前的壯舉。其成就突出地顯示了「舉國體制」的宏偉、高效、壯觀。亨利王子的航海活動則包含着精明的算計、科學的熱情和經濟的追求。鄭和下西洋以政治目標為準，基本上不是為了貿易經營。《明實錄》記載明成祖登位不久，在給南洋諸國發佈的詔書中是這麼說的：太祖高皇帝之時，諸番國來朝，我大明王朝都待之以誠，「其以土物來市易者，悉聽其便」；或有不知避忌，誤有干犯憲條之事，也皆予以寬宥。

諸番國前來「市易」,是朝廷對於諸番國的恩惠,是鞏固政治互信的手段。

鄭和在海上的行動,總體上是和平使者,每次出行都撒出大筆錢財,引導東南亞各國向風慕義,朝覲大國,不搞殖民地,不做人販子。鄭和曾經幫助途中的國家穩定其統治秩序,對於在南洋的華人,則盡力要求其返回中國。亨利王子派遣的葡萄牙船艦卻是殖民行為。1419年佔領馬德拉維,將其作為殖民地;1427年發現亞速爾群島,5年後宣佈其為殖民地;1441年,葡萄牙船長貢薩爾斯從布朗角上岸,帶走10個黑奴;1445年,迪亞斯在塞內加爾河口擄掠235名黑人,並帶回葡萄牙進行拍賣。此後,葡萄牙經常派一些人去西非海岸,掠奪黑人為奴。有統計稱,15世紀後半葉,平均每年從非洲掠走的黑奴有500~1 000人。亨利是航海王子,同時也是販賣非洲黑奴的先驅。1460年亨利王子逝世時,葡萄牙把從直布羅陀到幾內亞的3 500公里西非海岸納入自己的版圖。

這就是歷史的悖論。虔誠地追求航海科技,同時也理直氣壯地從事黑奴貿易和殖民事業,他們聲稱,不信仰上帝的異教徒,其土地和財產,都應該由上帝信徒去佔領。這就是西方的興起!以舉國之力,花無數的錢財去宣揚國威,換來的卻是大明王朝的表面榮光和最終的衰落。同樣的航海,不一樣的結局。思考其間的許多道理,無論是對西方看東方,還是東方看世界,都深有裨益。

第四章

晚明盛清的中歐貿易格局（上）：
雙嶼港與海上走私

15 世紀末以來，西方開啟了全球擴張的大航海時代，到了 16 世紀，以馬六甲（1511 年被佔領）為前哨，葡萄牙人已經大舉在南亞、東南亞和東亞地區拓展商業利益。在火器的支持下，他們的商船貿易所向披靡。與此同時，遠在東方的大明王朝則開啟了禁海時代。禁海的原因與倭寇猖狂有關。

一、倭寇問題與雙嶼港口的興起

從某種角度來看，倭寇是明朝失敗的海洋政策的附屬品。明太祖朱元璋建國之後不久，就關閉了所有的自由貿易港口，將對外貿易關係全部納入朝貢體系中。朝貢成為唯一的中外通商形式，私營貿易一律禁止。這對於唐宋元以來東南沿海發達的民間貿易來說是一次大倒退。

宋元以來，粵閩浙沿海的民間貿易就是長三角和珠三角地區經濟繁榮的重要組成方面。寧波通日本，泉州通琉球，廣州通占城、暹羅、西洋諸國。現在嚴禁瀕海居民、衛所守備將卒各類人等私通海外諸國，阻斷了許多百姓的生計，阻斷了許多衛所將士家屬的經商機會，也阻斷了許多富商大賈的發財之路。

　　政府禁令是一回事，民間走私是另外一回事。海外貿易公開不行，只能是私下進行，這就是所謂的「走私」。商人李光頭、許棟、汪直等人就是其中的犖犖大者。走私船不能靠岸，一個叫雙嶼港的地方就成為走私商品的集散地。

　　雙嶼港在中文資料中又叫雙嶼門、雙嶼洋。它之所以成為中西貿易的一個中心地點，有三大原因。

　　第一是時代，第二是地理，第三是機緣。海禁時代，雙嶼港遠離陸地、矗立海洋之中的獨特地理優勢就顯現出來，而葡萄牙人前來則提供了歷史機遇。

　　明代在今天的舟山市建設了舟山衛，作為海防要塞的據點，衛之下設所。雙嶼就是舟山衛下屬的郭巨所管轄的兩個孿生小島。島嶼位於舟山衛城以南百餘里處，郭巨所則在今寧波北侖區郭巨鎮，相距僅十幾海里。

　　天台山餘脈延伸到東海之中，露出海平面，成為眾多的海山，雙嶼島就是由海山構成的兩座島嶼。兩島之間狹長的水道構成深水良港。由於周圍的海山阻擋了季風和海浪，雙嶼港成為吃水深且風平浪靜的天然良港，向南的出口可以通向域外各地。

　　寧波和舟山是明朝初年割據勢力方國珍部的活動中心。方氏政權還與北元政權保持聯絡，朱元璋通過禁運困擾方國珍，殃及濱海漁民；由於規定「片板不能入海」，嚴屬禁止與海外商船進行交易，也嚴重損害了唐宋以來日漸繁榮的海上絲路貿易。

　　與唐宋不同的是，此時江南經濟特別依賴對外貿易。明代中後期的江南，特別是蘇、松、杭、嘉、湖五府，經濟繁榮，商品經濟發達。其外銷商品最近的港口就是附近的寧波港（上海港開埠是晚清的事），這是朝廷規定的對外限額交易的官方港口，也是明朝唯一向日本、琉

球開放的國際貿易港。來自日本、琉球的商船隻能進寧波貿易，而要
走寧波就必須經過雙嶼港的水道。有時因海上天氣異常，還要停泊在
雙嶼港躲避風浪，有時需要先把若干超過貿易額度的貨物存放在雙嶼
島貨棧。

　　雙嶼港作為海商經營民間對外貿易的理想港灣，還因為這裡沒有
海岸城市的城防和官府的嚴防死守，從地理上構成了一個孤島性質的
自由飛地。所以在 1523 年以前，它已是港域寧波的前站。此後，葡萄
牙人來此進貨，雙嶼港堆滿了以絲綢、瓷器為主的出口商品。

二、雙嶼港貿易的繁榮

　　明成祖派鄭和下西洋，帶動了東南沿海的航海活動，也就有了民
間走私活動。另一方面，嘉靖二年（1523 年），因日本權臣大內氏和細
川氏之間發生了「爭貢」事件，引起暴亂，史稱「爭貢之役」。其後，明
朝廷下令斷絕日本「朝貢」，同時下令嚴禁海外貿易活動。但是日本商
人私下仍然與中國商人進行合作，走私生意不曾終止。他們與中國和
南洋商人合作，形成走私海商集團，也即明朝歷史上所謂的「倭寇」。
葡萄牙人就是在這種情況下闖入遠東貿易活動中的。

　　《明史·外國傳》已經有佛郎機「十三年遣使臣加必丹末等貢方物」
的記載。西文關於葡萄牙商人東海貿易活動的最早記錄見於 1548 年
《中國報道》中的記事，提到漳州、寧波和大嶼山等地。[1] 但是，根據零
星史料顯示的情況看，在 1523 年爭貢之役之後不久，葡萄牙人就介入

---

① 金國平、貝武權主編，《雙嶼港史料選編·葡西文卷》，北京：海洋出版社，2018 年，第
　 182 頁。

了東海上與日本商人和中國商人的貿易。①

　　下面這份 1569－1570 年關於中國的文獻中，生動描述了葡萄牙商人介入遠東民間貿易的場景：

　　　　在費爾南・德・安德拉德滋事之後，這些流寓國外、與葡人為伍回國的華人開始引導葡人到雙嶼做生意，因為那一帶無有城牆的城鎮，沿海皆是貧苦人家的村落。他們樂於與葡萄牙人交往，因為可以賣給他們給養，從中獲益。與葡人結伴航行而來的中國商人是這些村裡人，因為他們在當地有人熟悉，因此對葡人也優待。通過這些商人，約定由當地商人帶貨來賣給葡萄牙人。在葡萄牙人與當地商人的買賣裡，與葡人同來的華人作中，所以這些人收益巨大。沿海小官們也從中大獲其利，因為他們允許雙方貿易，買賣貨物，從中收受巨額賄賂。所以在很長時間內，此種交易不為國王和省中大吏所知。在雙嶼進行了一段時間這樣的秘密交易後，葡萄牙人漸漸擴展，開始到漳州海面和廣東諸島經商。其他官吏也貪贓枉法，允許葡萄牙人行商各地，致使有些葡萄牙人到了廣州很遠的南直以北的地方經商。國王對此一無所知。生意日益擴大，葡萄牙人開始在雙嶼諸島過冬。他們在此常住下來，自由自在，無所不有，就差絞架和恥辱柱了。②

　　走私有兩種情況，一種是海禁下的走私，另一種是逃避抽稅的走

---

① 廖大珂，《葡萄牙人在浙江沿海的通商與衝突》，《南洋問題研究》，2003 年第 2 期，第 84 頁。

②《雙嶼港史料選編・葡西文卷》，第 193 頁。

私。走私地點選擇外海，一是可以逃避官府管理，二是可以減去陸運之費。大體福建人引導外夷貨船改泊海滄、月港，浙人則改泊雙嶼，逃避廣州的市舶稅。

明朝政府允許葡萄牙人在雙嶼居住，「海盜」「倭寇」反而依靠葡萄牙人的庇護，於是，雙嶼人口膨脹，貨物劇增，華夷雜居，教堂與天妃廟共處。

葡萄牙人不僅在雙嶼做生意，甚至在這裡建立了一個自治性的管理機構。

1541 年，來自葡萄牙的目擊者稱，雙嶼港是一個設防嚴密的要塞，與葡萄牙繁榮的市鎮絕無二致。更有葡萄牙人研究後得出結論說，1545 年前，葡萄牙人曾經在雙嶼建成一座沒有圍牆的城市，包括八座天主堂、兩座醫院，還有一個市政廳。

三、雙嶼港的覆滅

明代中國以白銀為貨幣，與銅錢並行。在西班牙的白銀大量輸入中國之前，盛產白銀的日本則以黃金為通貨，因而銀賤而金貴遠低於中國。雙嶼港貿易還密切關聯着白銀作為貨幣的命運。

中日之間的金銀差價為葡萄牙人和中國海商帶來了巨大商機。中國的商品如絲綢、瓷器等被換成日本的白銀（不是貨幣，只是商品），但是日本白銀一到中國市場，則屬於緊俏的貨幣，換取貨物可以獲取豐厚利潤。據統計，日本每年流入中國的白銀超過 100 萬兩。江浙地區的湖州、蘇州、嘉興等地，因為盛產絲綢等商品，而成為富足的銀城或銀庫。有人估算，海外華人匯入的白銀每年超過 1 000 萬兩，16 世紀初期半數或半數以上的白銀由雙嶼港湧入，再從這裡流往長三角與江

南各地，進而流向全國。白銀逐漸成了明清時期主要的流通貨幣。

　　招致雙嶼港毀滅的原因是多方面的。從導火索看，葡萄牙方面拒絕交稅，引起明朝政府的不滿。1547 年，嘉靖皇帝派朱紈為右副都御史，巡撫浙江南贛，提督海防軍務。開始只是就稅務問題談判，並沒有搶劫等海盜行為，雙嶼港的葡萄牙人也派人與巡撫衙門官員進行納稅磋商。

　　意外的是，駐雙嶼港葡萄牙軍事總管之子朗斯洛德・貝留拉將自己的貨物賒銷給一個中國商人，這個奸商拿到貨物卻不付貨款，竟然逃之夭夭。貝留拉於是率領數十人趁夜血洗了雙嶼島二里以外的小村莊，殺死無辜村民 10 人，還搶走了 12 戶村民的財產。

　　這件血案說明葡萄牙當局的海盜本質絲毫沒有改變。明朝內部本來有開明派與保守派的差別，此事一出，反對開海的保守派更加強硬，世宗提升朱紈為浙江巡撫，指揮閩浙兩省軍務。

　　1548 年 5 日 17 日，朱紈發兵襲擊雙嶼島。據說只用五小時，就使雙嶼港變成廢墟。此後葡萄牙人在澳門建立了自己的貿易據點。

第五章

晚明盛清的中歐貿易格局（下）：
澳門與廣州的離岸貿易

從 1557 年葡萄牙人在中國澳門建立貿易據點，到 19 世紀 40 年代中英之間的鴉片戰爭，在近三個世紀的歷史中，貿易糾紛一直是中國與歐洲列強矛盾衝突的焦點。貿易糾紛牽涉規則問題、權力問題、宗教問題。

傳統中國與周邊國家通過朝貢體制來維繫經貿和政治關係。葡萄牙人當然不滿足於僅在廣東假冒朝貢之名進行貿易，也不滿足在粵、閩、浙從事走私貿易，他們一直在伺機爭取更好的商貿待遇。1557 年前後，葡萄牙人獲准在廣東自由貿易，對澳政策經歷了嘉靖、隆慶、萬曆三朝才最終確定。嘉靖末年，明廷內部圍繞澳門政策已起爭議，而在澳門的葡萄牙人以極為恭順的態度和不時的賄賂得以繼續在廣東官府的默許下生存。葡萄牙人曾助明朝軍隊驅逐海盜，這也是廣東地方政府許其活動的一個原因。此後，中國與葡萄牙的貿易主要是通過澳門進行。1578 年廣東地方官允許非朝貢國商人於每年夏、冬兩季定期到廣州貿易，此後直到 1640 年，葡萄牙人都被許可在廣州貿易。

一、澳門：廣州的離島貨棧

澳門貿易是 16 至 17 世紀葡萄牙人（間接也有西班牙人）對華貿易

的主要渠道。但是，澳門離島孤懸海上，只能作為通往內地市場的中轉站，葡萄牙人以澳門為中轉站，將東南亞各地的胡椒大量販運至廣州，此外也將歐洲毛紡織品和印度的琥珀、珊瑚、象牙、白檀、銀塊等運到廣州，與此同時，從廣州購買的大批中國絲絹則銷往南洋和歐洲。澳門好像成了廣州的離岸貿易貨棧。

作為廣州離岸中轉站的澳門，這段時間最為繁榮。它通過多條國際貿易航線扮演着溝通中國與世界市場的重要角色，這些航線中最重要的有澳門—果阿—里斯本航線、澳門—日本航線、澳門—馬尼拉—墨西哥航線。

第一條航線經過澳門、馬六甲、古里、科欽、果阿、好望角、里斯本，將葡萄牙的主要東方據點連為一體，構成葡萄牙海上貿易的生命線。16 至 17 世紀初，來自歐洲的大帆船船隊載着紡織品、玻璃器皿、鐘錶和葡萄酒等物品，在果阿和馬六甲交換以香料為主的土產，再駛往澳門進行對華貿易，常常滿載中國的絲綢、生絲、瓷器和藥材返回里斯本。在當時的歐洲市場，生絲利潤可達 150%，瓷器可達 100%~200%。同樣是通過這條航線，里斯本向中國輸入了大量白銀。

第二條航線得益於中日兩國正常貿易的中斷。中國政府因倭寇之亂於 1557 年禁止中國商人與日本貿易，即使隆慶、萬曆年間開海，大多時候也禁止與日本貿易。而同一時期葡萄牙人定期往日本貿易，所以 1550 年以後葡萄牙長期壟斷中日貿易。葡萄牙人藉機大力發展對日中介貿易，廉價收購中國的黃金、生絲、絹織物，換取日本的小麥、漆器和船材，紡織品是向日本輸入的最重要的中國商品。葡萄牙人同時也換取大量日本白銀作為週轉資本投入中國市場。葡萄牙從事中日居間貿易獲利豐厚，1637 年的銷售收入幾乎是 1600 年銷售收

入的 9 倍，荷蘭人在壟斷對日貿易前始終不能在這一領域與葡萄牙人
爭雄。

第三條航線在 1580 年西班牙吞併葡萄牙之後開始被利用，可看
作西班牙大帆船貿易的延伸。西班牙佔據菲律賓後，與中國的貿易也
逐漸增加，華商自 1571 年開始往來於中國與馬尼拉，以同西班牙人貿
易，1573 年兩艘西班牙大帆船載中國絲綢瓷器自馬尼拉駛往墨西哥阿
卡普爾科，成為太平洋大帆船貿易的開始。此後直至 16、17 世紀之
交，每年有二三十艘西班牙商船到馬尼拉，每年到菲律賓貿易的中國商
人約一千名，每年抵達馬尼拉的中國船隻數量呈增長趨勢，1596 年定
居菲律賓的中國人已多達 1.2 萬人。不過，隨着 1582 年澳門成為大帆
船貿易的新端點，菲律賓西班牙人的對華貿易多少被澳門葡萄牙人侵
佔。因為自 1583 年起，西班牙國王菲利普二世為了撫慰因聯姻而被吞
併了的葡萄牙，不僅允許葡萄牙人繼續享有以前獨佔的貿易權利，還將
中國與馬尼拉之間的貿易放任葡萄牙人壟斷。在澳門的葡萄牙人則不
顧一切地維護自己的權益，甚至在 1590 年扣留了菲律賓總督派往澳門
的一艘船。在澳門的葡萄牙人以強硬態度迫使菲利普二世在 1595 年明
令禁止菲律賓、墨西哥與中國直接貿易，以免損害自身利益。

1580-1643 年是中國與馬尼拉貿易的極盛時期，共有 1 677 艘中
國商船到馬尼拉交易，平均每年 26.2 艘。1644-1684 年，受清朝海禁
政策影響，來馬尼拉的中國商船只有 271 艘，平均每年 6.6 艘。1684-
1716 年略有復蘇，每年抵馬尼拉的中國商船在 20 艘左右。1717 年清
政府頒佈赴南洋貿易禁令，又有英國東印度公司競爭，此後到 1760
年，到達馬尼拉的中國商船年均 12.5 艘，一共 549 艘。到了 18 世紀晚
期，來馬尼拉貿易的商船變成以歐洲商船為主，1797-1812 年，中國
商船年平均數降為 8 艘，後來繼續下降，1870 年以後則不再有中國商

船赴馬尼拉。

西班牙國王在 18 世紀組建的皇家貿易公司雖然未獲成功，西班牙商船在 18 世紀卻仍在墨西哥和馬尼拉之間奔忙，1565−1815 年間每年總有 1~4 艘（以 2 艘最常見）西班牙大帆船往返於太平洋兩岸，1784年則有 13 艘商船到達馬尼拉同中國貿易。吸引西班牙人的中國商品主要為首飾、黃金、絲綢、瓷器和其他一些手工藝品。

二、巴達維亞：通往廣州的中轉站

廣州對接歐洲人生意的另外一個重要城市是巴達維亞 —— 今日海上絲綢之路的重要中心城市，印度尼西亞雅加達的前身。荷蘭於 1619年在爪哇建巴達維亞城後，將荷蘭東印度公司東方總部設於此地，此後荷蘭公司與中國的貿易可分為帆船貿易、直接通商、三角貿易三個階段或三種類型。

1689−1717 年是帆船貿易時期，而 1723−1740 年是帆船貿易與其他貿易並行時期。17 世紀前半葉巴達維亞多次遣使中國以開闢貿易，但成效甚微，後又捲入爪哇王位繼承戰爭，導致對華資金銳減，於是在1689 年決定放棄赴中國直接貿易。與此同時，中國自 1686 年起海禁鬆弛，之後每年有為數不少的中國帆船來巴達維亞貿易，為荷蘭人坐享其成提供了條件。帆船貿易時期，每年來巴達維亞的中國船隻遠多於之前荷蘭公司每年派往中國的 5 艘船。1684−1754 年，自中國來巴達維亞貿易的船隻總計 853 艘（個別年份沒有數據），平均每年 11.5 艘。中國商船會在巴達維亞購入大量熱帶產品，特別是胡椒，所以荷蘭公司通常不用準備大量白銀，有時還能享有小額貿易順差，例如 18 世紀頭十年，每年能享有 3 萬 ~14 萬兩白銀的順差。

　　1728－1735 年是荷蘭與中國直接通航階段。1717－1723 年，清政府頒佈赴南洋貿易禁令，荷蘭人則對進口貨物實行壟斷低價，在雙重作用下，帆船貿易中斷，免於南洋貿易禁令的澳門葡萄牙人得以壟斷中荷的中介貿易。同一時期，荷蘭方面開始考慮恢復對中國沿海的直接貿易，但直到 1728 年 12 月，阿姆斯特丹才直接派出一艘商船前往廣州，1729 年 8 月 2 日抵達澳門，並於同年在廣州設立商館，1730 年離開廣州並返抵荷蘭。這艘商船運回 27 萬荷鎊（約 29.5 萬英鎊）茶葉、570 匹絲綢和一些瓷器，售出貨物後毛利率高達 106.4%。因此 1731－1735 年，中荷進入短暫的直接通商階段，這幾年裡荷蘭公司的十七人理事會組織了 11 次荷蘭與廣州的直接通商，有 11 艘荷蘭船從荷蘭出發，但 2 艘沉沒，9 艘抵達廣州。由於清政府在 1723 年取消赴南洋貿易禁令，所以從這時起直到 1735 年，帆船貿易恢復並與直接通商並行。

　　1735 年之後，荷蘭對華貿易改為三角貿易，其基本特徵是在中荷直航的航線中增加在巴達維亞停留中轉這個程序。這主要是因為自荷蘭直航中國的船隻需從國內運載白銀與中國貿易，東印度公司主要股東對這種狀況不滿意。三角貿易的第一階段是 1735－1756 年，此期由巴達維亞當局統一經營對華貿易，荷蘭駛出的船隻停留巴達維亞，卸下歐洲貨物代以當地產品，然後由巴達維亞當局每年組織三四艘船派去廣州，回程直返荷蘭。1757－1799 年，三角貿易處於第二階段，貿易起點改為荷蘭，由公司的中國委員會每年派出三四艘船，但仍在巴達維亞停留以交換貨物，此舉的意義是將中荷貿易經營權從巴達維亞殖民政府手中收歸東印度公司總部。1756－1763 年，英法陷入戰爭，荷蘭公司幾乎包攬整個廣州市場，平均利潤率高達 134.9%。但當英國擺脫戰爭陰影，荷蘭公司立刻不敵英國的競爭。

　　三角貿易開始之後，東印度公司就逐漸排斥當時仍然存在的帆船

貿易，因此帆船貿易在 1723 年恢復之後卻沒能進一步發展，最好的情況下僅維持在 17 世紀末的水平。1740 年巴達維亞政府製造了屠殺中國人的「紅溪慘案」，成為荷蘭人貿易壟斷政策的極致表現，此後中國帆船逐漸遠離巴達維亞而到東南亞其他港口尋求發展。三角貿易階段，巴達維亞曾是歐洲與中國茶葉貿易的重要基地。但 18 世紀 50 年代，中國和巴達維亞的茶葉貿易結束，主要原因是英國東印度公司直接向廣州輸入中國所需的熱帶產品影響了巴達維亞的生意，而從巴達維亞中轉運往歐洲的茶葉，在品質和運送時間上都無法與直接從廣州發貨的商船競爭。1784 年英國對進口茶葉通過《減稅法令》，消除茶葉走私貿易，使荷蘭進口中國茶葉並賣給英國走私者的貿易受到最嚴重的打擊。

　　由於各國東印度公司自 17 世紀漸次興起，葡萄牙的國力再也不能維持歐洲市場上東方產品的輸入壟斷，但是截至 18 世紀中葉，澳門的葡萄牙人仍以中國與荷蘭東印度公司中介的身份積極介入巴達維亞貿易。1684－1699 年，共 14 艘葡澳商船抵達馬六甲；總計 17 世紀末到 18 世紀中期的絕大多數年份裡都有一到四艘商船自澳門前往馬六甲。1684－1716 年，自澳門前往巴達維亞的船隻達 52 艘，平均每年 1.6 艘。澳門葡人賣給荷蘭東印度公司的是中國出產的茶葉、絲綢、糖、鋅塊、草藥、明礬、瓷器等，然後購買南洋土產返銷中國或葡萄牙本國。1718－1723 年，每年有一兩艘葡籍商船在澳門和果阿間往返，同一時期，葡澳商人從巴達維亞購回大量胡椒，比如 1718 年和 1719 年，葡商從巴達維亞分別運回 2 萬擔和 1.1 萬擔胡椒，肯定不是都賣給中國。但 18 世紀中期以後，葡萄牙國勢衰弱，廣州貿易的繁榮又大大降低了澳門的貿易樞紐地位，葡澳的對外貿易自此衰退。

三、廣州：壟斷性貿易口岸

　　如果説澳門、巴達維亞的貿易有某種國別地域的通往廣州的離島或中轉港口，那麼廣州口岸貿易則直面歐洲列國，是 18 世紀各國東印度公司對華貿易的基本渠道。廣州對歐洲的貿易具有全局性意義。

　　1684 年起，清政府雖然開放粵、閩、浙、江四海關，但對歐洲國家的貿易始終集中於廣州口岸。繼英國 1715 年設立廣州商館之後，荷蘭、法國、丹麥、瑞典等國亦相繼在廣州設立商館，1715－1800 年來廣州貿易的船隻總計 1 524 艘，分屬以上各國以及西班牙，1784 年以後還有美國船隻。從總量來看，英國船隻（1 018 艘，包括美國獨立前的 25 艘）佔總數的 67%。但是荷蘭的對華貿易重鎮是巴達維亞，而其他歐洲國家開始對華貿易的時間遠晚於英法，持續時間也並不一樣，所以不能單以船隻總量判斷各國對華貿易的繁榮程度。事實上，1730－1750 年，英國的對華貿易與荷蘭、法國相比並無突出優勢，瑞典和丹麥則剛剛開始並穩步上升。從 1757 年開始，英國每年來華船隻數量經常超過 40 艘，偶爾才低至十六七艘，而其他歐洲國家都在 2~8 艘波動，這時英國在清朝對外貿易中的比重可見一斑。

　　最早來華從事貿易的歐洲公司是法國的東印度公司。1698 年，法國東印度公司的「安菲特利特」號搭載擔任康熙皇帝和法國國王雙重使臣的耶穌會士白晉（1656－1730 年）抵達廣州，也同時開啟了法國對華貿易。1712 年法國又成立一家對華貿易公司，在 1713 年和 1714 年共派 3 艘船前去中國。1719 年，東印度公司、西印度公司和 1700 年成立但並未經營過中國貿易的帝國對華貿易公司合併成新的印度公司，之後壟斷對華貿易直到 1769 年。法國的國營公司在 1699－1769 年共有 57 艘船到達中國。1769－1785 年，對華貿易開放給所有法國人，其間

有 82 艘船到中國。1785 年恢復東印度公司，但到 1790 年就因經營不善而解散。

　　英國對華貿易的開展也並非一帆風順，雖然 1637 年就有一艘英國船來廣州或澳門貿易，但 1637－1683 年來華貿易的船隻總計僅 37 艘，而且主要集中在台灣與廈門。1708 年，「倫敦商人對東印度貿易公司」（1600 年成立）和「英國東印度貿易公司」（1698 年成立）合併為「英國商人對東印度貿易聯合公司」，1715 年在廣州設立商館，但 18 世紀中葉英國東印度公司才開始將貿易重心轉向中國。1750 年以後，在該公司發往亞洲的總船運量中，發往中國的船運量開始大幅度增加，這主要是因為 1757 年以後英國對茶葉的需求猛增，而另外一項大宗商品是生絲。但這種正常貿易下的增長態勢至 1784 年達到頂峰，從此中英貿易步入鴉片貿易階段，英國則憑藉鴉片貿易成為中國最大的貿易國。

　　18 世紀還有幾個國家的東方貿易以廣州貿易為主要目標。丹麥東印度公司成立於 1616 年，幾經興衰，幾度重組。1616－1670 年為第一階段，名為哥本哈根公司，曾多次向東方派船，但 1639－1668 年因資金短缺而瀕於倒閉。1670 年隨着丹麥效仿法國君主制模式重組國家而使東印度公司復興，但 1729 年又因入不敷出而解散，這是第二階段。公司在 1729－1732 年由國家重組，更名丹麥亞洲公司，從此開始與廣州的直接貿易。1732 年 4 月至 1772 年特許狀生效是公司的第三階段，此時對華貿易從無到有，並開始佔據重要地位。1772－1844 年是丹麥公司的最後階段，1772 年丹麥向私商開放了印度貿易，這使中國貿易對公司更加重要，但 1784 年後與廣州的貿易開始走下坡路，公司雖然到 1844 年才告解體，但 1807－1814 年就因為與英國作戰而停止了東方貿易，戰後三十年間幾乎沒能恢復。

　　1715 年，3 艘奧地利商船到達廣州並運載瓷器等貨物回國，因獲得

高額利潤而促使不久後又一艘私船航行中國。這些舉動引起國王和商界的極大興趣，所以在 1718 年左右成立短命的奧斯坦德公司。隨後幾年，該公司共派出 4 艘商船到廣州，並以向歐洲進口大量優質茶葉為主要貿易內容。可惜 1727 年該公司便在其他歐洲國家的壓力下停止運營。

1731 年成立的瑞典東印度公司在其經營權存續的 1731－1806 年組織了 132 次亞洲航行，有 129 次是到廣州，除早期有 3 艘船隻赴印度或東南亞貿易外，所有的船隻都直航廣州。瑞典公司自 1732－1733 年首航廣州成功後，便與清政府建立了較為穩定的通商關係。它的特點是將歐洲貿易與對華貿易結合起來，去中國途中將本國的鐵材和鯡魚油銷往西班牙和英國，再用主要獲自西班牙的白銀去中國貿易，從而能夠在大部分時期保持較高的商業利潤。

四、白銀與海外貿易

中國歷史上的貨幣以銅錢為主，大宗商品交易則為絹帛、黃金。紙幣的發行、「飛錢」的產生，其實從技術層面說，與金屬貨幣不足、大額交易需求等都有相關性。白銀之所以沒有成為漢唐宋時代的主流貨幣，與國內儲藏不足、開採有限有很大關係。但是，16 世紀以來的全球化卻帶來了滾滾白銀，因而開啟了明代白銀貨幣化的時代，以至 1935 年中國政府公開廢除銀本位制度，迄今已有 500 年歷史了。[①]

顯然，晚明中國社會的國際貿易因為白銀因素的介入，體現出與前代不同的某些特性，貨幣因素使得中國和外部世界的貿易往來更加

[①] 萬明，《明代白銀貨幣化：中國 500 年白銀時代的開端》，載《絲綢之路的互動與共生學術研討會論文集》，北京：中國社會科學出版社，2018 年，第 37－58 頁。

緊密。白銀大量流入中國，大大增加中國的貨幣供應量，既促進海外貿易的發展，也對國內產業區域分工和經濟發展有積極作用。也有人進而推測說，中國納入全球體系和白銀流入這兩個新因素甚至對明朝滅亡產生了重大影響。

因為 17 世紀歐洲的政治和經濟危機影響到歐洲海外殖民地及海外貿易，並導致美洲銀產量減少，日本在 17 世紀 30 年代末至 40 年代初因天災而出現經濟衰退，銀產量減少，這些情況對於已經非常依賴輸入白銀以維持經濟成長和政治穩定的明朝政府而言是重大打擊。

並不是所有人都認同白銀的枯竭導致明朝政府的崩盤。也有觀點認為，無論是白銀輸入還是發展外向型經濟的區域，對明朝的整體影響都不應高估。明朝流入中國的外國白銀主要來自西屬美洲和日本。美洲白銀流入中國的渠道有三條：西屬美洲—馬尼拉—中國；西屬美洲—西班牙塞維利亞—葡萄牙（經中國澳門）—中國；西屬美洲—西班牙塞維利亞—荷蘭、英國—中國。日本白銀在中日貿易正常時期由中國商人直接輸入，在中日貿易因倭患熾烈而中止以後，先後由葡萄牙人與荷蘭人擔任白銀輸入中轉商。白銀流入中國的渠道顯然與上文所說的主要海外貿易路線重疊，因為白銀輸入是海外貿易發展的伴生現象。學界一般贊同西屬美洲出產的白銀有很多都輸入中國，日本出產的白銀則絕大部分輸入中國，但各位學者對具體數值的估計各不相同，折中而論，明朝最後一百年由海外流入的白銀可能近三億兩，每年平均三百萬兩。但是，每年三百萬兩的外來白銀在晚明的經濟結構中並不佔據突出地位。

明朝後半期（1521－1644 年）國內白銀年均產量約為三十萬兩，與每年平均輸入三百萬兩相比，很容易得出晚明貨幣市場靠外來白銀支持的結論。進而又推論，1639－1644 年由於國際銀產量降低和明朝對外貿易受到國內政局和自然災害影響而衰退，輸入中國的白銀急劇減

少，同時屯銀增加，導致明朝政府沒有足夠稅收來維持必要的軍事力量去對抗內亂與外患，終致 1644 年滅亡。但是，這種結論顯然忽視了白銀的實際需求量和外國白銀的應用領域。相關研究表明，明末中國並不存在白銀存量不足的情形。

從 16 世紀初期到 17 世紀中葉，中國國內白銀相對於黃金的價格持續下跌，日常商業活動中小額支付採用銅錢，大額交易、遠距離交易、繳稅和一次大額給付薪水則使用白銀。這意味着白銀並非日常流通中的常用貨幣。事實上，大部分白銀都被儲藏起來或用於非貨幣用途（如製作銀器）。17 世紀 30 年代以後，由於銅原料缺乏以及私鑄劣幣現象嚴重，市面上流通的銅錢質量愈差，南方一些地區才較為顯著地出現了以白銀取代銅錢進行支付的情況，極小部分貯藏白銀由此進入流通領域。因此在明朝的貨幣經濟中，銅錢才是基礎，白銀並非影響明朝經濟發展的突出槓桿。

綜上所述，明末的經濟問題並非欠缺白銀和國際貿易環境變化所致，其主因仍是各個朝代末所經歷的各種危機的翻版——人口與土地的關係、政府腐朽、天災以及動亂與外敵。那麼，晚明時期的對外貿易對社會經濟發展的正面作用又該如何評價？

明代的農業有兩項重要特徵：一是經濟作物比重增加（如棉花、麻、葷、煙、芋、蔗、茶等），二是引進和推廣外來高產植物（如番薯、玉米、煙葉等）。這兩點都與海外貿易有密切關係。經濟作物種類多樣化及其產量增加帶動了農產品加工業和大宗商品遠距離販售系統的興盛，亦即農業市場化，以絲織業和陶瓷業為主的手工業也隨市場網絡的發展而興盛。對於東南地區而言，海外市場自然是促使其商業、農產品加工業和手工業發展的重要推動力，比如絲綢出口與晚明江南絲綢產業市場化和商品化的發展有密切關係。對江南絲綢業而言，國外市

場的重要性至少不亞於國內市場。江南絲綢業在明朝後期出現一些與前朝極不相同的特色：一、絲織品種類增加、品質提升；二、絲織品量增價跌；三、出現專業絲綢市鎮，絲織業從大城市擴散到市鎮和農村；四、工業或手工業資本家誕生，商業資本出現延伸或小生產者開始分化；五、出現身份自由的專業勞工，勞動市場形成。

　　但是，就全國而言，17世紀初期的中國本質上仍是農業國家。即使在商品經濟最發達的江南地區，農產品中仍有很大一部分未進入市場。海外貿易對於晚明時期已經捲入外向型經濟的地區有重大影響，但對於全國經濟的影響卻不可估計過高。換言之，以全球體系和白銀流入為代表的世界歷史的經濟新因子雖然在明朝已經出現，但只是開端。在晚明政府有限度開海的政策之下，這些新因子尚且限於在東南沿海緩慢成長。而一旦改朝換代、政策逆轉，全球性新變化對於中國的影響難免愈加遲緩。

　　清朝前期，外國白銀的輸入渠道與晚明相比略有變化，17世紀後半葉的主要來源是日本和菲律賓，18世紀則主要由英國、荷蘭、菲律賓輸入美洲出產的白銀，日本白銀自18世紀初就因日本銀礦枯竭和政府限制出口而幾乎不再進入中國。墨西哥銀元在清朝時期是全球通用貨幣，在中國南部也廣泛流通。但此時中國的外貿狀況究竟如何呢？18世紀中葉以後，中國最大貿易夥伴國英國的白銀支付量大大減少，替代支付手段主要是印度棉花和棉布，此外還有鋁、錫、鉛等金屬塊，外加一些毛織品。綜合考察起來，前清時期的年度外貿規模實際上要小於晚明時期。

　　外貿規模已經充分顯示清政府對外貿易政策的收縮性特點。而清朝前期這點外貿收入沒入整個國家經濟體系後，幾乎沒有甚麼能作為追加資本用於發展經濟，而主要用於政府以白銀結算的大宗支出（比

如薪俸、軍餉）。清朝政府對有限的對外貿易的管理措施更進一步體現出那時的對外貿易遠不足以帶領整個中國趕上世界的新步伐。1685－1757 年，名義上開放四口通商期間，粵海關之外的其他三海關就因為動輒限制商民出海而形同虛設，更不用說 1757 年起僅限於廣州通商。而廣州制度的設計與運作意圖就是控制中國海洋社會經濟與外國海洋社會經濟的互動。

　　國家對外政策的制定，其着眼點不外乎國計民生與國境安危。明朝的對外政策常常以國境安危為首要考慮因素，但明朝後期近百年大體在執行開放民間海外貿易的政策，這對東南沿海外向型經濟的發展產生了顯著的積極影響。明廷海外政策調整後，中國商品通過澳門和以馬尼拉為集散地的太平洋大帆船貿易大量進入世界市場。但與同一時期歐洲各國在亞洲的積極角逐與努力開拓相比，明後期坐在家門口有限開放的海外政策畢竟仍然相當保守。然而清代境況愈下，清朝政府在一個半世紀裡基本上持守禁止私人海外貿易的政策，嚴重影響了明季東南沿海已經開始蓬勃發展的外向型經濟。於是，我們一方面看到清朝來華貿易的歐洲國家競相泊靠、唯恐落後，另一方面卻看到清朝中國的海外貿易市場收縮，中國與世界近乎隔絕，中國社會無法汲取新型世界的活力。正如論者所言，「滿族人成功地把疆土擴展了不計其數。他們成功地使長城變成一個多餘的建築，因為在他們的手中，統治範圍被拓展到了亞洲中部，但是他們卻又在沿海建立起一堵新的城牆。這不僅是一堵作為隔絕措施的牆，一堵拒絕與外國交往的牆，也是一堵不信任沿海主要居民和他們對待外部世界的傳統的牆」。[①]

① 羅志豪（Erhard Rosner），《乾隆皇帝給英王喬治三世的答覆：對西方漢學的挑戰》，收張芝聯主編《中英通使二百週年學術討論會論文集》，北京：中國社會科學出版社，1996年，第 313 頁。

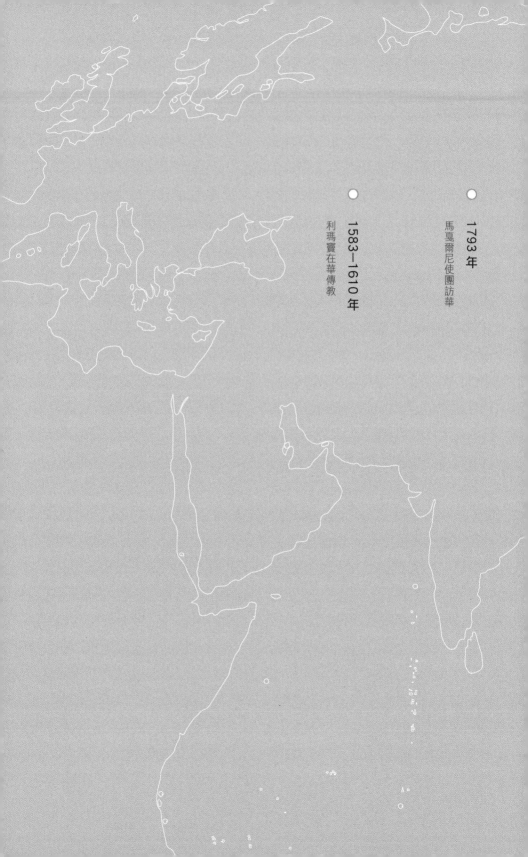

1793 年

馬戛爾尼使團訪華

1583—1610 年

利瑪竇在華傳教

第四篇 **想像異邦**

中歐文明的交流與互鑑

- 啟蒙時代的中歐文明互鑑

- 17至18世紀
  流行於西方的中國趣味

第一章

「利瑪竇規矩」及其意義

利瑪竇（1552－1610 年），意大利馬切拉塔市一個藥店老闆的兒子。利瑪竇家後來承包了當地的銀行，經營不善，還惹上了官司，家境並不寬裕。

利瑪竇從小就充滿了對知識的渴求。16 歲他去羅馬學習，所學的專業是法律。利瑪竇的家族中有幾個在教會中任教職的親戚，受到他們影響，他逐漸樹立了傳播福音的宗教事業理想，這也與當時耶穌會事業在歐洲蒸蒸日上的勢頭密切相關。耶穌初修院副院長范禮安批准了利瑪竇加入耶穌會的申請。

1578 年，26 歲的利瑪竇從里斯本登船，被派往印度傳教，1580 年升為司鐸。兩年後他來到澳門，任務是打開中國的傳教大門。

一、利瑪竇入華

與利瑪竇同行的還有他的同學羅明堅。1583 年 9 月，他們以「天竺僧」的身份進入肇慶府，這裡從嘉靖皇帝時起便是兩廣總督的所在地。在肇慶，他們創建了在華傳教的第一個據點，知府王泮題名「仙花寺」。

羅明堅比利瑪竇年長 9 歲，漢文水平也很高，他自稱已經認識 15 000 個漢字。1584 年，羅明堅在當地文人的幫助下，完成了問答

式傳教小冊子《天主實錄》，首版印製了 1 200 冊，在當地總共發行了 3 000 多冊。1588 年 11 月，羅明堅回到歐洲組織訪華團，卻再也沒有來到中國。後來范禮安又派來神父麥安東（1557－1591 年）、孟三德（1531－1600 年或 1547－1600 年）佐助利瑪竇。

利瑪竇在肇慶進一步接觸了大量士人，更深入地了解了中國文化，覺得《天主實錄》未能完全適應中土傳教需求，1595 年下令將該書毀版。晚年撰寫的《天主實義》，吸收融攝了中土文化意涵，是《天主實錄》的修正版。該書於 1604 年出版。[1] 這是後話。

1589 年 8 月，受明朝地方政府影響，利瑪竇被迫遷往韶州，在南華寺居住，結識了包括湯顯祖在內的眾多士人。其中最重要的人脈，是來自江蘇無錫的瞿汝夔（瞿太素）。瞿太素因為「家難」，也急需從天主教教義裡尋找精神解脫。利瑪竇 1595 年離開韶州，前往江西，他在南昌與南京停留過五六年時間，目的都是尋找進京的機會。在這些地方，他認識了李贄、徐光啟等名人。自從聽從瞿太素的建議，脫掉袈裟，穿上儒服之後，利瑪竇已經儼然「西儒」形象。自鳴鐘、三菱鏡、世界地圖、《交友論》（西哲關於友誼的心靈雞湯）以及流利的漢語，為其贏得了不少喝彩。

機會終於在 1601 年出現。《明史》卷三百二十六《外國傳・七》留下了一句話：「至（萬曆）二十九年入京師，中官馬堂以其方物進獻，自稱大西洋人。」也就是説，利瑪竇是通過宦官以進貢方物的方式進入北京的。雖然一波三折，也不知道打點了多少錢物，但終於獲得宦官的協

---

① 羅明堅《天主實錄》的整理本，見黃興濤、王國榮編《明清之際西學文本（全四冊）：50 種重要文獻彙編》，第一冊，北京：中華書局，2013 年，第 4－29 頁。該書簡介對《天主實錄》版本源流與內容也作了精要的説明。

助，得以進京。直到 1610 年去世，利瑪竇都在京城傳教，他的傳教方法被康熙皇帝稱為「利瑪竇規矩」。這其實是一種在中西文化求同存異的夾縫中尋求融通空間的傳教方法，方法背後更包含博大的文化關懷。

二、「利瑪竇規矩」

利瑪竇確立的傳教方法（「利瑪竇規矩」），其內容包括拋棄與修正此前歐洲人對中國的一些錯誤設想。比如，早期來華的葡萄牙人都堅信，如果能設法見到中國皇帝，就能勸說皇帝允許葡萄牙人貿易甚至允許在中國人中傳播基督教。法國國家圖書館就收藏了一份沉睡的「國書」，雖然落款日期比較靠後，卻也反映了他們當初入境的目的和採取的手段。①

他們認為，只要能將教義問答法的譯本呈遞給皇帝或對皇帝有影響力的官員，剩下的一切就會水到渠成。於是問題被歸結為如何接近皇帝，而他們通過與中國人的早期接觸，認識到接近皇帝的一個最佳方法就是由葡萄牙國王或印度總督向中國皇帝派遣一個使團。這種觀點也深深影響着包括沙勿略和范禮安在內的東方傳教士，當時傳教士中流傳着一種信念：如果某人能被國王很高興地接納，則就有可能歸化全部中國人。因此利瑪竇一到亞洲，就被建議去北京創建一所住院。然而利瑪竇在 1601 年抵達北京之前，已對中國的社會政治結構有了深刻認識，他逐漸理解士紳官員階層在儒家政權中的重要作用，開始認識到皇帝的絕對權力不僅是理論上的，實際上則受許多限制，而懦弱的

---

① 宋黎明，《神父的新裝：利瑪竇在中國（1582–1610）》，南京：南京大學出版社，2011年，第 1–10 頁。

皇帝甚至會聽命於大臣或宦官。因此他在北京九年間沒見過皇帝一眼，卻也不以為意。他也因此放棄了關於使團傳教效果的理想，至少不再像范禮安或羅明堅那樣視此途徑為要害措施而積極倡導。

耶穌會士本來就有重視上層社會的傳統，相信自上而下的做法有基礎性效果，因此必須要有一些傳教士服務於統治階層以維持他們對基督教的好感，這也將使對窮人傳教有一個穩固的基礎。職是之故，羅耀拉本人從不花時間去指導窮人，把歸化統治階層奉為第一政策。利瑪竇也繼承了這一點，將注意力集中在皇帝和士人身上。在中國實行這一政策更有必要，因為傳教士在中國的活動沒有條約保護而完全依賴政府的容忍。如果他們有幸被允許留在中國並開展工作，就必須建立及加強同士人階層的聯繫，以贏得生存基礎。

利瑪竇和他的前人一樣，相信中國人很有智慧並且充滿理性，高度重視道德原則和倫理行為，還對科學有興趣。不過利瑪竇運用他那更出色的洞察力和理解力進一步運用此種印象，發展出一種富有想像力的方式。他一方面認識到有比宗教教義更能引起上層人物感興趣的東西，因而制定向中國派遣耶穌會最聰穎成員的策略。自利瑪竇之時直到耶穌會解散，耶穌會士數學家、建築家、宮廷畫家、輿地學家、機械學家源源而至。利瑪竇將科學、技術、倫理和哲學教義有機融為一體的意識形態，創造了「西學」或「天學」這一概念，而基督教文化確實也憑藉此種形態在一定程度上進入中國士人的生活。

利瑪竇在浸染過中國文化氛圍和制度環境後，越發清楚地認識到首要任務不是去大量施洗，而是使基督教在中國人的生活中贏得一個被接受的位置，如果不能實現這一點，教會始終會面臨被敵對的官員驅逐出中國的危險。因此他將自己的工作定位在為未來打下一個堅實基礎，其地基不是那些在一個充滿敵意的社會之邊緣地帶艱難生存、數

量有限的基督徒社區，而是一種嶄新的中國—基督教文明。他希望使耶穌會士傳教區成為中國社會的一部分，使基督教成為中國文化的一部分，使耶穌會士和他們所宣揚的信仰不再被認為是外來的和有害的。只有這樣，才能建立起一個既是中國人又是基督徒的教會，才能使基督教同時被較高階層和普通大眾接受，才能實現歸化整個中國的目標。構築這種中國—基督教文明的理想，依據的是對基督教之潛移默化特性的充分信任。它要求基督教儘可能深入中國人的生活，漸進地、和平地灌輸和傳播基督教的理念和思想，發展擴大同情者或支持者的圈子，讓中國人的意識逐漸與基督教福音相適應，讓中國人自然而然地準備好接受基督教。利瑪竇知道這種方法需要時間，但他很有耐心。利瑪竇也知道這種方法對基督教的純潔性有顯而易見的危險，但他或許對基督教充滿信心，或許懷抱一種宗教創新的理想。只不過，在他之後的耶穌會士和其他傳教士卻難免有人嗅到其中的危險氣息並產生歧見。

三、傳教策略的調整

離開廣東之後，利瑪竇先後來到了南昌和南京。他在傳教形式方面作出了符合中國實際的調整，即所謂的適應政策。

1596 年 6 月至 1598 年 6 月在南昌活動期間，利瑪竇基本確定了在中國傳教的兩種形式。其一，利瑪竇用儒學術語同儒家學者展開問難辯駁，展示出一種知識上和精神上的挑戰。南昌在當時是科考之地，文人彙聚，而晚明中國思想界的活躍氣氛使這些學者在儒學規範之內對新思想持開放態度，利瑪竇由於親身經歷而堅信在中國受教育人群中傳播福音的有效形式是小範圍討論而非公開佈道。其二，自南昌之後，耶穌會不再召集公共祈禱。這既是因為利瑪竇希望徹底結束耶穌會士

與和尚的瓜葛——若要從事公開祈禱就必須身着僧服，也是因為明朝政府因白蓮教等經常起義的民間宗教之故反對宗教性公開集會。這兩點都體現利瑪竇對現實生存環境的敏銳洞察與靈活應對態度。

　　利瑪竇的最終目標既然是融合中國文化與基督教而建設一種「中國─基督教」式的綜合體，那麼除去上述形式的調整之外，更為根本的是基督教與中國文化在內容上可否糅合融通。深思熟慮之後，利瑪竇決定在社會性與道德性因素上溝通兩種文化，並最終選擇了儒學而非佛道作為溝通的平台，這不僅是基於對傳教士在中國所面臨之政治形勢的仔細考慮，也是出於對中國這幾種教義各自內在動力的考慮。利瑪竇明白，基督教與佛教在教義上存在某種相似性，以致佛教實為基督教的一大競爭者。這也成為他尖銳批評佛教的重要原因，比如他常對中國士人言：「彼佛教者竊吾天主之教，而加以輪迴報應之説以惑世者也。吾教一無所事，只是欲人為善而已。善則登天堂，惡則墮地獄，永無懺度，永無輪迴，亦不須面壁苦行，離人出家，日用所行，莫非修善也。」①

　　確定將儒學與基督教進行嫁接融合之後，利瑪竇開始通過四個方面的適應來完成他所設想的「本土化」：生活方式、（帶有基本思想和概念的）術語、倫理道德、具有意識形態的禮儀和習俗。對成功的「本土化」而言，上述四方面同樣重要，但實行起來的難度卻不一樣，如論者所説，最少爭議性的是第一點，最富爭議性的是第四點，而最關鍵和最難處理的是第二點。

　　在生活方式上，利瑪竇和他的繼承者們接受了中國士人的舉止態度、飲食習慣、作息習慣、衣着打扮。他們不僅穿士人的絲質長袍，

---

① 謝肇淛撰，《五雜組》，上海：上海書店出版社，2001年，第82頁。

而且模仿士人蓄起鬍鬚、雇傭僕人，並學會向有影響的人物贈送價值不菲的厚禮。由於中國官員視徒步旅行為恥辱，所以神父們出門也乘轎子。如前文所述，這種生活方式成為中國傳教團花費昂貴的一個重要原因，所以耶穌會士為了維持自己的生活並保持傳教團獨立而不得不從事商業和貿易活動。

在倫理道德方面，利瑪竇除了以儒家的仁、德、道等概念來解釋基督教倫理之外，最明顯的適應措施是介紹基督教教義和執行聖禮時不突出、忽略或修改難以為中國傳統道德觀接受的行為。天主教會有七件聖事：洗禮聖事、堅信／按手聖事、聖體聖事、塗油聖事、婚禮聖事、授職聖事、悔罪聖事。這些聖事中有不少都涉及男性神父對女性信徒的身體接觸，在強調男女大防的中國社會，這些舉止或者要省略，或者要變通。金尼閣曾說，在中國尤其強調洗禮、聖體、悔罪三聖事。授職聖事局限於神職人員內部，而其他三項涉及身體接觸的聖事都被弱化了。此外，天主教會戒律中有守齋和安息日及聖日不工作的要求。利瑪竇認為這些在中國也不能認真實行，因為中國主流社會的作息時間與天主教會不同，因此不能要求教徒為了遵守天主教會的作息時間而危及他在當下社會的生存條件，比如一名政府官員不能以聖日為由拒絕履行當日的公務，一位僕役也不能以安息日為由拒絕主人吩咐的任務。守齋也會影響中國信徒的日常工作效率，所以利瑪竇同樣加以通融。

在術語問題上，利瑪竇採用中國古籍中頻繁出現的「天」或「上帝」指代 God。在禮儀問題中，他起初因有叩頭舉動而禁止基督徒從事祭祖祀孔禮儀，但當他發現叩頭禮也用於對皇帝或父母等活着的人時，便把這些禮儀理解為社會性和政治性舉動而允許執行。

術語和禮儀問題將在後文重點論述，此處不過多展開，只需明了

它們是利瑪竇在達成「本土化」設想時必須跨越的障礙，而這也恰恰是被人捕捉到的他那種適應政策的危險所在。

四、利瑪竇傳教策略的效果

利瑪竇在廣東、江西、南京、北京來往過的士人總計 129 人，另有道士一人、高僧兩人、宦官兩人，還有 8 名中國籍耶穌會士。在 129 位士人中，僅 29 位在利瑪竇結識之時為布衣學者（其中有一位舉人，一位醫生），其餘 100 人則是從縣丞到六部官員的各級官吏，包括兩位公侯和三位皇族。如果結合地域分佈來看，無論在廣東、江西，還是在南京、北京，利瑪竇結交最多的都是官紳階層。不過在他這一路北上中，所結交之布衣學者的比重在逐漸加大，在廣東和江西，所結交的布衣學者都佔士大夫總數的 16.7%，在南京時這一比例為 21.4%，而到了北京則增至 26.1%。這些不變與變化都充分說明利瑪竇政策的發展趨勢，那就是努力結交官紳並擴大與士人整體的交往。

晚明士人中對西學西教持友善態度的人常常具有團體性。表現之一是同科進士對西學友善，如萬曆三十八年（1610 年）庚戌科進士賈允元、陳玄藻、陳儀、侯震暘都有接觸西學或奉教之人的經驗；萬曆四十一年（1613 年）癸丑科進士鹿善繼、孔貞時、周希令、王應熊、徐景濂皆曾序跋天主教書籍或贈詩耶穌會士；萬曆四十四年（1616 年）丙辰科進士朱大典、方孔炤、曾櫻、袁中道、李政修、汪秉元、來復同與奉教人士有所來往；萬曆四十七年（1619 年）進士莊際昌、金之俊、袁崇煥、吳阿衡、劉宇亮、邵捷春都曾與教會中人親近；天啟二年（1622 年）壬戌科進士鄭鄤、王鐸、鄭之玄、張國維或贈詩耶穌會士，或為教會中人著作撰序。表現之二是明末黨社成員善待西學、西教者

為數不少，東林黨人如葉向高、魏大中、鹿善繼、孫承宗等 26 人；復社中人則有張溥、熊人霖、陳子龍等 16 人。表現之三在家族影響，在與傳教士、奉教人士有所往來或對西學感興趣的人中，如方孔炤、方以智、方中通為祖、父、孫關係，侯峒曾、侯岐曾皆為侯震暘之子，侯玄洵、侯玄汸、侯涵則為侯震暘之孫，熊人霖為熊明遇之子，韓爌與韓坰是叔侄關係，瞿汝夔、瞿式耜、瞿式穀同屬瞿氏家族。總之，晚明耶穌會士通過師生、同年、同社、同鄉、家族等中國傳統的人際關係網向士人社會逐漸滲透。

　　晚明耶穌會士與中國士人往來的另一種表現形式是，晚明中國士人參與傳教士書籍的出版 —— 為耶穌會士的中文著作作序、寫跋、校訂或刊刻。利瑪竇進呈的《坤輿萬國全圖》、撰述的《畸人十篇》《幾何原本》《圜容較義》，龐迪我的《七克大全》，熊三拔的《泰西水法》《表度說》，艾儒略的《三山論學記》《西學凡》《職方外紀》《西方答問》，陽瑪諾的《天問略》等，至少有 32 位中國士人為之作序、校訂或刊刻。雖說參與這類活動的晚明士人未必都與傳教士作者有過親身接觸，但這也反映了耶穌會士適應中國的文人風尚和進入中國人際關係網的努力。

　　作為這種努力的一項結果，明清之際的許多私家書目都著錄不少西書，主要有《近古堂書目》，祁承《澹生堂藏書約》，陳第《世善堂書目》，季振宜《季滄葦藏書目》，趙用賢《趙定宇書目》，趙琦美《脈望館書目》，徐乾學《傳是樓書目》，徐等《徐氏家藏書目》，錢曾《也是園藏書目》《述古堂藏書目》，錢謙益《絳雲樓書目》，黃虞稷《千頃堂書目》，董其昌《玄賞齋書目》，入清以後還有一些西書被選入當時著名的叢書，如《昭代叢書》《學海類編》《說鈴》。

　　這些情況顯示，結交士人和知識傳教路線的確引起了中國士人對西學的興趣，並且對於晚明眾多士人優容天主教起到明顯的作用，但即

使如此，也不能避免一部分士人終察覺「西學」與「西教」之別，以及天主教與中國傳統文化之重要差異而極力排斥它。

五、早期士人天主教徒

利瑪竇的傳教策略造就了早期一批士人出身的天主教徒。根據方豪《中國天主教史人物傳》的統計，完全屬於晚明士人的有 27 位，有 4 人屬於由明入清，但從其主要受教育時間和接受天主教的時間來看，也應屬於明人，同屬這兩個階段的至少還有 12 人，總計 43 人。這一數字同曾與利瑪竇、艾儒略等交遊的士人數量相比實在很小，可見從咸與晉接到傾向天主教，再到領洗入教，這中間的距離堪稱迢遙萬里。然而這數十人卻不乏在士林中有影響之輩，如最著名的「天主教三大柱石」徐光啟、李之藻、楊庭筠，他們接受天主教時所懷的理想不盡相同，但都是晚明中西思想撞擊後的典型產物。晚明的思想氛圍是天主教能夠贏得士人同情乃至接受的重要背景，但落實到個人，又不能否認祈福這一類現實的功利主義動機也是接受天主教的重要原因。

這裡以徐光啟為例，介紹士大夫受到耶穌會士影響的程度。

徐光啟與利瑪竇有過很多合作，比如翻譯西學著作《幾何原本》。由於兩人的交往比較深，徐光啟甚至接受了洗禮，他的教名是徐保羅。與那個時代的許多士大夫一樣，徐光啟早年也深受陽明心學影響，而在思想中留下基於善疑的開放性，利瑪竇附會古儒以拒斥、批判佛老二氏和後儒，這與徐光啟在 1604 年成進士之後批判佛老對當時玄虛學風的影響、時文時學的謬妄虛浮外觀相似，這種相似性成為他理解天學的一個起點，也成為利瑪竇傳教策略成功的一種體現。

同時，利瑪竇塑造出的將天主教義和西方科技融為一體的「天學」

概念也在徐光啟身上獲得顯著成功。「天學」概念使士人們得以用同一種方式理解西方文化，但也因此而可能僅限於按照傳統的「學」「教」概念來解讀天學。徐光啟正是如此，他將「天學」分類概括為三：大者為修身事天的道德、宗教，小者為格物窮理的哲學、科學，「餘緒」則為象數。但與諸多士人不同的是，徐光啟認為儒學在道德和政治層面、科學技術、個體救贖方面都需要補足，他渴望尋求或建構一種在實踐中具有普遍有效性的倫理規範體系。在他眼裡，天主教道德規範因藉助一種外在理性的監督，能迫使人實現約束內心，傳教士的誇張性宣傳使他深信西方因尊奉天主教而成為一片無悖逆叛亂的樂土。儘管對這片「樂土」的描繪不限於徐光啟一人，但他最熱衷於以這種虛幻的西方樂土作為檢驗儒學和天主教道德效果的標準。然而歸根結底，徐光啟仍是在儒學的框架內接受和容納西學，通過借取他認為切實可行的天主教道德體系以實現「補益王化，左右儒術，救正佛法」，達到儒家理想中三代之治的最終目的。而在晚明的奉教士人中，具有徐光啟這種傾向的大概居多，至少與徐光啟有着各種聯繫的王徵、張賡、孫元化、陳于階、韓霖、韓雲等人都是如此。

　　1610 年，利瑪竇在北京去世，長眠於地下（現北京行政學院院內），但是「利瑪竇規矩」所體現的不同文明應該互相理解和互相包容的思想光芒，至今依然熠熠生輝。

第二章

明清傳教士眼中的中國政治

　　從 16 世紀末門多薩在《中華大帝國史》中提出中國是地球上治理得最好的國家開始，所有 17 世紀描述中國的文章都非常關注中國的政府和行政管理，提供有關信息的主要是在中國長久生活的耶穌會士，而來華的使節、商人與海員只是作為補充。如果說 17 世紀歐洲知識界的思維大體還被宗教問題佔據，那麼 17、18 世紀之交，知識界對教會事務和宗教辯論的興趣明顯已開始讓位於對世俗政治事務的關心。在歐洲歷史上短暫的君主集權時期，歐洲人看待中國的眼光以及對中國的需要也隨之發生變化，人們的視線從天上落回人間，從抽象轉向具體，開始打量中國的政治制度與社會管理模式，從而對動盪中的歐洲有所啟發和影響。

　　歐洲作者們首先被構成中國政治核心的皇帝的絕對權力吸引。17 世紀前半葉的耶穌會士發現中國皇帝被當作神一樣敬拜，出於其宗教責任感，曾對此表示擔憂。[1] 入清以後，中國皇帝享受的禮儀待遇沒有變，但耶穌會士卻着重描述清初幾位皇帝是賢德之君和世人楷模。白晉的《康熙帝傳》可謂最有針對性，杜赫德則從諸多傳教士的敘述中彙集出中國皇帝在歐洲的主導印象，那就是「擁有最高程度的治國之道，他本人身上彙集了構成一位正人君子和君主的一切品質。他的風度舉

---

[1] 曾德昭著，何高濟譯，《大中國志》，上海：上海古籍出版社，1998 年，第 131 頁。

止，他的體形，他泰然自若的種種特徵，某種高貴氣息，再加上溫和仁慈的性情，使人剛一見到他就不由得生出愛戴敬重之情，從一開始就向人表明他是宇宙間最偉大的帝國之一的君主」。[①] 除了這些受惠於康熙的傳教士，清初來華歐洲使團的報告中也屢屢有對清朝皇帝的讚譽，連遠在歐洲的基歇爾都長篇描寫清初皇帝。基歇爾的描寫主要是根據湯若望的報告談論 18 歲的順治對基督教的優容，講他如何欣賞湯若望的中文水平和科學知識，想從湯若望那裡學習如何結合歐洲技巧與中國藝術，後來越發信任湯若望，直至發展為時常請湯若望到寢宮談話，從科學知識談到基督教，進而稱讚基督教，並在 1650 年發佈一道敕令容忍基督教，哪怕順治帝最終還是篤信佛教。湯若望和基歇爾勾勒出的聰明、好學、具有宗教寬容胸懷的中國帝王形象無疑也是很吸引人的。傳教士頌揚清朝皇帝有兩個重要原因：其一是他們比晚明耶穌會士更接近皇帝，寄身宮廷，而且他們還寄希望於通過獲取皇帝本人的好感來迅速勸化中國。因此當康熙 1692 年頒佈《容教令》後，傳教士奉康熙為曠世明君，並且在他們的影響下，歐洲大陸也把康熙與當時眾人仰慕的「太陽王」路易十四比肩而論。其二是，這些頌揚中國皇帝不惜筆墨的傳教士以法國耶穌會士為主，他們是享受法國政府津貼來到中國的傳教士，並且希望能得到法國政府更多的支持，因此要報告一些令法國君主感興趣的內容，以康熙的榮耀來映襯「太陽王」的光輝，以中國集權君主制的成功來證明法國集權君主制的英明，這也是耶穌會士們吸引法國政府注意力的策略之一。

　　耶穌會士肯定中國是君主專制，因為沒有世襲貴族與皇帝分享權

---

① 雷蒙・斯道恩著，常紹民、明毅譯，《中國變色龍 —— 對於歐洲中國文明觀的分析》，北京：時事出版社，1991 年，第 70 頁。

力，但他們也覺察到文官系統對這一權力的制約。利瑪竇已經發現皇帝只有在與大臣磋商或考慮過他們的意見後才能對國家大事作出最後決定。皇帝無權單憑己意封任何人的官或增加對任何人的賞賜，或增加其權力。皇帝憑自己的權威賞賜家族成員時，只能從他的個人財產中提取。他不能隨意處置各種稅收和貢物。皇室的開支從國庫提取，但每項開支都由法律規定和管理。① 李明強調皇帝作為道德榜樣的角色，說中國人認為皇帝有義務不去濫用權力。法律賦予皇帝無限權力，同時也要求他克制和謹慎地使用權力，這成為長期以來支持龐大的中國君主制體系運轉的推進器。皇帝具有對死刑案件的最終裁決權；可以任意規定稅率，也可以對爆發饑荒的省份減免稅賦；決定發動戰爭或停火；自由地從子嗣中選擇繼承人；皇帝對死去的人也可以實行賞罰大權，他本人是最大的祭司；皇帝有權廢止或創造文字，更改省份、城市名稱或他人姓氏。這一切都顯示出皇帝有絕對和無限的權力，但中國的法律防止皇帝濫用權力，並要求他從公眾利益和維護個人名譽出發而慎用權力。首先，中國法律要求皇帝待臣民如慈父而非奴隸主，這種觀點深入人心並具有道德約束力；其次，每位官員都可以指出皇帝的過失來勸諫他；最後，皇帝的所有行為都被寫入史書，足以使每位顧及名譽的皇帝考慮自己的行為。②

　　皇帝權力受限反映出文官行政系統的重要性，在這一體制中，令耶穌會士印象深刻的是監察系統、審判體系和科舉選拔制度。監察系統在西方政府中沒有可對應的部門，而它對於政府的有效運轉意義重大，因此所有耶穌會士都注意到並樂於描述它。利瑪竇介紹說，監察官

① 《利瑪竇中國札記》，北京：中華書局，1983 年，第 48、49 頁。
② 同上，第 254－260 頁。

分為科吏 (給事中) 和道吏 (監察御史)，各由 60 位以上經過挑選的謹慎可靠、忠君愛國的哲學家組成，他們是公眾良知的捍衛者，負責監察並向皇帝報告各地的違法事件。[①] 曾德昭說科吏和道吏的職責是注意國政的失誤和動亂，並向皇帝指出他的過失，也揭露官員們的不當行為。他要比利瑪竇冷靜一點，指出監察官有指責他人過錯的特殊才能和充分自由，但他們常常缺乏公道。利瑪竇和曾德昭對六科給事中和都察院監察御史合而論之，安文思則更清楚地知道這是兩個系統。他注意到都察院的普通都御史只有七品官銜，然而位低權重，負責監察宮廷和全國的法律和風俗是否正確，並判斷官員們是否公正誠實地行使職責，百姓是否安分守己。他們懲處都察院內部的輕微過錯，也向皇帝彙報重大罪行。都察院每三年一「大察」，每年一「中察」，每三月一「小察」。因御史在所察之地有至高權力，他們常常憑藉這種權力大肆收受賄賂，因此監察的結果只有部分惡行昭著、無法隱瞞的官員和清正自守不肯行賄的官員會遭彈劾。科吏根據六部來劃分監察範圍和確定名稱，也是七品官，但同樣權力較大，負責勸諫皇帝、監察六部並向皇帝彙報，中國歷來不乏無畏的諫臣。17 世紀後半葉的耶穌會士對清朝監察系統的描述接近利瑪竇、曾德昭對明代監察系統的描述。只是李明報告說，清軍入關以後排擠了中國原有的監察官，因為他們中有些人受賄瀆職，不過這樣一種促使官員恪盡職守的有用方式並未被全部放棄，都察功能至少部分地被康熙親自出巡所取代。[②]

中國的法律系統包含在文官行政系統中，地方行政官員通常也是起訴人、法官、陪審團，上級行政長官則充任上訴法庭。17 世紀的耶

---

① 《利瑪竇中國札記》，北京：中華書局，1983 年，第 52 頁。

② 李明，《中國現勢新志》，鄭州：大象出版社，2010 年。

穌會士對中國的基本法律意見不一，龍華民認為中國有良好的法律和政府，龐迪我則注意到中國沒有成文法典，判案嚴重依賴官員們的個人智慧。利瑪竇也與龐迪我有同感，認定中國沒有能與羅馬《十二銅表法》和《愷撒法典》相媲美的、可以傳世的古代法典，新朝的創建者總是按照自己的思想制定新法律。①曾德昭的分析也許最準確，他說中國的法律體系包括兩方面內容：一是記載於五經中的古老的風俗和儀式，二是據以審判案件的國家律法。這些都以儒家教導的五德以及從五德衍生出的五倫為基礎。古代中國人在儒家道德的指導下生活，法律很少但眾人奉守，學者們拒絕在不守德行的君主手下任職。後來隨着野心與貪婪滋生，品德淪喪，上述建立在自然啟示和自然法則上的生活方式開始崩塌，律法隨之增多。新的王侯總要修改或增加法律，但仍以古法為依據。直到今天，那些從未被官府傳訊或被控以罪行的人被視為具有了不起的節操和品德而受到尊敬。②

關於中國的審判體系，耶穌會士評價各異，有人認為中國的審判很殘暴，有人認為很散漫，但他們對一些審判細節認識一致。比如都注意到絕大多數官員不願定死刑，以免落下酷吏的惡名而影響仕途，所以只有私鑄錢幣、謀殺、搶劫等罪行會判死刑。又如刑杖在中國很常見，無論是法庭上逼疑犯認罪，還是主人和官員責罰僕人，或是老師教訓學生，都習慣打板子，而中國人也都接受挨板子。犯人雖未被判死刑，卻常常死於刑杖。曾德昭因此說：「中國人如沒有竹子，那就是他們用來打人的棍子，他們就不能進行統治。」③曾德昭談道，中國的監獄比歐

① 《利瑪竇中國札記》，北京：中華書局，1983 年，第 46 頁。
② 曾德昭著，何高濟譯，《大中國志》，上海：上海古籍出版社，1998 年，第 179–181 頁。
③ 同上，第 171 頁。

洲的監獄寬敞，但它不是令人愉快的地方，勒索成風且名目繁多。①17
世紀後半葉的耶穌會士對清初法律和審判的介紹基本與曾德昭的看法
一致，只是又補充了許多以親身經歷和觀察為基礎的第一手資料。安
文思還及時反映出清初法律改革的一些內容，如明朝時刑部、都察院、
大理寺分權制約，清朝時刑部權重，安文思便記錄了這一變化，說刑部
執掌全國的刑案，對其審查、審判、定刑，大理寺負責核查疑案，而對
皇帝認為存疑的死刑作出判決，召三法司會審，三法司是刑部、都察
院、大理寺共同參與的會議。

　　旨在選拔官吏的科舉制是文官政治系統的重要基礎，不僅受到耶
穌會士高度重視，而且很早就引起不少本土歐洲人的興趣。耶穌會人
文學者馬菲 1588 年出版的《16 世紀印度史》，對科舉制大施筆墨。他
說中國的考試是筆試，考生在戒備森嚴的考場中根據考官指定的關於
公共事務、國家大事和人性問題的題目即席作文，考官對文章篩選三
輪後錄取 90 篇最出色的，金榜題名者受到皇帝召見並授予官職。馬菲
稱讚科舉入仕，說中國無世襲貴族，每個人都是自己命運的「奠基者」，
任何稱號、官職都不會合法地從上一代傳到下一代。1590 年，《關於
日本使節朝拜羅馬教廷的對話》刊印，為當時的遠東視察員范禮安的西
班牙文原著，中國傳教區會長孟三德譯為拉丁文，有關中國的材料來自
利瑪竇等入華耶穌會士。其中對科舉制的描述尤為詳細和準確，述及
「秀才」、「舉人」和「進士」的三級升遷制與考試方式，以十分推崇的口
吻說：「中國的行政管理，就其主體而言，與自然本能相合，權力交由
那些熟諳學問的用途、知道如何使用它的人執掌，而不是交給魯莽和

---

① 曾德昭著，何高濟譯，《大中國志》，上海：上海古籍出版社，1998 年，第 164–167 頁。

缺乏技巧的人。」①

　　17 世紀上半葉有關中國科舉制的介紹主要來自利瑪竇和曾德昭。他們將秀才、舉人、進士分別對應歐洲的學士、碩士和博士，除幾類特殊職業的人之外，普通百姓均可投考學位，並介紹歲考、科考與鄉試、會試、殿試諸級別和有關考試內容。鄉試和會試都有三場，初場試《四書》義三道，經義四道，文辭要求簡潔、優美並有警義。二場試論與判，涉及如何處理政府遭遇的問題和疑難以及如何向皇帝進諫。三場試經史時務策，對此，利瑪竇說是有關指導行政的計劃，曾德昭說是有關國家律法。他們還詳細介紹了考官的構成和考場的規矩，如有彌封、謄錄、對讀、受卷及巡綽監門、搜檢懷挾等程序；試官入院即鎖閉內外門戶並加封條；參試諸生被鎖入號房，每間各有號軍看守；試卷之首要書寫三代姓名及其籍貫年甲。利瑪竇還提供了各省的舉人名額和錄取進士的名額。他說殿試的前兩名享有歐洲公爵或侯爵的地位，但不能世襲。其他進士也立刻獲得較高品級的官職，並成為全國高等公民，享有無上尊榮。不願再參加會試的舉人可以獲授低級官職。事實上一旦中舉，就變得偉大、尊貴，並且突然富有起來。曾德昭談到殿試之後還有一次自願參加的入選翰林院的考試。利瑪竇還簡單提及武舉，考試內容比科舉簡單，投考人數和錄取人數也少得多，因為中國不重視軍事科學。② 安文思對科舉制的介紹很簡略，只說舉人們每三年一次聚集在京師參加為期 13 天的考試，授予 366 人博士學位（進士），皇帝從博士中挑選最年輕和最聰明的進入翰林院。李明對科舉制的描

① 雷蒙・斯道恩著，常紹民、明毅譯，《中國變色龍 —— 對於歐洲中國文明觀的分析》，北京：時事出版社，1991 年，第 53 頁。
② 《利瑪竇中國札記》，北京：中華書局，1983 年，第 36−43 頁；曾德昭著，何高濟譯，《大中國志》，上海：上海古籍出版社，1998 年，第 46−57 頁。

述不超出利瑪竇和曾德昭的範圍，又不及他們詳細精確。杜赫德對會試的描述幾乎就是引用安文思原話，又談到秀才和舉人在中國也屬於貴族。

利瑪竇與曾德昭對科舉制並未作出太多評價，利瑪竇只是讚揚在同年的候選人之間發展起來的延續一生並惠及親屬的兄弟般的關係，以及考生與主考官之間父子師徒般的情誼。[①] 曾德昭則針對舉人進京赴考的旅費由國庫開支這一點，稱讚君王捨得為培育賢人投入大筆資金。[②] 利瑪竇還對無論哪種考試的主考或監考都由哲學元老擔任表示些許不滿。[③] 但李明對科舉制可謂讚不絕口，他說年輕人因為要參加考試而勤奮學習，杜絕了無知和懶散，而且學習使他們增長智慧；中國的官員都是從這樣的年輕人中通過一次次嚴格考試層層選拔出，他們懂得去消除或阻止因無知和無德造成的貪婪；並且由於官位是由皇帝授予而非世襲，皇帝可以撤換不勝任者。

以上描述不管涉及中國政治結構的哪一層，都反映出文官系統是中國制度的基礎。在許多歐洲觀察家眼裡，中國是一個由西方人稱為哲學家的文人學者階層井然有序地管理着的國家。比如深受在華耶穌會士影響的基歇爾認為，中國是以柏拉圖式的方式由學者統治的政府，符合神聖哲學家的意願，他判斷中國是一個快樂的王國，中國的國王能夠以哲學家的方式思考、行事，或者至少允許哲學家來治理國家並指導國王。衛匡國也有類似表述。中國人對學者型官員的尊崇是無止境的。曾德昭認為有功名的士大夫和尚未取得學位的學子都屬於中國的

---

① 《利瑪竇中國札記》，北京：中華書局，1983 年，第 42—43 頁。

② 曾德昭著，何高濟譯，《大中國志》，上海：上海古籍出版社，1998 年，第 54 頁。

③ 《利瑪竇中國札記》，北京：中華書局，1983 年，第 44 頁。

貴族，不過是靠學問而非世襲從微賤升至高位的貴族，而且這種貴族不能世襲，如果後代不學習上進，還會跌入困境。[1] 杜赫德也說：「最高爵位僅靠讀書就能獲得，而且人們一般是按照他們的能力獲得相應提升；根據延續四千多年的帝國法律，只有有學問的人才能擔任城市和省份的總督並享受所有的朝廷官職。」[2] 他還詳細描述了獲得博士學位者（進士）的待遇，「得到這一學位後，他們就擁有了足以使以後生活舒適的尊敬和榮譽。因為在那以後他們就有保證能在短時期內獲得一官半職；即便是那些還在等待授官的人，返回鄉裡也受到當地官員的高度尊敬，他們的家庭也會免受貧窮困擾，而且他們在家鄉能享受眾多特權」。[3] 中國文官雖然薪水不高，但生活得很好。超勤收入、接受遺產以及憑地位得到的饋贈是他們的可觀財富，而且他們旅行時的路費、工具和住宿地，任職地的房屋、傢具和聽差都由皇帝提供。[4] 學者官員的至高地位還表現在對軍隊的控制權上，他們常常約束軍隊，而官兵們對他們十分尊敬，「戰爭政策由哲學家規劃，軍事問題僅僅由哲學家決定，他們的建議和意見比軍事領袖的更受皇上的重視」。[5]

中國哲學家政府的某些實踐也獲得耶穌會士的普遍景仰。比如迴避法，文官不能在家鄉所在省任官，以免為親友謀私。法官主持法庭時，親屬不得離家，以免通過他們受賄。為防止官員勢力坐大和結黨營私，在一地連任不得超過三年。這三年的政績會被嚴格考評，作為升黜

---

[1] 曾德昭著，何高濟譯，《大中國志》，上海：上海古籍出版社，1998 年，第 146、148 頁。

[2] Du Halde, *A Description of The Empire of China*, vol. II, London, 1738, p. 124.

[3] 同上。

[4] 《利瑪竇中國札記》，北京：中華書局，1983 年，第 57 頁；曾德昭著，何高濟譯，《大中國志》，上海：上海古籍出版社，1998 年，第 174–175 頁。

[5] 《利瑪竇中國札記》，北京：中華書局，1983 年，第 59 頁。

的依據。中國由學者統治，導致國內不尚武，凡是希望成為有教養的人都不贊成戰爭，他們寧願做最低等的哲學家，也不願做最高等的武官，以獲得更多的尊敬與財富。而學者對皇帝與國家的忠誠往往超過以保衛國家為職責的武人，原因是「人們有了學問，心靈也就高尚了」。與尚文的普遍意願一致，中國自一開始就奉行和平的對外政策而沒有興趣擴張版圖。①

　　總之，在耶穌會士筆下，中國有一位開明專制君主和一套行之有效的行政管理體系，而這樣一個值得稱道的政治結構以儒家的道德和政治哲學為依據，無論皇帝還是文官，行事都以儒家理論為指導。比如安文思指出孔子在《中庸》裡規定了明君應具有的九種品質，即修身、尊賢、親親、敬大臣、體群臣、子庶民、來百工、柔遠人、懷諸侯，他還論述了每一種品質如何能使皇帝成為臣民的好榜樣並產生好政府。晚明前清的中國現實政治狀況並非如制度設計所顯示的那麼令人愉快，耶穌會士也並非遲鈍得覺察不到。其實龐迪我、利瑪竇、曾德昭等早期耶穌會士在景仰中國的同時也不乏批判態度，17 世紀後期的耶穌會士則加大對中國政治理想狀態的描寫力度。因為耶穌會士渲染中國政治制度優越性是論證儒家倫理優越性的一種手段，目的是讓歐洲的宗教贊助者和教會長上接受儒學作為道德、哲學、政治、宗教合一的體系，與基督教有相似之處，而受儒學熏陶的中國人，其道德如宗教般純潔，這正是在中國傳播福音的適宜準備。一方面，隨着 17 世紀末禮儀之爭日益升級，耶穌會士維護自己上述立場的壓力也越來越大，因此對中國的讚美之聲遠遠壓倒批評之詞。另一方面，自 17 世紀

---

① 曾德昭著，何高濟譯，《大中國志》，上海：上海古籍出版社，1998 年，第 175–178 頁；《利瑪竇中國札記》，北京：中華書局，1983 年，第 59–62 頁。

末期開始，關注禮儀之爭以及進而關注中國的已不僅僅是教會中人，世俗知識分子也介入有關中國的討論，而且就如本章開頭所說，整個歐洲對政治問題的熱情日益升溫而相對淡薄了對宗教問題的熱忱，這都導致歐洲知識界自 17 世紀末開始對中國道德與政治方面的內容遠比對宗教內容更關心，早期耶穌會士著作中的相關內容開始被他們如獲至寶地把玩起來。耶穌會士似乎覺察到了這種變化，並且自 17 世紀末以來，越來越多的耶穌會士都同時肩負着為各自國家的王室效勞的使命，因此為了爭取更大範圍的同情與支持，為了扮演好他們的新角色，耶穌會士們也有意識地加強對這部分的正面描寫。這果然攫取了歐洲知識分子的心，因此儘管有不少耶穌會傳教區史的報告和歐洲來華使團的記錄中已經刻畫出傲慢的地方官，專制和報復心強烈的、懦弱優柔的、受賄的官員，貪婪與敲詐勒索的太監，也表現出部門之間派系糾葛、辦事程序煩瑣且效率低下，但 17 世紀末以來的歐洲知識分子大多還是為耶穌會士刻畫的中國理想政治模式着迷，這些描述成為他們反思本國社會與政治狀況並探索改革方向的參照系。

第三章

歐羅巴的「中國趣味」
與紫禁城的「西洋風」

自利瑪竇入華以來，隨着傳教士絡繹東來與中國商品出口歐洲的規模日漸擴大，中西文化交流也呈現出交光互影的雙向特徵。從物質文化層面論，就是歐洲的中國熱和紫禁城的西洋風。

一、歐洲的中國趣味

「中國趣味」是指 17 至 18 世紀在歐洲的室內裝飾、傢具、陶瓷、紡織品、園林設計方面所表現出的對中國風格的奇異的歐洲化理解，它的出現成為促進巴洛克風格向洛可可風格轉變的一個因素。而洛可可作為一個時代的藝術風格和生活模式，又成為知識界以外的歐洲民眾看待和理解中國時所戴的有色眼鏡。中國趣味的形成得益於中國商品大量進入歐洲，以及耶穌會士、旅行家對中國文化的反覆介紹。

中國趣味與中國的倫理、政治、儒學、歷史、文字等相比，是非常抽象的東西，歸結起來反映了歐洲人在日常生活中對異國情調的追求，而其直接靈感就來自那些從中國進口的商品，如瓷器、漆器、織物、壁紙等。這些東西的造型和繪飾的圖案無一不令歐洲人耳目一新。所以有人指出，儘管歐洲的中國風在 18 世紀中期才達到巔峰，但它早在 16 世紀葡萄牙商人開始將瓷器等中國藝術品銷往歐洲時就開始醞釀

了。這一時期有各式各樣的中國物產來到歐洲，令人眼花繚亂，忍不住競相獲取。中國商品像是撞開了蒙在歐洲人藝術和審美之眼上的一層霧障，為歐洲人指引出生活的快樂之門，因而大受歡迎。17 世紀末，一位作家曾在《世界報》上說，中國壁紙在豪宅中極為流行，房間裡掛滿最華麗的來自中國和印度的壁紙，上面滿繪着成千個根本不存在的、想像出來的人物、鳥獸、魚蟲的形象。18 世紀初，中國絲綢也已在英國成為風尚，公眾審美觀被東印度公司的進口商品引導，連當時的安妮女王也喜歡穿着中國絲綢和棉布露面。17 世紀末，英國東印度公司運來的一船又一船瓷器刺激了英國和歐洲市場對這類商品的需求，英國上流社會以收集和展示瓷器相標榜。類似的風氣在路易十四時代的法國宮廷同樣盛行，路易十四也熱衷於通過東印度公司獲取大量正宗的中國漆器和其他物品，他一生都對中國藝術品及其歐洲仿製品興趣盎然，18 世紀中國風尚在法國的流行就受到 17 世紀末路易十四宮廷習氣的促動和牽引。

進口中國商品俘獲了歐洲顧客的心，本地的生產者和經銷商自然不甘寂寞。出於產品競爭的考慮或藉助時尚獲利的目的，開始模仿中國的櫥櫃、瓷器、繡品上的裝飾風格，這便產生了中國趣味。大體而言，較早大量使用這些中國器物的歐洲國家也較早開始出現中國趣味。17 世紀前葉，先是英國和意大利的工匠模仿中國風格，然後其他國家的工匠紛紛效仿。先是工藝品和日常用品等小物件的仿製，如製造瓷器、絲綢、壁紙；進而是室內裝飾與園林設計這些大工程，誕生了風靡一時的「英華園林」，並在今天留下許多建築痕跡。最早出現的內部裝飾主要為中國風格的建築，是 1670－1671 年為凡爾賽宮而建的大特里亞農宮，儘管它只存在了 17 年就被拆除，卻標誌了後來席捲法國又蔓延至全歐洲的崇尚異國情調的風習。大特里亞農宮建成之後，此風

迅速擴散，在德國尤甚，其宮室無不有中國屋，且一如建造大特里亞農宮的初衷，這些中國屋也都是為王室的女主人而建。

　　1753 年 7 月 24 日，瑞典王后收到國王贈送的一件特殊的生日禮物，即一座建於德羅特寧霍勒姆的木結構的中國亭，她描述道：「我吃驚地突然看到一個真正的神話世界……一個近衛兵穿着中國服裝，陛下的兩位侍從武官則扮成清朝武官的樣子。近衛兵表演中國兵操。我的長子穿得像個中國王子一樣在亭子入口處恭候，隨侍的王室侍從則扮成中國文官的模樣……如果説亭外出人意料，亭內也並不少讓人驚奇……裡面有一個以令人賞心悦目的印度風格裝飾成的大房間，四角各有一隻大瓷花瓶。其他小房間裡則是舊式日本漆櫃和鋪着印度布的沙發，品位皆上乘。有一間牆上懸掛印度毯、床上鋪蓋印度床單的臥室，牆上還裝飾着美妙的壁瓶，繪有寶塔、花瓶和禽鳥圖案。日本舊漆櫃的一個抽屜裡裝滿各種古董，其中也有中國繡品。廂廊陳設兩張桌子：一張擺放一套精美的德累斯頓瓷器，另一張則擺放一套中國瓷器。欣賞過所有東西之後，國王下令演出一場土耳其音樂伴奏的中國芭蕾。」（所謂土耳其音樂，乃指土耳其近衛步兵用管樂器和打擊樂器演奏的軍樂。）

　　這座所謂的中國亭在建築上到底有幾分中國趣味不得而知，但顯然它就如 17 世紀末流行的中國屋一樣，以內中陳設有關中國的物品而得名。在瑞典這座中國亭裡，各種異國情調和歐洲趣味混為一體，不僅是物質上的，行為上亦然，中國文武官員和皇子的裝扮、中國兵操、中國芭蕾舞究竟甚麼模樣？不過是歐洲人憑藉一些來自東方的描述和圖形，再參照歐洲人的形象和想像力幻化出的中國人物形象。而這一切由歐洲人創造的活的和死的裝飾就成為中國趣味，也成為他們所理解的中國的實體形象。

　　與此同時，東印度公司為了使中國商品更符合本地需求，早早就開始採用給中國工匠提供加工圖樣的方法，比如英國東印度公司在 17 世紀末就讓中國的工匠加工一些具有歐洲風格圖案的瓷器以迎合歐洲顧客，而英國公司將傢具模型運到中國製成漆器的做法在 18 世紀初期達到頂峰。這樣便形成了中國趣味的另一個製造地。總而言之，這些帶有中國藝術觀感和手法的歐式圖案，與那些在歐洲產生的烙刻歐洲風格的所謂中國圖案，都是為迎合歐洲人的口味而誕生的，是文化混合和變異的結果，對歐洲人而言都是異國情調和那個時代理想生活的表達，並且是通過一種變異和誇張的中國圖像來表達的。比如 18 世紀中期進口到歐洲的中國玻璃畫，常見的主題是富裕的中國男女在樹蔭下悠閒舒適地生活，或者中國仕女帶着貴族式的無所事事的憂鬱神情坐在花園或牧野中，這都是專門設計來吸引歐洲買主的。不難理解，當時的歐洲，比如英國已經產生大批富裕悠閒的中產階級，法國那些被剝奪了政治特權而依然經濟富有的貴族則麇集在宮廷，百無聊賴地以虛耗光陰為最高追求。這些中國畫實則正迎合了歐洲上流社會的追求。

　　很多在中國加工的瓷器同樣增加了具有歐洲式快樂情調的裝飾，最具代表性的就是乾隆年間紋章瓷的裝飾變化。1735－1753 年以素淨的葡萄藤或花蔓裝飾最多，1750－1770 年則是顯著的洛可可式裝飾，1770－1785 年轉為纏繞葡萄藤的黑桃形盾牌，1785 年之後黑桃形盾牌開始嵌入藍黑邊線和金星，1795－1810 年則變成由深藍色菱形花紋圍成的圈，1765－1820 年歐洲市場上有大量中西風格參半的由菱形、符號、花朵和蝴蝶構成的圖案的瓷器。中國進口瓷器在形制上亦做成符合歐洲人的需要，比如英國公司定購的便以英國銀器為模型，而此風以雍乾時期最盛。如此一來，歐洲人看到的究竟是中國瓷器還是歐式器皿？是中國人的生活風貌還是歐洲有產階級的人生理想？恐怕他們都

自以為從這些圖形、紋飾、質地、形狀中看到的就是中國。

中國趣味不僅由有形物品激發而成，而且受到耶穌會士文學和遊記作品中相關敘述的影響，它可以說是那個時代關於中國的整體理想的一部分，這種情況尤其適用於對中國園林的認識。隨着耶穌會士極力推崇的中國古代儒學成為一些啟蒙思想家的靈感之源，包含於這種哲學中的造園思想和由此產生的裝飾藝術也相應地成為當時歐洲一些藝術作品的模型。啟蒙時代的歐洲知識界廣為稱道的中國哲學和文化思想正是新的園林藝術成長的沃土。17 世紀和 18 世紀前半葉歐洲出現的一些對中國園林的評論助長了模仿東方的氛圍，而這一氛圍直接刺激了「貌似圖畫」園林景致的成長。17 世紀中期以來不斷湧現的耶穌會士書信和書籍已經在歐洲培養起一片關注中國的土壤，滑落在這片土壤中的任何有關中國的種子要生根、發芽和成長都並非難事。從利瑪竇的札記中出現對中國園林的評價開始，姑且不論耶穌會士對中國園林的揄揚態度，畢竟至少他們總不忘提到。利瑪竇評價了南京的瞻園，提到花園裡一座色彩斑斕未經雕琢的大理石假山，假山裡面開鑿了一個供避暑用的山洞，內中接待室、大廳、台階、魚池、樹木等一應俱全，洞穴設計得像座迷宮。葡萄牙著名傳教士曾德昭 1613－1636 年在華居住長達 23 年，他在歸國途中寫成的《大中國志》再次喚起人們對中國園林的印象，他說中國人喜歡在庭院和小徑上植花種草，在園中堆假山，養金魚和各種珍禽美獸，圓形、方形、八角形的寶塔造型美觀，有彎梯或直梯，外側有欄杆。奧地利耶穌會教士白乃心（1623－1680 年）也描述過中國人的花園，說它們綠意盎然、令人愉快，因為很方便從河中汲水來澆灌。

對 17 世紀的歐洲人來說，最重要的描述來自荷蘭使團總管尼霍夫的作品《荷使初訪中國記》。尼霍夫的行記不僅多處提到中國園林景

致，而且總是對其讚不絕口。比如贛州附近某鎮的幾座自然逼真的大假山，泰和城外的拱橋，南昌一座道觀的盤龍柱，湖口城北的假山及旁邊的精美寶塔。他對寶塔似乎格外感興趣，說安徽境內繁昌有一座寶塔，有尖尖的塔頂和陡陡的塔檐，很有意思。清江浦、宿遷、故城、青縣都有引起他的注意，或美麗壯觀或式樣古樸的寶塔也有記載。雖然南京報恩寺的琉璃塔已毀，但尼霍夫還是繪聲繪色地描述它有 9 層，共 184 個階梯，裡外有漂亮的塔廊，琉璃生輝，塔檐的檐角所掛銅鈴隨風奏樂。北京的御花園被他稱為從未見過的漂亮地方，因為裡面滿是悉心栽培的果樹和精心建造的房屋。圖文並茂的尼霍夫著作問世之後，就如同當年的《馬可‧波羅遊記》那般風行，可想而知它對歐洲民眾的中國觀的影響力。其實尼霍夫的原文介紹十分簡單，然而世面上的各種版本都並非尼霍夫原書，是經編者多方潤色的版本，其中對中國風物的描述想來遠比上文所引述的生動詳細，而這些生動的描述無疑包含了大量從未到過中國的歐洲人的想像。可是，正是這些想像多於真實、道聽途說的信息才是點燃歐洲那些園林愛好者想像之光的火炬。誇飾之詞助長了據說存在於中國的非凡建造物的魅力，而大家又都沒去過中國，想駁斥那些迷人的敘述也無憑無據，又逢 17 世紀末人們開始厭煩那種中規中矩的法國園林，正需要有個釋放想像、創造自由空間的藉口。

二、紫禁城的西洋風

晚明盛清，紫禁城的西洋風，最引人注目的是自鳴鐘之類的機械工藝品。

1581 年羅明堅為兩廣總督陳瑞獻上一座帶車輪的大自鳴鐘，此舉

與陳瑞許其居住廣東不無關係。1601年利瑪竇進京為萬曆獻上一座有驅動墜、一刻一擊的鐵鐘，萬曆歡喜之餘將鐘放置身邊，還讓人前來觀賞。金尼閣在1621年帶來一座堪稱藝術品的多功能鐘錶，鐘內刻森林之神射箭報時，還能自動表現天體運行，將其作為禮物獻給崇禎。洋鐘以其新奇精巧，初入中國就大受歡迎，一時成為皇帝和朝廷中人爭相談論之物。當時傳入的自鳴鐘大致有桌鐘和樂鐘之分，前者自動報時，後者增加了報時之時的音樂伴奏功能。此外還有手錶、大小銅器規、月影、鵝卵沙漏等各種計時器。金尼閣還帶來一些自行活動的小玩具和自行演奏的小樂器。入清後，西洋機械製品仍是傳教士們用來討好新主的重要物品，湯若望、利類思皆有巧物饋贈順治，南懷仁毫不吝惜對於葡萄牙傳教士安文思、徐日升的巧思，以擅長機械製造而負責為順治、康熙管理鐘錶和機械製品。他們富於創造性的機械學方面的工作令人刮目相看。徐日升精通音樂，他設計了很多能夠奏出和諧音樂的鐘鈴，令人歎為觀止。①

　　康熙將擅長製造的傳教士和中國工匠納入原只負責繪畫的如意館工作，不斷為其製造新奇物品。康熙時曾有4位耶穌會士機械鐘錶師在如意館工作，為皇宮製作了西洋鐘錶、「千里眼」(望遠鏡)、顯微鏡、寒暑表、自行船、西洋刀劍、天地球儀、自行人、八音盒、各式測量儀器等，尤以鐘錶最博皇帝及后妃歡心。禁教嚴厲之如雍正，亦不捨得將鐘錶機械專家驅至澳門，反倒在康熙朝所設負責貯藏管理鐘錶的自鳴鐘處開辦鐘錶作坊，專事鐘錶修造。雍正十年，鐘錶作坊改稱做鐘處。乾隆九年則將自鳴鐘處和做鐘處分設為兩個機構。做鐘處的任務

---

① 南懷仁著，高華士英譯，余三樂中譯，《南懷仁的〈歐洲天文學〉》，鄭州：大象出版社，
　2016年，第229頁。

就是按照皇帝的要求製造修理所謂「御用鐘」。乾隆朝先後在做鐘處工作的傳教士有一名傳信部傳教士，兩名耶穌會士，七名遣使會士與奧古斯丁會士。他們不僅要做鐘、修鐘，還要竭盡全力設計製造奇巧器物討好皇帝，對於他們所背負的神聖傳教使命而言，這種生活實在是卑微而又痛苦。錢德明不無抱怨地說，乾隆皇帝的愛好「像季節一樣多變」，這更令傳教士們神經緊張，隨時待命，以保證總能滿足皇帝的新口味。當然他們在這方面的確堪稱成果斐然，奇思妙想層出不窮，媲美來自法國和英國的最精美的工藝品。只是可惜了這麼精妙的技術和創造只能被封閉在宮中。

清朝社會曾出現過一種追求西洋貨的風氣，有些工匠也仿製歐洲機械鐘錶、眼鏡甚至望遠鏡，比如廣州出現了修鐘的造鐘業，稱為「廣鐘」，隨後蘇州也製造出「蘇鐘」。但是因為無法掌握其中技術，知其然不知其所以然，所以模仿起來不僅費時，而且效果不好。不過鐘錶技術的處境還算不錯，當時傳入的其他歐洲設計和製造技術離中國人的生活就更遠了。前文介紹天文儀器時提到傳教士引進與儀器製造相關的二十多項機械技術，包括螺旋、金屬切削加工等應用範圍廣闊的重要技術，但它們都沒能在中國廣泛傳播或變成工匠的技術。首要原因是一般工匠沒有機會與傳教士技術專家交遊，對傳教士的工作了解很有限，其次則是因為中國成熟的傳統機械技術基本上滿足了以小農經濟為主體的明清社會的需要，所以會有人率先追逐鐘錶眼鏡之類物品而不是其他。

其實從晚明開始，傳入中國的工程機械技術並不少，熊三拔在《泰西水法》中介紹了三種水力機械：螺旋式提水機具龍尾車，利用氣壓原理從井中提水的玉衡車和恆升車。這些水力機械是基於螺旋原理、氣體力學、液壓技術等近代物理學和機械學的最新成果而製作的，體現

了 17 世紀歐洲科學的最新成就。可是它們在中國沒產生甚麼影響，因為技術過於精深，就算有些士人看到其實用效果與重要性，一般工匠農人不諳算理又無人傳授，根本無法仿製。龍尾車曾被用於蔣友仁為圓明園噴泉設計的水動力系統，但在蔣友仁去世後便無人會操作，原本是機械提水的噴泉系統落得只能在必須開放時由人工注水來維持，簡直是對蔣友仁巧思妙技和艱辛勞動的嘲諷。蔣友仁製造的整個噴泉系統本是一項高技術工作，但再高的技術含量也只不過成為皇家園林的裝飾，技術本身並不能令乾隆愉悅，更不會想到派人學習鑽研和繼承、傳播這些技術。除水利機械以外，方以智曾在《物理小識》中介紹西方的螺旋起重機。王徵和鄧玉函合著的《遠西奇器圖說》是中國第一本力學與機械學專著，也是西方當時集古典物理學、力學和機械學知識的彙總。王徵的原則是擇有裨民生日用的實用機械而錄介。此書曾被多次翻印，但得以仿製應用的技術仍是極少，僅木牛、水銃、風車等切於農耕生活之需的簡單器械。南懷仁提到他曾經研究過用蒸汽驅動的小四輪車，車的中間裝滿煤塊，相當於一個小型蒸汽發動機。[1]

　　明清來華傳教士也開啟了中西醫學交流之門，並且西醫由於其實際效用而能在一定程度上被中國社會接受，堪視為漢唐和宋元時期分別吸收印度與伊斯蘭醫學之舉的延續。西醫的力量能和醫藥配方在一定程度上被宮廷接受和實踐。但是除了在澳門，明清之際的傳教士卻無法在中國民間設立醫療機構，使得西醫西藥只能惠及帝王將相。

　　總體上，西方科技在明清時期未能發揮重大作用的基本原因在於中國社會的疑忌、排斥以及不能放棄自身文化的優越感。明末遺民首

---

[1] 南懷仁著，高華士英譯，余三樂中譯，《南懷仁的〈歐洲天文學〉》，鄭州：大象出版社，2016 年，第 213 頁。

倡而清初康熙皇帝與數學家梅文鼎互相迎合的天文曆法領域的「西學中源」說集中體現了這種消極心態。梅文鼎提倡「西學中源」表面上平息了中法派與西法派之間的紛紜聚訟，並且成為中國士人維持文化自尊心的一劑良藥，但這種平息建立在穿鑿附會的解說和無視事實的自我陶醉之上，就學術而言毫無積極意義。康熙青睞「西學中源」說則是出於現實政治的考量。清朝統治者一方面需要西學的實際效用，另一方面又需要維護華夏民族文化的自尊與自信，以防止「以夷變夏」可能造成的對自己統治根基的任何危害，「西學中源」說正好解決了既吸納西學又貶低西方的心理訴求，使雄才大略的康熙皇帝也感到虛驕之心得到滿足。然而「西學中源」是一種根本上錯誤的看法，因為這種邏輯導向是不必再鑽研與吸收西學，更談不上深層次考慮中西兩種文化的異同與發展。這樣一種認識在思想界長期盤踞，造成的惡果可想而知。中國文化傳入歐洲，激起歐洲的反思。西洋文化來到中國，不僅是在狹小的圈子裡傳播，而且通過「西學中源」說自我麻痹和封閉，這是很令人惋惜的。

第四章

禮儀之爭：
英國馬戛爾尼使團訪華

明朝正德年間就有葡萄牙人派使團來華，其後荷蘭人、俄國人都沒有少作努力，也都有所成就。只有英國使團來華時波瀾起伏。

一、英國的對華接觸

從 1576 年開始，英國商人就致力於尋找通往中國的西北航道，並得到伊麗莎白女王的積極支持。然而 1576－1592 年間，英國人尋找前往中國西北、東北航道的多次探險均以失敗告終，從此轉而與葡萄牙人和西班牙人爭奪東方航線，並最終取得成功，至 17 世紀英國人已經可以到中國沿海貿易。不過英國政府向中國遣使的努力卻一再受挫，1583－1625 年間的五次嘗試不是夭折就是流產。此後直到 1792 年，英國政府似乎都沒有遣使動議，這或許是因為英國對華貿易已經蒸蒸日上，無須同中國進行政府間接觸。

乾隆十九年（1754 年）春天，英國駐廣州貿易大班皮古藉回國述職之機向倫敦董事會提出，由董事會建議政府派使團去中國交涉，以改善在保商制度限制下的廣州貿易狀況。皮古還建議最好在 1761 年派遣使團，以藉慶賀乾隆母親七十壽辰之機而師出有名。但慎重的英國東印度公司董事會害怕過早派使節申訴在華英商的苦難會引起中國政府驚

駁，導致中英貿易斷絕，所以否決了這個方案。到 1787 年，東印度公司監督委員會主席敦達斯終於決定向中國遣使，次年，英王喬治三世任命卡斯卡特上校為公使並攜英王委任狀前赴中國。但卡斯卡特在途中不幸染病去世，使團半道折回。1791 年 10 月，已升任內務部長的敦達斯向外交老手馬戛爾尼勳爵提出了出使建議，耽擱多年的出使中國計劃終於重新啟動。

英國在 18 世紀末開始認真籌劃向中國遣使，根本上受到英國國內商業利益的驅動。18 世紀後期，美國的國際競爭力增強，歐洲各地都呈現出社會繁榮局面，英國許多舊有的製造企業則被迫倒閉，這些都刺激英國政府醞釀在中國擴大商業利益。遣使中國也有與中國方面直接相關的原因，即英國人認為自己在中國始終處於比其他歐洲國家商人更不利的地位，而這種情況應當有所改變。英國人設想派遣使團的好處在於：首先，與中國政府交涉以改善英國商人在華處境，並消除幾年前英國船隻炮襲華人事件可能產生的負面影響；其次，在茶葉已成為英國人生活必需品而且相當長時期內仍只能依賴從中國進口的情況下，必須要同北京朝廷建立良好關係以確保這一供貨渠道暢通；最後，與中國建立外交關係後，若英國在印度的殖民地與中國發生邊界衝突則將有很大迴旋餘地。這些也成為馬戛爾尼使團所肩負的基本使命，在此基礎上馬戛爾尼接受了政府指示的涉及中英政治、軍事、經濟關係的七項具體任務，以及東印度公司董事會吩咐的幾項經濟任務。

二、馬戛爾尼使團的成行

以馬戛爾尼為正使的英國使團於 1792 年 9 月 25 日乘船離開英國，1793 年 8 月 16 日在通州棄船登岸，在北京停留數日後，於 9 月 2

日前往熱河覲見在那裡避暑的乾隆皇帝。9 月 14 日接受皇帝召見，17
日參加皇帝萬壽慶典，21 日在不愉快的氣氛中被命令離開熱河，10 月
7 日更在國事談判沒有任何進展的情況下被迫離開北京。總體來說，馬
戛爾尼使團在中國的經歷與之前的歐洲使團並無二致。在中國官方對
待外國使團的既定程序之下，馬戛爾尼也毫無例外地遭遇了路線問題、
禮品問題與禮儀問題。不過英國人有備而來，以送給皇帝的珍貴禮品
不宜陸路長途運輸為藉口，獲准在通州登岸，而沒有走外國使團自廣
州登岸再由內陸水道北上的慣常路線。在禮品問題上，中國官吏把英
國人開具之清單上的「禮物」改稱「貢物」，使英使十分不快。但馬戛
爾尼卻不知道，看過禮品清單中譯本的乾隆皇帝對英使在其上自命為
「欽差」也很氣惱，因為「欽差」一語將英王升到與中國皇帝平等的地
位，而在中國皇帝眼裡，英使以及一切外國來使都只能稱為「貢使」或
「番使」。

　　最使馬戛爾尼無法迴避的是禮儀問題。其實馬戛爾尼是攜帶有關
禮儀問題的專門指示而來的，敦達斯要求他在不損害本國君主尊嚴的
情況下服從中國朝廷的禮儀。馬戛爾尼也知道，曾有一位俄國特使拒
絕執行中國的覲見禮節，但最後簽了一份條約回國①；相反，一個荷蘭
使節委曲遷就中國政府指定的一切禮節以貪取一些物質利益，結果既
受到藐視又沒有得到利益。所以，馬戛爾尼自一開始就抱定決心，堅持
正確而有禮貌的言行，絕非卑躬屈膝的遷就，不能以貪圖個人眼前方便
而做出在他人眼裡有損英國名譽的舉動。當使團在天津靠岸換小船時，
中國官員就發現英國人不識禮。到了通州，中國官員根據皇帝諭旨，

① 英國人所指的或許是 1726 年與中國簽訂邊界條約的薩瓦・弗拉基斯拉維奇・拉古津斯基
大使，但該使節事實上沒能免行三跪九叩禮。

試圖要求馬戛爾尼跟隨他們練習三跪九叩之禮，遭拒絕。到達北京後，負責陪同的禮部官員徵瑞強迫英國特使向空的御座行禮，當然也沒有結果。馬戛爾尼反而交給徵瑞一份有關禮節的照會並希望轉交乾隆寵臣和珅，提出讓他磕頭的條件是讓一位同等地位的中國官員，在特使攜來的英王御像前行同樣的磕頭禮。但徵瑞根本不敢將這一照會上交，而是在英使抵達熱河的當天將其退還。

　　至此，中國官員已經深悉英國人在禮儀問題上冥頑不化。不過，為了順利完成覲見儀式，中國官員依然不懈地勸說直至威脅馬戛爾尼無條件執行叩頭禮。最後，中國官員允許馬戛爾尼以改進後的謁見英王禮節去覲見乾隆，即單腿下跪，但免去吻手。禮儀問題終於在形式上得到解決。在 9 月 14 日清早的覲見過程中，英使雙手恭捧裝在金盒中的英王書信走上御座的第二級台階後，單膝下跪並簡單致辭，然後將國書呈交皇帝。皇帝向英使表示歡迎並希望兩國臣民永遠和好。英使的覲見禮儀就此結束。此外，一干英國人還隨在場的眾人一起，在其他人三跪九叩的集體動作中，稀裡糊塗地三次單膝下跪。在英國人看來，他們在禮節問題上取得了外交勝利，然而他們最渴望的國事談判卻無論怎麼爭取也上不了道。

　　馬戛爾尼幾次試圖與乾隆寵臣和珅就使團所負任務進行談判，但均告以失敗。9 月 11 日禮儀問題解決後，馬戛爾尼首次拜訪和珅，和珅問了一些關於歐洲形勢的問題，馬戛爾尼一再申明英國的和平願望，澄清他們沒有助長西藏叛亂，也以很委婉的方式談及發展兩國商業對中國的好處，但和珅對這些全無反應，談話也未進一步涉及任何實質性內容。9 月下旬回到北京後，馬戛爾尼聽說中國政府已經就英王致中國皇帝的信件內容和今後如何應付英國人召開過專門會議，並且結論對英國人不利。他由此明白自己不可能在北京常駐，於是決定次年 2

月離開，並在這以前盡力同中國方面談判。當他用書信將返程日期通知和珅後，和珅10月2日會見馬戛爾尼，並以北京天氣將寒、不利於英國人的健康為由，讓他們趁河未上凍之前趕早由水路回去。馬戛爾尼認為這是他第一次也是最後一次談論出使目的的機會，終於說明了英王希望在北京常駐使節的願望，並向和珅提出種種商業問題，但和珅卻置若罔聞，會談又無果而終。10月3日，和珅又召見馬戛爾尼以給付皇帝詔書，馬戛爾尼趁機再次對和珅提出東印度公司在中國的貿易問題。和珅只是答應馬戛爾尼可以隨時遞送照會，在皇帝答覆英王國書的這份詔書中，明確拒絕英人在北京常駐使節的要求。於是馬戛爾尼當天下午便就英商的經營特權問題寫好一份有六點要求的照會。10月7日，使團在皇帝指定的時間離京，臨行前最後一次被召見，但皇帝沒有到場，只有身着朝服的送行官員們。英使收到了皇帝的禮品清單和答覆馬戛爾尼照會中六點要求的敕書，其中明確拒絕了英國人想在寧波、舟山、天津等地貿易的要求，關於北京貨行、稅收優惠和在舟山、廣州附近分別擁有一塊治外法權地的其他幾點要求，則以沉默的方式予以拒絕。英國使團沮喪地離開了北京，本打算原路返回浙江定海後乘英國船離開，但10月底在山東時獲悉當初停泊定海的使團旗艦「獅子」號已經駛去日本，於是改由內河前去廣州並在12月19日到達。1794年1月8日一行人登上已經到達廣州的「獅子」號，於當年9月6日駛入樸次茅斯港，結束了這次精心策劃卻毫無成效的出使旅程。

三、使團的後續故事

作為馬戛爾尼使團的後續，一般英國商船於1795年12月底停靠黃浦，攜帶英王、馬戛爾尼和東印度公司給清政府方面的大量禮品和

信件。但這在朝廷眼裡不過是又一幕外番輸誠之舉，中方的回應也只是以前行為的翻版。英王給皇帝的信送到北京並得到乾隆 1796 年 2 月的回信，回信稱「天朝撫有萬國，琛贐來庭，不貴其物，惟貴其誠。已飭諭疆臣將貢物進收，俾伸虔誠」。[1]1804 年，喬治三世又給中國皇帝帶去一封信，並附上禮物，信中還對拿破崙意圖關閉中法貿易表示氣憤。可是嘉慶皇帝根本不理會喬治三世對中國遭受拿破崙「制裁」的「同情」，只當英王又送貢品來，以對待藩屬國的口氣回了一紙詔書。[2]

　　英國人始終沒能理解中國的朝貢體制以及禮儀程序在該體制中的意義。清廷恪行《欽定大清通禮》中賓禮的相應程序 —— 在館、迎來、朝見、燕賚、送往，每個環節都不苟且，以示柔遠懷來之意。但同時禮盡而事畢，朝貢國的臣屬地位與天朝在朝貢貿易中所能賜予它們的待遇都在這一套禮儀程序中得到表示和確定，貢使的使命也就隨着禮儀程序的完結而結束。所以英國使團不會想到，英使的禮儀行為在中國人眼中仍然是屬國貢使對天朝皇帝臣服的表示，因為他下跪了，而且完成了三跪九叩儀式中所要求的重複性。至於單腿下跪，則表明這是英使不諳禮制之「生番」粗魯的臣服舉動，在以「禮儀之邦」自居的中國人眼裡是可以被原諒的。所以中方的記錄表明，英國貢使行了跪叩禮。當時在現場目擊、後來即位的嘉慶皇帝也留下了英使下跪叩頭的印象，當 1816 年阿美士德代表英國再度來訪並堅決不肯磕頭時，嘉慶便以馬戛爾尼為依據將阿美士德拒之門外。反過來，下旨「瞻覲事竣，即令起程」的乾隆皇帝也無法理解英使喋喋不休的談判企圖和想入非非的商業

---

[1]《清實錄‧高宗純皇帝實錄》（一九），卷一四九三「乾隆六十年十二月下」，北京：中華書局，1986 年，第 27 冊，第 981 頁。

[2] W. E. Soothill, *China and England*, London: Oxford University Press, 1928, p. 7.

要求，認為他專門指定貢使自內河回廣州途中所經過省份負責接替護送、照料管束的大員已是極示恩寵，英國人竟還不滿足？但同時不可否認，馬戛爾尼提出的六項要求有涉及主權的內容，拒絕這類要求是完全正當合理的。

同樣讓馬戛爾尼始料不及的是，隨着使命失敗的消息傳到歐洲，他在禮儀問題上費盡心思斡旋成功的兩全方法後來在歐洲仍然被視為屈辱的象徵，竟成為他本人備受指責的重要理由。在馬戛爾尼返回歐洲不久出版的一部依據使團多位成員筆記寫成的使團行記中，有關覲見禮儀的爭議隻字未提，也未寫覲見時的禮儀程序，而只是說皇帝以最為正式的禮節接過國書，並且除了英使、翻譯、副使斯當東和見習侍童外，不許任何人在場。[1] 行記中雖然也提到所謂的談判並沒談甚麼內容，但更多是表現使團受到的隆重禮遇，並大力記敘途中見聞，對使團遇到的不利沒有採用任何諷刺語調。這部 1795 年出版的書如果不是某位英國人對以往中國形象的緬懷，那就是有意隱瞞使團的丟臉經歷並試圖挽回使團在公眾輿論中的聲譽。考慮到 1797 年才由斯當東整理、經官方出版的《英使謁見乾隆紀實》，而上述 1795 年出版的那部書，當時已能引用斯當東和其他人的記錄，想來作者非等閒之人，那麼以公佈實情的方式來保留英國面子的可能性更大一些。但同時可見英國人對於「叩頭」以及使團的其他遭遇深以為恥。20 世紀初英國人仍對此耿耿於懷，比如曾在中國傳教二十年後前往牛津大學執教的蘇慧廉調侃道，穿着長袍行三跪九叩禮儀不失為一道風景，可穿着長褲這麼做就成了搞笑。對中國皇帝來說，該禮儀的內涵遠大於形式，它是皇帝對其藩屬國之權

---

[1] Winterbotham, *An Historical, Geographical, and Philosophical View of the Chinese Empire*, London, 1795, p. 58.

力的宣示。由此可見，中國皇帝墮落不堪，只喜歡看盛大的舞台演出。①
言下之意，中國皇帝不關心實務。

四、後論

　　然而比宣泄或掩飾屈辱更重要的是，馬戛爾尼使團中多位成員都
寫了出使筆記，他們帶回的中國形象一掃 17 世紀傳教士刻畫出的美好
與強大，卻與 18 世紀中期以來一些來華商人和軍人描繪的中國形象相
仿，即中國不過是一個粗暴專制的泥足巨人。與徘徊於中國沿海的那
些商旅之行相比，英國使團在中國停留的時間更長，接觸中國社會更深
入，所以使團成員對中國負面形象的描繪更有說服力，足以成為 19 世
紀歐洲人對中國「新知識」的起點。

　　考察馬戛爾尼來華的時代背景，不能離開歐洲和世界的格局。在
那裡，英國人剛剛通過一系列法律並輔以戰爭，徹底打敗了商貿與金融
勁敵荷蘭。

　　從 17 世紀中葉開始，英國（還有法國）通過頒佈一系列針對荷蘭
人的歧視性法令，堅持不懈地努力建立起它們自己的商船隊。從 1651
年起陸續批准通過的若干《航海條例》就是最典型的例證，用來說明上
述立法的針對性。這些條例規定，凡是商品均不許進出口於英國任何
殖民地，除非運送商品的是英國船隻，即為英國或英國殖民地所製造、
擁有，並由它們配備至少 2/3 的船員的船隻。

　　17 世紀的荷蘭號稱「海上馬車夫」。歐洲絕大部分貨物運輸都是荷
蘭商船承擔的，因為荷蘭商船多、體積大、價格低廉、誠信高效。英

---

① W. E. Soothill, *China and England*, London: Oxford University Press, pp. 10−11.

國的新的《航海條例》明確就是要打擊荷蘭的「海上馬車夫」角色，打擊它在英國對其他國家 (特別是英國與殖民地之間) 貿易的中介作用。雙方的矛盾空前激化起來，荷蘭抗議英國的《航海條例》，英國以國家利益為由，完全無視這種反對，拒絕廢除《航海條例》，互不讓步，最後只能訴諸戰爭。

如果是和平時期的經商，荷蘭商船有成本與效益的優勢，但是一旦打起仗來，這就成為劣勢。荷蘭商船速度緩慢，缺乏攻防裝備，以商貿立國的宗旨使得正規海軍不受重視。因此，當荷蘭船隻從世界各地駛回本國港口，在穿越英吉利海峽時，受到英法兩國的夾攻。有目擊者敘述道，他在一艘被捕獲的荷蘭的印度貿易船上，發現了一個人在世界上所能見到的處於混亂中的最大量的財富。胡椒透過每個漏縫散落出來，人踩踏在胡椒上，他在沒了膝蓋的丁香和肉豆蔻中行走，整間整間的艙房都堆得滿滿的。還有大捆大捆的絲綢和一隻隻銅板箱，他看見其中有隻箱子打開着。這次劫掠達到很大規模，使英國人在 1652 年戰爭開始後的兩年裡，從荷蘭人那裡奪得大約 1 700 艘商船作為戰利品。

荷蘭是歐洲三大富國之一，就算到 18 世紀 70 年代也是人均所得最高的國家，亞當‧斯密因此在《國富論》中說荷蘭仍是歐洲「最富有」的國家。但是，由於國家本身資源的匱乏，地促民少，無法與英法抗衡，荷蘭裁撤大部分的軍事力量，自願降低國際地位，心甘情願淪為二流國家。荷蘭人寧願把兩百多年來累積的資本借貸給英、法等國的政府與企業，享受穩定豐厚的利息收入，也不願對外冒險犯難。結果因為六十多年的軍備廢弛，在 1780−1784 年的第四次英荷戰爭中，被英國徹底打垮。九年後馬戛爾尼來華，怎麼可能跪倒在乾隆皇帝腳下，乞求公平貿易。

馬戛爾尼以和平手段向中國人展示英國的強大富足，只是出於常

情常理，馬戛爾尼在從海路北上途中，就已經注重對東南海路及港口水文地理的偵察，況既然已經探明中國的實力遠不及英國，也不必再為未來採取武裝對抗政策而心存顧慮。此外，馬戛爾尼來訪之前兩百多年裡一直在中歐交往中扮演主要角色的在華耶穌會傳教士差不多已零落殆盡，因此，無論從哪個角度看，馬戛爾尼使團在中西交往史上的分水嶺性質都格外突出，把它看作中西關係步入近代的開端並不為過。

在近代殖民擴張過程中，歐洲人的行事邏輯有國際法與國家利益兩張牌。國際法講基於規則的秩序，這種秩序是博弈的結果，而國家利益則最終由軍事實力來保障。針對荷蘭的《航海條例》和其後的軍事衝突，就是最為突出的事例。

馬戛爾尼來華，當然也是搬出國際法，通過談判建立互惠型夥伴關係。這種互惠究竟在多大程度上符合當時發展水平上的中國的國家利益，這是另外一個問題。現在的問題是，清政府只把遠西來使當作一個又一個朝貢國的「番使」或「貢使」，關心完整而又正確地執行朝貢禮儀，連經貿博弈的動機都沒有。

按照英國人的說法，英國人在過去的一個多世紀裡堅持與友好的中國商人保持友好的貿易關係，從不考慮侵略中國領土，可是到了 19 世紀，他們發現自己只能在以下三個選項中擇一而行——訴諸武力，屈從妥協，或者放棄貿易。可是，當世界局勢早已今非昔比時，清朝皇帝卻連與俄國人交涉時的那點務實眼光都迷離黯淡，英國人自然不願妥協，權衡之下當然選擇第一項。

其實英國人沒有自稱的那麼善良，在他們打好印度次大陸的基礎之前，當然沒有條件貿然對中國動粗。進入 19 世紀，世界形勢發生了深刻變化，英國在亞洲的殖民勢力也成熟鞏固，終於能夠突破印度的邊界進入中國。然而清朝的國力衰落以及無視外部世界而日趨封閉自守，

使它失去了同西方新興強國建立合理關係的機會，終於在加速旋轉的世界舞台中暈眩和迷失。當朝貢體系被強行突破後，中國被迫痛苦地去學習另一種與世界交往的方式。

第五章

18 世紀晚期中國形象的逆轉

　　17 世紀到 18 世紀前期，歐洲傳播的中國形象色彩斑斕。這究竟在多大程度上是真實的並不重要，重要的是為當時的歐洲所需要。這裡涉及的不是認識論的問題，而是價值論的問題。因此一旦這種需要發生轉移，中國形象也就會出現貶值。雖然在讚美中國的同時從來就不乏批評之聲，但是，中國形象的逆轉卻發生在歐洲的資產階級革命和工業革命之後，歐洲人的自信逐漸增強，他們開始確立一種新的進步觀念。在這種情況下，對傳統中國從制度到文化的負面評論越來越多，調門也越來越高。

一、拿中國說事 —— 科舉制度

　　由於歐洲自身的需求所致，自 17 世紀開始直到 18 世紀中葉，歐洲的啟蒙思想家就常常拿中國說事，把包括科舉在內的中國制度作為諷刺本國現實政治的工具。

　　歐洲人談論科舉制，大多夾雜着個人的理想成分。比如，大約在 1775 年，有位英國作者寫的《中國旅行者》煞有其事地總結出中國科舉制有如下種種優越性：「（首先），年輕人總是毀於遊手好閒、懶懶散散，而持續不斷地工作可使他們避免誤入歧途。其次，學習使他們睿智明察……再次，能人為官，即使他們無法杜絕因某些官員貪婪腐敗而釀成

的禍害，至少，他們也可以注意防止因無知無德造成不良的後果。第四，既然官職是授予的，皇帝就可以十分公正地黜退無能之輩……最後，無須為審議機構支付費用。」①唐宋以來到明清的科舉制是否有這麼出色，只有天知道。顯然這位作者是抱着把具有上述優點的考試制度引進英國以改善英國政治的良好願望來介紹科舉制度的。

在法國，對中國科舉制的態度猶如對中國政治體制的態度一樣，隨着時代風尚的變遷而從熱轉冷。耶穌會士的作品描述的中國政府及其治理績效，令那些不滿足於本國政治、社會和宗教狀況的法國思想家十分神往，思想家們獲得的印象是，那些作為政府公僕制約皇帝最高權力的官員，無論其本身是學者、哲學家還是文人，都是通過公正的考試制度而躋身官場的，這對躍躍欲試、想要改變社會現狀的熱血青年思想家有着莫大的吸引力。

伏爾泰推崇中國的文官體制，認為中國官僚奉行儒家信條，恪盡職守，唯命是從，他們構成一個各部門相互制約和自我調節的好政府，而他格外提到，能夠進入這樣的衙門工作的、令人景仰的官員們都是通過嚴格考試層層篩選的人。魁奈在《中華帝國的專制制度》中介紹科舉制，詳細講述了三級學位的劃分和考試程序，以及考取進士的人可以授官入仕，不僅衣食無憂，也永遠享有榮譽，而一些工匠的兒子就能通過這樣的途徑成為總督。據說魁奈「非常欣賞這種制度，希望歐洲也有某種類似的東西」②。1749 年法國出版的《珍貴意見彙編》有一半篇幅是關

① 鄧嗣禹，《中國科舉制在西方的影響》，載《中外關係史譯叢》第 4 輯，上海：上海譯文出版社，1988 年，第 213 頁。此文與發表在《哈佛亞洲研究學報》上的英文原文不完全相同。

② 赫德遜著，李申、王遵仲、張毅譯，《歐洲與中國》，北京：中華書局，1995 年，第 300 頁。

於中國的材料，精粗不分地收入當時所知的所有關於中國的內容，也詳
細介紹了中國政府在其文官們完成學業並根據各自德行授予相應的職
位之後，如何對他們進行督導和給他們分級，隱然有取法中國的意圖。

　　當時還有其他人也在倡導採納一種新制度，糾正過去幾個世紀所
犯的錯誤，並且説中國的考試制度就是糾正權力濫用的好辦法。不過，
這些人談論中國考試制度只着眼於他們特別感興趣的一兩個方面，有
時也摻雜一些個人偏見以突出作者的意圖或關注點，常常會有意彰顯
法國令人不快的一面以示比較，其實他們的主旨是談論法國官僚制度
的弊端，並將此弊端的根源推及教育，倒未必真是想照搬中國的教育和
考試制度。比如西盧埃特 1764 年發表的《中國人的天平》不僅大談中
國的開明專制制度，而且是一篇論教育的論文，文中提出的通過考試建
立一種官僚模式的設想可能直接從中國受益。論文是以旅歐中國人的
書信形式出現的，在頭五封信中試圖勾畫當時實行於歐洲的確切的教
育原則，並將這些原則的失敗歸罪於衰落的制度和世襲貴族。但他對
各階段教育的設想一點沒有中國意味，而是令人想起《愛彌爾》。不過
在抨擊本國弊政時，作者就像大多談論中國的人一樣，想到用中國的好
對照歐洲的差，他在第五封信中指責歐洲的整個教育制度，把它同中
國的制度相比較，並想當然地推測遠東國家的教育至少組織得比歐洲
的好。當然，這麼做的最終目的是詳細推介作者自己設想的教育體制，
首先一點就是排斥神學。他説，如果中國人的法律體系被認為與科學
同等出色，那是因為神學不被認為是「科學的」。他也通過中國來證明
教育體制在一個崇敬知識的國度裡對維護社會發展有多麼大的效力，
因為中國的官員都是進士出身。

　　法國的哲學家們在建設一種可能將法國從迷信和腐敗中拯救出來
的「官僚統治模式」的嘗試時，本來或許能夠從這部作品中大大受益，

但實際上並沒有。原因不只是「科舉制」作為一項體現公平的官員選拔制度，在當時仍被貴族世襲佔上風的法國還不易生根，還在於中國的教育思想與這時正在興起的自由主義者的教育思想扞格不通，科舉制同時也是中國整個教育體制的一部分，因此，隨着中國教育思想不合時宜性質的顯露而很快被冷落。

以魁奈為首的重農主義者把教育視為國家的利益，進而把教育同政府管理相聯繫，並且在 18 世紀首先倡導教育應該世俗化和普及化，這與中國的教育目標和教育思想頗有相通之處，因此中國以教育為選拔官吏之前奏的做法和普及教育的努力成為他的論據。「知識是建立符合規則的社會秩序的必要條件，這種秩序能保證國家的繁榮，並規定一切人類政權都必須遵守由大自然的造物主所創立的法則，以便使所有的人都服從理性，約束他們履行自己的義務，保證他們享受造物主用來滿足他們需要的那些財富」，「無知一直是最嚴重的統治失誤、人民破產和國家衰亡的主要原因」。國家為了自己的利益而必須讓其臣民得到有關社會學說的教育，「最高立法委員會和執行法律的朝廷機構，必須很好地了解實在法對國家每年財富再生產進程的影響，以便按照一項新的法律對於這種自然運行過程的影響，來對它進行估價。甚至在富於倫理道德的國家的國民中間，亦即在具有思想的那部分國民中間，也必須普遍地了解這些影響。因此政府的第一個實際行動，應該是設立學校來傳授這方面的知識。除中國以外，其他所有的國家都沒有重視這種作為統治工作基礎設施的必要性」。在中國，除學校教育之外，教育也是官吏們的一項主要職責，而且以社會理論為中心的教育是中國人做官的唯一途徑，這保證中國人從上到下都對自然秩序有足夠了解，西方應該以中國為榜樣來加強有助於國家利益的國民教育，「人們只有依靠使他們區別於禽獸的理性之光，才能夠掌握自然法則。因此，一

個繁榮和持久的政府應當按照中華帝國的榜樣，把深刻研究和長期普遍的宣傳在很大程度上構成了社會框架的自然法則，當作自己的統治工作的主要目的」①。魁奈對教育的重視與他提倡以自然法為基礎的開明君主思想是一致的，因為人們只有依靠理性之光才能正確理解自然法，而理性要通過教育培養或加強。

二、自由主義者對中國教育的批評

在自由主義者那裡，中國的教育體制顯得不合時宜。由重農主義者首倡的普遍的國家教育後來也成為自由主義者的一種理想，但自由主義者的教育理論與重農主義者的不同，他們把受教育看成是每個人的權利。儘管自由主義者的教育理想在 19 世紀才付諸實踐，但在 18 世紀後半葉已經被人熱烈討論，這正可以解釋中國的教育體制在經過一陣風光之後很快就遭到批評，最終被淡忘。重視個人教育並對中國教育思想持批評態度的兩個重要人物是狄德羅和愛爾維修。

愛爾維修和狄德羅觀點類似，都曾經在宗教問題的背景下稱引過中國制度，但當注意力轉移到社會問題上時，又都對中國缺乏熱情，認為中國文明是衰落的、專制的、壓抑的，導致它不能進步的首要障礙就是過於古老和過時的考試制度。為甚麼會產生這樣的看法呢？並不是大師們對中國有敵意。當時法國有一種思想傾向，鼓吹正確的理性理想和好政府理想，這個思想傾向與中國的制度正好是背道而馳的。狄德羅和愛爾維修都是影響很大的思想家，他們的言論大大削弱了其他人以比較寬厚之心接受和嘗試中國式教育的勁頭。

---

① 魁奈著，談敏譯，《中華帝國的專制制度》，北京：商務印書館，1992 年，第 122 頁。

即使有些對中國教育制度不像他們兩人那樣強烈反感的人，在了解過將中國式教育運用於歐洲的可能性之後也擱置不論。畢竟，旨在將教育從教會（法國以耶穌會士為代表）控制下解脫出來的人文主義或自由主義教育思想同中國那種以培養傳統秩序維護者為目的的教育思想沒有相通之處。自 17 世紀末以來，眾多作家和這個時期許多最有才智的人為文藝復興醞釀出的人文主義研究的熱情激發，都在全神貫注地考慮教育問題，儘管各人的原因不同，但想要實現的目標都是把為少數貴族創辦的教育從私人和無法勝任的導師手中解脫出來，建設成一個新的教育系統，以使國家和人民都從中受益。這一設想隱含着人類可以通過自身的努力求取進步並達到完美的理想，這正是理性時代最吸引人的理由。愛爾維修的《精神論》曾宣稱教育是包治人間百病的最靈的妙藥，可見教育改革對於思維發生「哲學性」轉向的人類而言是多麼重要和必要。當然，教會中的保守主義派別也不傻，同樣意識到如果想要在反對異端的鬥爭和隨之而來的一切事業中立於不敗，改革教育非常重要。正是這樣兩股力量的合力，導致了耶穌會士把持的現行教育秩序的崩塌。

1761 年是法國現行教育秩序的維護者耶穌會士們走向沒落的開始，根本原因是耶穌會士在法國的教育領域佔據壟斷地位，並在許多方面擁有龐大的勢力，引來日益增多的敵對者。高等法院判決焚燒耶穌會士著作，又禁止了修會的一切教學活動，並在 1761－1762 年強令關閉所有耶穌會的學校，進而解散法國的耶穌會並沒收其財產，各省法院也紛紛頒佈同樣的法令，而路易十五迫於壓力在 1764 年 12 月 1 日批准了由多方共同起草的取締法國的耶穌會並驅逐耶穌會士的禁令。

耶穌會士留下並落入高等法院手裡的財產中，相當重要的部分就是遍佈全法國的眾多耶穌會士教育機構，高等法院 1761－1762 年下令

關閉耶穌會士學校時遭到法國絕大多數主教的反對，因為這相當於關閉了全國近 80% 的男子人文中學。高等法院沒收並接管原本由耶穌會士控制的這麼龐大的教育資源，意味着接下來要進行一場改革舊有教育制度以使之適應轉型期社會需求的努力。哲學家們和高等法院成員們在這件事情上合力要求政府進行改革。哲學家們關注改變耶穌會士那種不吸收新思想的陳舊方法，例如只講授經院哲學而不理會笛卡兒及其哲學，作為考試的各類答辯僅圍繞《聖經》進行而不討論當前研究主題。高等法院某些成員的改革動向更重實際應用，強調學生必須學習母語和其他現代語言，要求每門課程至少要包括一些近代歷史的內容，並且要開設地理、經濟和政治學的課程。由於出現這些重要的歷史變化，法國對中國教育思想的接受變得越發遙不可及。

但是法國的教育改革並非一帆風順，由於所有的改革計劃都要求增加新的執教人員，此問題卻長期不能妥善解決，先是在高等法院的長期辯論中幾千學齡兒童或青年失去了受教育的機會，繼而高等法院被迫招納神職人員進入教育領域，結果導致某些地方的教育機構被當地主教掌握，又引出主教和高等法院為爭奪教育權的頑強爭執。於是耶穌會士被驅逐之後的一段時間裡，法國的教育看起來更加可怕，在此情形下，耶穌會士的朋友們和支持者們決心奮起捍衛他們的名譽，1776年開始出版的《中國叢刊》和稍後格魯賢的《中國通典》再度誇耀中國教育較之於歐洲的優越性，就是在這種背景下出現的。

格魯賢對於歐洲人早已熟悉的科舉制沒有多說，而用了很長篇幅詳細介紹中國的初等教育。他先是根據《禮記》講中國古代的少兒教育目標，接着介紹中國的兒童教育現狀。格魯賢敘述的內容其實與魁奈的相似，但更詳細，而且看得出他強調中國兒童教育的嚴格性、普及性，並且認為法國的重視程度不及中國。他說歐洲人幾乎想像不出中

國統治者對教育的關注延伸到多大範圍，每座城市、每個城鎮和幾乎所有鄉村都有教師開辦學堂，而路易十四在這方面比起中國君主就相形見絀了。中國的父母只要有錢就會給孩子請老師，法國的教師在能力上當然不差，但在待遇上恐怕不及中國同行。除了借中國的情況對法國初級教育的現狀發牢騷，格魯賢也試圖證明中國的教育制度對法國已經產生有益影響，比如他提到中國有一種學校教育以外的兒童啟蒙讀物，通常幾百個同樣主題的詞構成一篇，說明關於該主題的基本知識，如歷史方面的、做人道理、自然方面的或房屋擺設方面的，有的還附有圖畫。這大概是指「雜字」類讀物。格魯賢說，法國最近給孩子們發明了一種類似於此的遊戲法，這其實是法國人不那麼直白地從中國人那裡借取的東西之一。格魯賢還希望法國人能更多重視中國的教育制度，他在介紹了中國科舉考試的嚴格程序之後，說法國的大學沒有這些保證公平的措施，中國的學院不再需要從法國的大學借鑑甚麼，但法國的大學或許應該從中國借鑑些甚麼。

其實格魯賢根本沒有說明中國初級教育的實際效果，或許是他不知道。僅僅強調普及程度和受重視程度根本無助於法國的教育改革，何況格魯賢所未諱言的中國人對女童教育的輕視就給中國的教育普及程度大打折扣，尚且不如法國。畢竟時代潮流不可逆轉，無論是科舉考試制度還是初級教育制度，中國的教育理念和教育目標與歐洲的發展趨勢並無相通之處，總之它不會再為當時法國的任何教育理論和實踐所接受。儘管19世紀和20世紀被歐洲國家採納的文官考試系統可以說是中國教育體系留下的一項重要且實際的派生物，但它幾乎沒留下哲學上的後續影響。即使那些曾高度讚揚它的親華人士也不曾在極度強調背誦儒家經典的中國教育體系中找到與他們自己的實利主義意識形態相匹配的東西，他們對自己的古代經典並不像中國人那樣尊敬，

無論是對於古代還是對於異域，他們都只是取己所需。而在吸收了當代哲學使人激動不已的精髓之後，他們更傾向於把古代作為博物館藏品給予恩惠式的尊敬。「啟蒙者們可能徵引古典作品並給異教徒作者以榮譽以便貶低教會教義或蔑視教會的狹隘心胸，但他們並沒有嚴肅地把他們列入開啟那些許諾保證人民的快樂和幸福的社會變化的動因之中。他們説着理性主義和實證主義的語言（不僅僅是經典中的這類語言）並且他們希望達成實利主義的結局。總是對拖延不耐煩的他們將發現孔子關於修身的課程對實現他們的目的來説太慢了。」①

三、批評的聲音 —— 不只是科舉與教育

問題不只是出在教育和科舉制度上。在扯下了崇拜古代的面紗、重新辨明了古今優劣之後，不僅是中國的教育體制，還有一向以古老穩定著稱的中國，都被置於新的原則下重新審視，並不可避免地被越來越頻繁地攻擊和否定。

從 18 世紀 30 年代開始，已經有人針對中國的古老性和穩定性提出批評，説這表明中國缺乏進步，耶穌會士基於此而論證出的中國人的先進性僅僅是一種虛構。可見，17 世紀所瀰漫的那種崇古之風到此時已遭受衝擊，18 世紀那種現代人的優越感正在逐漸明朗，而且只會越來越清晰。歐洲人自己的古代傳統，無論是古典文明還是《聖經》説教，都逐漸失去真心尊崇者，即使是藉助古代事物作新思想的偽裝也都慢慢失去必要。從 17 世紀開始，耶穌會士宣傳中國時本着迎合古人優於

---

① Julia Ching and Willard G. Oxtoby edited, *Discovering China: European Interpretations in the Enlightenment.* New York, 1992, p. 24.

今人、《聖經》優於一切的宗旨，那麼隨着時代風向這樣逆轉，隨着古今優劣問題有了新的答案，中國被持有進步觀的歐洲人所排斥和批評應該説是理所當然。

法國的一些學術刊物，如《支持和反對》與《近代著作評論》，就是立足進步立場和現代優越感反對中國先進説的陣地。1735年《支持和反對》針對一部在倫敦再版的波斯遊記評論説：「科學當時在中國尚處於奠基階段，……在一般情況下，各種藝術不是在創造它們的地方就發展到盡善盡美。外邦民族絕不會在接受這一切時，放棄於其中增加某種東西，絕不會使之變得幾乎仍然如同他們接受這一切時那樣。」①梅隆1736年刊行的《論政治與貿易》第二版中雖然稱讚中國的重農政策和諫議制度，但也對傳教士們有關中國的一些誇張描述提出懷疑，並對中國有所批評。他説中國的和平只是由於地理位置造成的偶然結果，事實上中國人不知道怎麼保衛自己，韃靼人在很短時間就佔領中國已説明這一點。中國人如此虛榮自負，他們將自己不為其他民族所知視為一種榮耀。梅隆對中國的讚揚和批評同時引起了《支持和反對》的回應，同年該刊物針對梅隆此書全面攻擊中國，無論是梅隆所讚賞的諫議制度還是他所批評的中國人的封閉自賞。《支持和反對》説，中國政府法制的穩定性與持久不變的思想正説明這種一成不變不是先進而恰恰是落後，是阻止他們取得任何進步的原因。諫議制只有在皇帝與大臣都擺脱了那些頑固拒絕一切有悖於陳舊習慣的民間傳説時才會成為一件好事。中國實際上是個絲毫不想向外國學習的、有根深蒂固的偏見和錯誤自豪感的民族。它雖然被吹噓得富庶和有能力養活眾多人口，

---

① 畢諾著，耿昇譯，《中國對法國哲學思想形成的影響》，北京：商務印書館，2000年，第480-481頁。

但允許棄嬰，這清楚證明該國生產的食物數量不足以供養其人口。其實如果創建一些移民區，就能挽救人口發展過快的局面並能拋棄棄嬰的野蠻習慣，不幸他們對一切外來東西一貫持鄙視態度，從而阻止他們找到一劑醫治自己某些野蠻習慣的良藥。中國人享受的和平絕非他們的政治造成，而是形勢使然的偶然結果。他們的倫理遠不會高於歐洲人的倫理，甚至還大大低於它，比如父母的權力大到可以主宰孩子的生死而不會因殺死孩子遭到懲罰；又由於中國人的成見，這一切也不會得到改善。這一期《支持和反對》雖然還有許多取材於杜赫德《中華帝國全志》之處，但仍可視作一份對中國的真正的訴狀。在這些評論中可以分明看到，歐洲人看待中國的標準在發生變化。

休謨在 1742−1754 年間寫了很多論文，彙為《道德、政治與文學論集》，其中有些文章表達出今人優於古人的鮮明立場。比如《論古代國家的人口稠密》一文進行古今比較時，主要的例子來自歐洲的古代社會，而且比較的標準是：有關政治制度和慣例是妨礙還是促進人類的繁殖。因為長期以來流傳一種與《聖經》有關的說法，認為人類在初始時期繁殖力極強，大洪水之後不久世界上就遍佈人口，這是人類社會處於幼年或青年期的表現，而隨着時間推演，世界逐漸步入老年期直到毀滅，相應的，人口的增長速度也不如遠古。休謨卻對古代人口比現代多這一說法深表懷疑，而且他以為人口問題是關於社會發展的重要問題，不同時代或國家的人口稠密對比包含着十分重大的後果，往往對這些國家的整個政策、風俗習慣以及政府體制的選擇方面有決定性作用，所以休謨選擇人口問題作為論證古今優劣的一個切入點，進而又把古今人口多寡作為測定古今制度和道德優劣的標準。

在《論技藝的日新月異》一文裡，休謨又從技藝進步的角度來論證今人優於古人，文章表露出對君主專制的不滿，同樣的觀點也見於《論

藝術和科學的興起與進步》一文。該文其實是論證藝術和科學的發展得益於進步的制度，而且說穿了就是一種自由政治。他說，第一，藝術和科學的最初發展絕不可能發生在專制政治之下，唯有自由政治才是藝術和科學誕生的唯一適宜搖籃。在世界史的最初年代，人們都是野蠻無知的，一個不受約束又沒受教育的野蠻君主不可能被指望成為一位立法者，而在法律得到相當水準的改進之前，很不容易取得高級藝術的進步。要期待藝術和科學首先從君主政權下產生，等於期待一個不可思議的矛盾，因為無知和沒受過教育的君主只能實行阻礙一切進步和貶低人民的野蠻政治。相反，共和國政體由於具有自由政府的形式，公民的生命和財產安全能有保障，暴力行為可被制止，在此情況下學術才能抬起頭來得到繁榮。第二，已經進入文明社會之後，自由社會仍比專制社會更適於藝術與科學的發展，事實上對學術發展最有利的條件就是小國林立，存在一些彼此為鄰、由貿易和政治往來聯繫在一起的獨立國家，它們之間的相互仿效和競爭是促進學術文化進步的顯著動力。一個大國很容易變成絕對集權，小國則自然趨於共和制度，並且由於鄰國間的頻繁交往和為了贏取本國聲望而留意並接收別國的種種趣味與學術道理，也會樂於檢驗彼此在每種技藝、學術方面的成就。第三，已經培養起來的科學與藝術可以移植到其他政體下，共和國對於科學的成長最有益，一個文明的君主國對於文雅藝術的成長最有益。但話是這麼說，休謨在這一點下左比右比還是認為，即使是文明的君主國也不如共和國。他說，君主制形式不管怎麼完善，這種完善還是應歸功於共和制度，它必須從自由的政府那裡得到借鑑才能穩定和完善自己。他雖然很謹慎地說，專制君主制的確能在相當程度上保障人民的安全和實現政治社會所要求的大多數目的，但君主制與共和國的差別在於，在共和國裡想往上爬的人必須眼睛向下才能得到人民的選票，因此得

到成功的是強有力的天才；在君主國裡他們則必須討得大人物的恩惠和寵愛才能實現目的，因此培養出注重機敏、謙順和禮儀的人。刻意講求恭謹或相互致敬旨在取悅他人，從而形成一種人身依附關係，這在權力近於平等、每個成員很大程度上彼此獨立的共和國裡是毫無必要的。休謨話語中的傾向性實在是不言而喻了，而他還指責說，君主國的穩定首先要依仗對僧侶和貴族迷信般的尊敬，因而它通常都要扼殺理性的自由，推崇宗教和政治、形而上學和道德，數學和自然哲學是自由理性中唯一被允許保存的東西，卻一點也不受重視。

　　既然休謨堅持今天優於古代，並且不贊成專制制度，哪怕是開明君主專制，那麼，他會怎麼看待中國也就一望而知。在《論藝術和科學的興起與進步》中，他將中國列為一塊不適宜科學與藝術進步的土地，因為它太廣大，與小國林立的自由競爭局面相反，在專制的氛圍下，受到傳統的深度束縛，它在法律、語言、思想上的統一成為阻礙科學與藝術進步的重要原因，「在中國，似乎有不少可觀的文化禮儀和學術成就，在許多世紀漫長的歷史發展過程中，我們本應期待它們能成熟到比它們已經達到的要更完美和完備的地步。但是中國是一個幅員廣大的帝國，使用同一種語言，用同一種法律治理，用同一種方式交流感情。任何導師，像孔夫子那樣的先生，他們的威望和教誨很容易從這個帝國的某一角落傳播到全國各地。沒有人敢於抵制流行看法的洪流，後輩也沒有足夠的勇氣敢對祖宗制定、世代相傳、大家公認的成規提出異議。這似乎是一個非常自然的理由，能說明為甚麼在這個巨大的帝國裡，科學的進步如此緩慢」。①

---

① 休謨著，楊適等譯，《人性的高貴與卑劣 —— 休謨散文集》，上海：生活·讀書·新知三聯書店上海分店，1988 年，第 47—48 頁。

1776 年亞當‧斯密的《國民財富的性質和原因的研究》(簡稱《國富論》)，從經濟生活的角度論證了中國的停滯不前，而此前人們聽夠了中國繁榮富裕、人民安居樂業的誇耀之詞。斯密更應被認為是一位社會哲學家，他的經濟學著作只是他包羅萬象的政治與社會發展觀的最高表現。如果把他這部最傑出的作品同他早先關於道德哲學和政府的講座以及他在《道德情操論》中提到的希望「闡明法律和政府的一般原理，以及它們在不同的年代和不同的社會時期經歷過的各種劇烈變革」① 聯繫起來，則《國富論》不能僅僅被看作一篇經濟學論文，它同時也部分地展示出斯密關於歷史發展的一個更大的規劃。所以他在《國富論》中談論中國時就明顯地指出中國缺乏發展能力，其往日的輝煌已淪為今日的衰落。

他在談論勞動工資時說，再富有的國家若長久陷於停滯狀態，那裡的工資也不會有多高，由於生產停滯，勞動者的增加會超過需要雇用的人數，勞動者會為獲得就業機會展開競爭，導致工資降低，即使該國原先工資數額很高，不久也會降低到合乎一般人道標準的最低工資。中國就是曾經富有而如今不再發展，以致勞動力價值低廉，勞動者生活水平極其低下，並伴隨不文明的殺嬰習俗，「中國一向是世界上最富的國家，就是說，土地最肥沃，耕作最精細，人民最多而且最勤勉的國家。然而，許久以來，它似乎就停滯於靜止狀態了。今日旅行家關於中國耕作、勤勞及人口稠密狀況的報告，與五百年前考察該國的馬可‧波羅的記述比較，幾乎沒有甚麼區別。也許在馬可‧波羅時代以前好久，中國的財富就已完全達到該國法律制度所允許的發展程度。不同旅行家的報告雖有許多相互矛盾的地方，但關於中國勞動工資低廉和

① 亞當‧斯密著，蔣自強等譯，《道德情操論》，北京：商務印書館，1997 年，第 453 頁。

勞動者難於贍養家屬的記述，則眾口一詞。中國耕作者終日勞作，所得報酬若夠購買少量稻米，也就覺得滿足。技工的狀況就更惡劣。歐洲技工總是漫無其事地在自己的工場內等候顧客，中國技工卻是隨身攜帶器具，為搜尋，或者說，為乞求工作，而不斷在街市東奔西走。中國下層人民的貧困程度，遠遠超過歐洲最貧乏國民的貧困程度。據說，在廣州附近，有數千戶人家沒有陸上居處，棲身於河面的小漁船中。因為食料缺乏，這些人往往爭取西來船舶投棄船外的最污穢廢物。腐爛的動物屍體，例如死貓或死犬，縱使一半爛掉並發臭，他們得到它，正像別國人得到衛生食品那麼高興。結婚，在中國是受到了獎勵的，但這並不是由於生兒育女有出息，而是由於有殺害兒童的自由。在各大都市，每夜總有若干嬰孩被委棄街頭巷尾，或者像小狗一樣投在水裡。而這種可怕的殺嬰工作，據說是一部分人公然自認的謀生手段」。①

不過斯密在論資本利潤時又說，中國雖可能處於靜止狀態，但似乎還未曾退步，因為還沒有出現城市和耕地荒蕪的局面，而且就業崗位和維持勞動的資金都保持不變，最底層勞動者的生活資料儘管缺乏卻還能勉強敷衍下去，因而沒有造成該階級人口下降。他分析說，如果一國所獲的財富已達到它的土壤、氣候和相對於他國而言的位置所允許獲得的限度，它就沒有再進步的可能，但也許沒有一個國家的財富曾經達到這種程度。即使長期處於靜止狀態的中國，「其財富也許在許久以前已完全達到該國法律制度所允許有的限度，但若易以其他法制，那麼該國土壤、氣候和位置所可允許的限度，可能比上述限度大得多」②。這

---

① 亞當·斯密著，郭大力、王亞南譯，《國民財富的性質和原因的研究》，北京：商務印書館，1974 年，第 65–66 頁。

② 同上，第 87 頁。

就説明，亞當‧斯密認為社會和政治制度對一個國家的發展來説也許比自然資源更重要，阻礙中國發展的是現行制度，比如中國忽視或鄙視國外貿易，禁止在法制下所許可的其他交易，貧者或小資本家缺乏安全保障而隨時可能遭受下級官吏的掠奪，國內各行業不能讓其投入充足資本和自由經營，富者的壟斷成為制度以致中國高利貸盛行。亞當‧斯密對中國的這些印象顯然都來自安森遊記一類的報告，而他對這些印象的分析與評價正表現出中國在他設想的社會發展藍圖之外，除非中國改易英國的制度。

在始於大航海的地理大發現時代，歐洲人陸續見識了世界上的「初民」文化，這也促使知識分子們去解釋這些文化的存在並對歐洲社會怎麼從類似這些人的狀態進步到後來的樣子加以理論化闡釋。新的思想揭示出人類社會從低級到高級的自我進步，蘊含着強烈的今天比過去先進、今人比古人優越的意味。17 世紀英國哲學家霍布斯界定了「野蠻」的概念，他描述原始人生活在沒有藝術、沒有文字、沒有社會的狀態下，他的生活孤獨、貧窮、骯髒、殘忍、簡陋。而所有好的和文明的東西都是在這一低級狀態的緩慢發展中產生的。伏爾泰這樣的啟蒙哲學家也清楚地斷定啟蒙是在人類求上進的進步中逐漸產生的。前述休謨與亞當‧斯密也從不同側面論證了人類社會的進步，但他們還沒有對社會的總進程進行概括和分析。與此種進步思想相伴隨，產生了關於人類社會進步的固定「階段」的概念，通常分為野蠻時代、原始時代和文明時代三個階段，但有人分得更細，比如 18 世紀末的法國思想家孔多塞分了十個階段。

孔多塞 1795 年發表的《人類精神進步史表綱要》，其基本思想就是人類可以持續進步到最終的完美狀態。他展示了人類以同其他野獸無異的最低級的野蠻狀態為起點，不間斷地在啟蒙、美德和快樂之路上

前進。他將人類已經走過的階段或者說偉大的歷史時期分為九個，分別是部落時代、遊牧時代、農業時代、人類精神在希臘進步的時代、科學進步時代、知識衰落時代、科學復興時代、科學與哲學掙脫權威束縛的時代、笛卡兒至法國大革命時代，第九個時代按今天的說法就是啟蒙時代。而未來還會有第十個時代，從法國大革命開始，並且注定走向實現人權和人類的完美。他堅持，在過去的歲月裡對人類發展加以正當干預的普遍法則未來依然會起作用，提出過去整部歷史所表現出的將成為未來鮮明特徵的三種趨勢是：摧毀國家之間的不平等；摧毀階級之間的不平等；個人進步，即智力、道德和身體等個體品質達到尚不能確定的完美性。當然，他所展示的國家與個人將趨向的平等並非絕對平等，而是自由與權利的平等，他相信國家和人如果同樣自由，就會因為都嚮往自由而趨向平等。所謂不確定的完美性，是因為進步要受到人性的狀況和它周圍環境特徵的雙重影響。但他堅稱，這些條件與無止境的進步步調一致，人類思維可以不受固定限制的分配來使它自己在知識和品德上取得進步，甚至延長肉體的生命。與這種進步思想相對應，孔多塞也非常重視公共教育，認為這是確保進步之途。此書以其強烈反感所有宗教尤其是基督教而著稱，也同樣反感君主制。孔多塞這部作品明顯是以歐洲文明的發展歷程為坐標，但他在書中也給了中國一個位置，從這個位置安排我們就可以看出，中國在他的進步體系中地位很低。

　　孔多塞把中國文明安排在第三個時代，即剛剛脫離了遊牧時代，而且似乎一直沒能進入科學進步時代，其下限是拼音書寫的發明。他說這個時代是幾乎所有已知宗教的起源，並且這些宗教的創造者和皈依者製造出迷信的體制，壟斷教育，愚弄人類不再想要打碎束縛自己的枷鎖，若知道這種任意摧殘人類能力的權力能發展到甚麼地步，「那麼

我們就必須暫時把目光轉到中國，轉到那個民族，他們似乎從不曾在科學上和技術上被別的民族所超過，但他們卻又只是看到自己被所有其他民族相繼超趕過去。這個民族的火炮知識並沒有使他們免於被那些野蠻國家所征服；科學在無數的學校裡是向所有的公民都開放的，唯有它才導向一切的尊貴，然而卻由於種種荒誕的偏見，科學竟致淪為一種永恆的卑微；在那裡甚至於印刷術的發明，也全然無助於人類精神的進步」①。中國和與中國同樣體制的亞洲大帝國的統治者滿足於馴服人民，不喜歡追求真理和新的辦法，僅保存一些對維持自己信徒的信心嚴格必需的古代科學，結果導致科學中的一切進步都停頓，以前經驗證的科學知識有些也會在後世消失。在這類廣大的帝國中，當人類的精神淪於愚昧和偏見之後，就注定成為一種可恥的無所作為。亞洲人在這個時代已經發明了拼音書寫，但他們卻沒能繼續進步下去，只有當這一發現在希臘人中間流傳開來後，希臘人的天才們才為人類開闢了所有通向真理的道路，希臘人是唯一有可能設想主宰人類命運的一場新革命的民族。從此，文明的發展歷程都從希臘開始書寫了。孔多塞在提到文字從象形文字向拼音文字轉變時，對於中國文字至今仍處於這一過程的過渡階段表示同情。

　　在接下來的時代裡，孔多塞也偶爾提到中國，但都充滿輕蔑和指責。比如在第五個時代裡，他說，「如果我們把印度和中國除外，羅馬城已經把它自己的帝國擴張到了凡是人類精神已經超出它那最初的幼稚狀態的脆弱性之上的所有國家」②，也就是說，唯有中國和印度沒有受

---

① 孔多塞著，何兆武、何冰譯，《人類精神進步史表綱要》，上海：生活・讀書・新知三聯書店上海分店，1998 年，第 36－37 頁。
② 同上，第 64 頁。

過希臘羅馬文明的教化，以至於還處在初級階段。在第六個時代，他在講述阿拉伯帝國怎樣因為伊斯蘭教而陷入永恆的奴隸制、一種不可救藥的愚蠢和最荒謬的迷信之中時，附帶說中國也是類似，只不過愚民政策在中國的毒害效果，其致命程度要小一些。在第七個時代，他說中國人早就發現了磁針的性質，但卻沒能像科學復興時代的歐洲一樣，剛剛發現這一點就能用其擴大商業活動，改善航海技術，進而了解新世界。總之，在這個時代，歐洲快速超過了亞洲國家原有的各項技藝。在第八、第九和剛剛步入的第十個時代裡，中國就徹底失語了。總之，孔多塞描述的中國是一個被專制、迷信所束縛而不能在科學、藝術與精神的進步上有所成就的國家，它展示給世人一個落後遲鈍的面目，絲毫沒有早年傳教士們所說的那般光輝奪目。

四、原因何在 —— 中國形象為甚麼發生逆轉？

真是十年河東，十年河西。「中國形象」就這樣從一個「白天鵝」到 18 世紀晚期變成了「醜小鴨」。那麼，原因何在呢？關鍵是歐洲人打量中國的眼光變了，他們的視角從神學上的「相似性」變成了文化上的「對立性」。

截至 18 世紀初，歐洲仍深受神學觀念制約，對待包括中國在內的異域文化的態度也在此制約之下。16、17 世紀，歐洲人雖然認為中國是異教徒之邦，但又堅持基督教的普適性理想，故而試圖在中國與歐洲間尋找相似性，並自認為找到了。這種相似性的基礎是宗教的相似性，亦即不同地區的人對於上帝有着類似的需要和接受能力，它忽略文化的現實差異，其目的是試圖將中國已有的宗教納入基督教範疇。這種基於基督教普遍主義思想產生的對相似性的認識，在耶穌會士具有特

定意圖的不斷宣傳之下更加強化。耶穌會士希望在不撼動中國原有文化的情況下將基督教平穩移植到中國，因此更注意在兩者之間尋找可供嫁接的相似之處。他們還要把自己的一整套理念傳遞給歐洲的宗教贊助者和普通民眾，以獲取他們對自己做法的支持。結果在相當長時期裡，歐洲人完全通過耶穌會士來認識和評價中國，腦子裡完全被兩種文明的巨大相似性所佔據。無論耶穌會士還是歐洲本土的知識分子，一度沉醉於在中國古代宗教中尋找原始基督教的痕跡，在中國的上古史中尋找《創世記》關於人類起源故事的蹤影，在漢字中尋找上帝和初民的聲音，這一切都是直接在《聖經》的背景下認識中國並彰顯中國與歐洲之相似性的努力。流風所及，17 世紀末期的普遍語言或哲學語言理想中即使不着眼於神學的相似性，也難免要把漢字作為代表整個人類文字發展過程中初級階段的符號。但是這種尋找或構築相似性的努力進入 18 世紀就逐漸褪色，到 18 世紀中葉已經黯然無光，取而代之的是日益強烈地認識到中西文化的差異性和對立性，而這種認識又成為 19 世紀和 20 世紀歐洲人認識中國的起點。

18 世紀中葉發生這種明顯變化的原因有幾方面。首先，神權的急劇衰落和對教會的強烈敵對情緒致使人們會有意否定與基督教神學有關的種種思想，包括其普遍主義思想。否認中西思想間的相似性在某種程度上就是對教會權威的挑戰。其次，原先極力灌輸中西宗教相似性的耶穌會士在時代變局中遭受巨大衝擊，他們的失勢直接影響歐洲人對他們所塑造之中國形象的重新估價。最後，中西文化本身就有巨大的差異性，18 世紀時兩者的社會發展趨勢又截然不同，當極力尋找兩者相似性的動機解除之後，它們之間的差異自然而然愈發明顯。

總之，中國形象發生顛覆性的轉變，歸根結底是歐洲人看待中國的坐標已經斗轉星移，從尊敬古代變為肯定當今，從崇尚權威變為擁戴

理性，從謹慎地借古諷今變為大膽地高揚時代精神。因此中國曾經被作為《聖經》知識體系的從屬物而被尊敬，被作為古老文明的典範而被尊敬，但瞬間又因為同樣的原因被輕視。其實，18 世紀是康乾盛世，比起明清易代之際的 17 世紀，藉耶穌會士之手所傳遞的中國知識在 17 至 18 世紀的歐洲人眼裡堆積起的中國形象其實變得繁榮許多，至少是沒有太大變化，但是這個形象的價值隨着歐洲人價值觀的變化而發生了改變。於是中國是歐洲的對立面便成為影響至今的西方中國觀的一個基調。

終篇

歷史視野與現實觀照

歷史學是中國傳統學術中的重要部分。傳統中國的歷史書寫一直有着全球視野。從《史記》的《大宛列傳》、《漢書》的《西域傳》、《三國志》的《倭人傳》，到《新唐書》和《舊唐書》的《身毒傳》、《明史》的《外國傳》，從《通典》的《邊防典》，到《文獻通考》的《四裔考》，都力圖把中國放在整個天下秩序中加以定位。

在中國人的天下秩序中，「西方」具有特別的意義。「西」首先是一個地理概念，同時也是一種文化符號，對「西」的認識也是漸進式的。開始只是指今新疆和中亞地區（如周穆王時代），後來包括了南亞次大陸（如玄奘西行時），更後來包括西亞的波斯、西南亞的阿拉伯以及歐洲的東羅馬帝國，鄭和時代又涵括了非洲東海岸。明清時期接觸到歐洲人，知其所處地域比歷史上所接觸之地更靠西，則「西」的概念又擴展為歐西，並呼以「泰西」、「遠西」，以示與早年之「西」的區別。

近代以來「西」的地理概念淡出，文化內涵加重，並且比較明顯地定格為歐美文化。我們討論的「西方」便隨着歷史步伐的演進而轉移，大致在明朝中期以前指中亞、印度、西亞，略及非洲，晚明、前清時期指歐洲。

大航海之前人類重要的文明區域，除了以中國為中心的東亞文化圈外，以印度為中心的南亞（印度教佛教）文化圈、西亞北非（伊斯蘭）文化圈和歐洲（基督教）文化圈，都屬於「西」的範圍；人類最重要的

具有源頭性的四大文明中，其他三大文明所在的區域都位於中國的西部。在歷史上，歐洲文明與西亞、北非及印度文明的親緣關係十分密切。首先是語言學的聯繫，共同的印歐語系把遙遠的印度和英倫三島、萊茵河畔連接為一體；其次是宗教的聯繫，希臘宗教、印度教、波斯古代宗教（瑣羅亞斯德教、摩尼教）、猶太教、基督教、伊斯蘭教之間的思維共性或歷史聯繫，為東西方學術界所共同認知；而由此而來的西亞大陸及地中海周邊地區擁有共同的神話、知識和難題，也是不可否認的事實。此外，還有戰爭的糾葛，比如希臘波斯戰爭等，造就了歐洲文化的綜合性。古希臘文化是歐洲文化的源頭，馬其頓國王亞歷山大的遠征使西亞和北非經歷了長期的希臘化時代，雖然這些地區的居民早有自己的發達文化，希臘文化不能真正取代當地文化，但它們給彼此都留下了很多融合痕跡。神聖羅馬帝國的文化不僅繼承了雅典和羅馬的古典遺產，而且也結合了西亞地區的文化。歐洲的基督教文明就帶有強烈的西亞文化精神，以至於在許多方面湮沒了希臘文化的傳統。羅馬通過武力征服向歐洲各地傳播的正是這樣一種綜合性文明，在公元 1000 年前後被及今天的整個歐洲。公元 600−1100 年間，歐洲的古典傳統黯然失色，因此有人說歐洲中世紀是東方文化對於羅馬的勝利。中世紀後期，希臘文化才在歐洲重新顯現，然而又是以阿拉伯文化為中介重新顯現。中世紀的拜占庭文化中，西亞特色和希臘化時代的特色更明顯。

所有這些，意味着甚麼呢？它意味着真正的東方，不在蘇伊士，不在高加索地區，而在天山。天山以西的所有文明實體，都具有某種共同的歷史、宗教、語言、戰爭方面的聯繫，共同映襯出中國文明的獨特性。「西」就是中國人心目中的異域文化。

中國古代有幾個詞涉及對於世界的看法，比如「四裔」、「天下」、

「絕域」。中國古代的世界觀念包括三個層次：第一個層次僅指「中華」，所謂「天下興亡，匹夫有責」；第二個層次包括中華和四裔（夷狄），共同組成中國古代的天下觀，這個天下的秩序通過朝貢來維繫，範圍大體相當於今日的東亞世界；第三個層次即「絕域」，絕域一般指遙遠的西方世界，不包括東亞各國、各地區。

用現代概念簡單地說，中國古代有「東亞世界」和「西方世界」的觀念，東亞世界都籠罩在中國文化圈之內，是中國人「天下觀」的主要內容。在東亞世界裡，古代中國的國家政策以追求一種文化上的統治地位為滿足。對於東亞世界的成員，只要接受中國禮儀文化，就可以被納為朝貢國，否則就有可能發生衝突。這主要是出於地緣政治和國家安全的考量。

對於西方世界（「絕域」），中國人自古以來就有一種異域外邦的意識，「西方」從來都是一種非我族類的外來文化的神秘之地。對於西方人的朝貢，中國皇帝從未作出刻意追求。1500－1800 年，西方國家企圖以自己的方式擠進東亞秩序，一再遭到拒絕。

從宏觀層面考察，歷史上傳統中國與西方文明的關係模式，大體可以劃分為三個大的歷史階段：截至鄭和下西洋時代，即 15 世紀以前，為第一個時段，可稱為古典時期；1500－1800 年間的三個世紀可以算作第二個時段，一般稱為近代早期；鴉片戰爭前後到 1949 年中華人民共和國成立可以算作第三個時段，是近代時期。

這三個時段各有自己的歷史特點。在第一個時段，中國在中西文化交往中始終處於比較主動的、強勢的地位。原因是在該時段，中國長期在經濟、科學和知識等各個領域領先於周邊國家。在第三個時段，中國因為落後捱打，處在比較被動的、弱勢的地位。只有在第二個時段，即晚明至前清這個特殊的歷史時期，也就是 16 至 19 世紀初，中國

與西方基本上處於政治上對等的地位，雖然該時期中國在經濟和科學領域已經逐漸落伍，但西方文明的東漸和中國文化的西傳卻保持互惠和平等的格局。

16 至 18 世紀的中西交往與此前和此後相比都有鮮明特點。12 世紀以前的中西交往主要是中國與西亞、中亞、南亞的交往，而中國與歐洲人的直接往來極其罕見，這就不用說了。13 至 14 世紀，歐洲的旅行家、使節、傳教士開始設法進入中國，但他們都是通過西亞的陸路前來。進入西亞之後，或者北上俄羅斯穿過大草原抵達中國邊境，或者南下波斯灣經過一段海路在中國東南沿海登陸。而且這些零星來訪者在中國多數行色匆匆，元代時北京和泉州曾建立天主教教區，無奈時間不長且在此傳教的歐洲人也很少。16 世紀末，隨着歐洲各國航海事業的發展和海外殖民勢力的擴張，歐洲人頻頻由海路造訪中國，大多數繞過好望角斜穿印度洋，或經由美洲貫穿太平洋，取道西北陸路者很少，幾乎只是俄國人的專利，西歐各國雖多次努力想從俄國借道，但成果微茫。這成為 16 世紀之前中西交往的一大不同。

在 19 世紀的中西交往中，歐洲人仍然是以海路前來為主。但與 16 至 18 世紀的顯著區別在於中西文化交往的媒介。16 至 18 世紀來華者雖不少，但能夠承擔中西文化交流使命的只以一個群體 —— 耶穌會士 —— 為主。耶穌會士既深刻影響了中國人對於基督教的觀念，也深刻影響了歐洲人對於中國的看法。作為一個整體，耶穌會士所塑造的中國形象成為該時期歐洲人認識中國的起點，成為歐洲人勾畫心目中「中國」的基礎。

近代中國社會開始全面捲入以歐美為主導的世界化進程中，而且由於日本明治維新以後成功西化，西方世界的第二號經濟大國居然出現在中國的東方，因此「西」的內涵已經超出了傳統的意義，完全成為

一個意識形態和文化概念。原來那種地理和文化混合的「西」已經不復存在，而印度和西亞北非這種傳統世界中的「西」，也變成了非常「東」的世界。東方和西方不僅僅是一種異質文化的概念，還是一種關於先進工業文明與落後農業文明的概念。當歐洲文明越來越顯現其經濟活力和技術進步時，「中」與「西」的關係也發生了變化，變成了世界上最大的發展中國家追求國家進步，追求工業化、現代化的歷史過程。這一過程可以從距今三個甲子的庚子年（1840 年）算起。

　　進入 21 世紀之後，我們面臨百年未有之大變局，中國居然在十年前就超越日本成為世界第二大經濟體。按照聯合國產業分類目錄，中國是唯一具有全部工業門類的國家，也是世界上最大的工業國和最大的製造業國家，中國的總發電量已經接近歐盟和美國的總和。儘管工業化還是大而不強，但是，中國畢竟已經昂首行進在工業化、現代化的大道上。於是，中西之間的文化關係也與 19 世紀晚期以來一百多年的單向流動不同。中西之間的文明交流與互鑑，不僅有深厚的傳統文化淵源，而且有了不一樣的物質和經濟基礎。中國人如今更需要講文明的交流與互鑑，也更有底氣講文明的交流與互鑑。「一帶一路」的偉大構想就是在這種情況下對於全球化的中國回應。「一帶一路」不僅是傳統絲路文明在現代的延伸，而且也是構建人類命運共同體的橋樑和紐帶。

責任編輯	陳 菲
書籍設計	彭若東
排　版	肖 霞
印　務	馮政光

書　名	文明的邊疆：從遠古到近世
叢 書 名	文史中國
作　者	張國剛
出　版	香港中和出版有限公司 Hong Kong Open Page Publishing Co., Ltd. 香港北角英皇道 499 號北角工業大廈 18 樓 http://www.hkopenpage.com http://www.facebook.com/hkopenpage http://weibo.com/hkopenpage Email: info@hkopenpage.com
香港發行	香港聯合書刊物流有限公司 香港新界荃灣德士古道 220-248 號荃灣工業中心 16 樓
印　刷	美雅印刷製本有限公司 香港九龍官塘榮業街 6 號海濱工業大廈 4 字樓
版　次	2021 年 11 月香港第 1 版第 1 次印刷
規　格	16 開（152mm×230mm）312 面
國際書號	ISBN 978-988-8763-47-4 © 2021 Hong Kong Open Page Publishing Co., Ltd. Published in Hong Kong

© 張國剛 2020

本書中文繁體版由中信出版集團股份有限公司授權香港中和出版有限公司
在全世界除中國大陸地區獨家出版發行。

ALL RIGHTS RESERVED